【文史资料百部经典文库】

全国政协文化文史和学习委员会 编

LINGQIHAN HUIYILU

凌其翰 回忆录

中国文史出版社

1949年作者摄于巴黎

1950年同夫人周慧君摄于北京

1933年摄于埃及金字塔前。骑驼者右起作者夫人康素以、作者、胡世熙夫人、胡世熙、张乃燕

1949年毛泽东主席致黄炎培的信件

其翰兄

先承正为之大便道风来兄来
与之共读无为钦佩 特此奉
闻并及敬礼

手书并及其翁兄率

黄炎培
1949
10 12 又

一九四九年黄炎培先生致凌其翰的信件

CONTENTS 目 录

目 录 CONTENTS

目 录 CONTENTS

目 录 CONTENTS

第 8 章　历史转折的一年（1949年）

目 录 CONTENTS

百年
中國記憶
BAINIAN
ZHONGGUO
JIYI

我的外交官生涯·凌其翰回忆录
WODEWAIJIAOGUANSHENGYA LINGQIHAN HUIYILU

第1章 | 驻比公使馆时期

（1933—1936年）

留比时期的片段回顾

我于1927年9月前往法国，准备进巴黎大学学习法律。由于家中经济困难，我仅靠1924—1925年在上海邮局工作期间存下来的工资1200银圆作为我的留学基金。虽然当时任北京仁立地毯公司经理的长兄其峻允予接济，但在巴黎这样一个西欧大都会里留学，经济上没有切实的保证终究是一件冒险的事。到巴黎后听说比利时生活费用较低；且按照比国大学学制，法学院分预科和正科，预科2年，正科3年，正科课程与巴黎大学法学院硕士班的课程相同，每年期终考试全凭听讲笔记口试，最后一年各科口试均及格后，即授予法学博士学位，不必劳民伤财地准备博士论文。此外，距比国首都布鲁塞尔铁路交通仅半小时可达的卢文小城，人口五万，却有一所古老而著名的天主教大学，地点僻静，可以安下心来，刻苦读书。

基于上述理由，我决定转往比国留学。告别了同来巴黎的次兄其垲（字梦痕，他的留学费用由其嗣父仲侯叔提供，可安居巴黎学习）后，我只身前往比国，考入卢文大学法学院预科二年级学习。

一年以后，中比庚款慈善教育基金成立了。按照规定，中国留比学生期终考试成绩优等以上，由所在大学校长保举，可获得奖学金一年，月领1200比国法郎，生活相当宽裕。若连获奖学金三年，还可获得回国旅费250美元。我就在这样优越的条件下，度过了四年的留学生活。

然而我的留学生活也曾经受到过干扰。这还要从我出国前的一段往事谈起，大约1926年8、9月间，我适在上海震旦大学法科二年级学习，因罢课掀起学潮[1]，不得不辍学。又到上海一位女律师郑毓秀那里任法文秘书，认识了她的丈夫魏道明，以及刚从北京南下的著名法学家王宠惠。孙中山任临时大总统时，王曾出任外交部部长。郑毓秀曾获巴黎大学法学博士学位。其实她的法文程度很糟，博士论文是由王宠惠捉刀，再由中国驻法使馆秘书谢东发博士翻译成法文的。我在她的事务所工作期间，曾把她的有关美国宪法的博士论文译成中文，仍用她的名义，不作为翻译，由世界书局出版。由于郑的律师事务所清闲无事，仅三个月我就辞去了这一工作。

往事历历在目，干扰恰恰来自这一方面。1929年，我的长兄其峻从国内来信说："李石曾之流在北方声名狼藉，闻不久将来法活动，望吾弟对彼辈敬而远之……"果然不出其峻所料，不久以后，李石曾、王宠惠、郑毓秀、魏道明等联袂到了巴黎。魏道明并给我打了一个简短的电报，要我速来巴黎一谈。

我一到巴黎即赴近郊伊佛里（IURY）去探望次兄其垲，将其峻来信及魏道明来电一一向他说明，结果昆仲二人一致赞成按长兄的教导去做。于是我一人到巴黎城内访问魏道明，在那里也看到了李石曾、王宠惠、郑毓秀等人。魏单独与我谈话，说他与李石曾商定，拟聘我常驻巴黎担任联络员（这时李石曾垄断了中法庚款教育基金），月给生活费远较公费留学生优厚得多，联络工作不会太忙，我同时可在巴黎大学报名，听讲，参加

---

① 孙晓村、马克强（马叙伦之子）、华兴升（字立侯，陈蔼士之婿）和我都是学潮中的积极分子。

考试，准备博士论文，等等。讵料我打定主意听从长兄其峻的教导，要对他们敬而远之。我既已成竹在胸，就不慌不忙婉转陈述，说我在比国小城镇读书已成习惯，我领的中比庚款奖学金也相当优厚，生活比自费生还要好。我十分感谢他们的高情厚谊，来日方长，当再图报。况且我正在准备参加政治外交系硕士的考试，现在就骤告中断而来巴黎岂非可惜。魏道明见我说得有条有理，就要我翌日再谈。

翌日，我又访魏道明，大概他已和李石曾商谈过，他说既然我决定回比利时，也只好如此了。商务印书馆编辑所决定出版世界名著译丛，其中有蒲鲁东所著《贫困的哲学》，拟请我抽暇译成中文，我同意了。原来李石曾、吴稚晖都自称无政府主义者，蒋介石当时想利用他们所标榜的无政府主义来在理论上扰乱是非，反对中共。魏要我译《贫困的哲学》，其实也是李石曾的主意。

回到比利时后，我利用课余时间，陆续翻译了此书20万字左右，终因准备期终考试十分紧张，而不得不搁笔。魏道明以后看到我也从不问起此事。此后，我一直对这些人保持着不即不离的关系，这是后话，暂且不提。

由于我坚持不受外界干扰，留学计划进行得十分顺利。1929年考得卢文大学政治外交系硕士学位，1930年在布鲁塞尔自由大学考得海洋法硕士学位，1931年考得法学博士学位。"九一八"事变，我就匆匆束装回国，以赴国难。

从记者到外交官

回国后，我因黄炎培（任之）的介绍，认识了《申报》主人史量才，他聘我为《申报》总管理处秘书兼任"申报时评"记者；同叫我还应东吴大学法学院吴经熊院长之聘兼任教授，讲大陆法律思想。1933年4月30日，我与康素以女士在上海结婚，证婚人是蔡元培先生。记得结婚之日，我的父母还循旧俗，在家中大摆酒席，一时宾客盈门，热闹非凡。邹韬奋、李公朴、杜重远、俞仲华诸君也来道贺，但他们瞬刻即去，未曾入席闹酒。

当男女宾客觥筹交错之际，忽然我的四姐其诗和四姐夫潘铭新匆匆而来，与我耳语，说有要事面谈，于是我和他俩即来到我的小书房中谈话。

潘铭新是浙江吴兴人，毕业于美国麻省理工学院，获电机工程师学位。当时在南京建设委员会直辖的戚墅堰电厂任总经理。建设委员会委员长是国民党元老张静江。潘铭新经常到张静江的公馆向他汇报工作。我结婚前夕，他又到张公馆去，适逢张静江与他的长侄张乃燕（君谋）正在谈话。张乃燕是南京中央大学校长兼建设委员会副委员长。当时他已内定任国民政府驻比利时公使，急欲物色一得力助手。谈话中，君谋提起在阅读《申报》时，经常在"时评"栏中看到署名为"翰"的国际时事短评，很感兴趣，但不知作者是谁。铭新在旁连忙指出就是他的小舅子其翰。君谋闻古大喜，即请铭新邀我于新婚后约期至张公馆一谈。铭新的谈话使我喜出望外，眼看我做一个职业外交官的梦想就要成为现实了。在我结婚大喜之日，铭新又传来这个喜讯，真是双喜临门啊！

驻比使馆对我来说并不陌生，1928年8月，驻比公使王景岐出席日内瓦第九届国联大会及第五十一届国联行政院会议。我和卢文大学另一名学法律的中国学生何方理曾应邀随王公使以记者名义在日内瓦会外活动。后来我准备应考法学博士时，住布鲁塞尔路易丝大街，几乎每天都和驻比公使馆的三秘孔庆宗和随员王毓在一家咖啡店共餐，餐后各回自己寓所准备功课。孔、王二人当时因公使馆馆务清闲，都兼在大学学习。这次如能谋得二秘之职，故地重游，岂不很好。

5月初，我随铭新到张公馆去，同张静江叔侄见面。他们二人对我的印象很好，于是商定由君谋到南京向外交部办理出国手续时推荐我为驻比公使馆二等秘书。

1933年5月20日，南京政府正式发布任命张君谋为驻比公使。君谋接到简任状后，即前往南京办理出国手续，同时想推荐我和另一位青年沈宝琦（专管使馆公计出纳的事务员）。沈的任命获得批准，我的却遭到拒绝。外交部部长罗文干特地接见了君谋婉转解释说：公使以下的馆员必须在外交部职员中遴选任命，而不得直接延聘社会人士，这已成了外交部一条牢不可破的惯例，不容破坏。此事碰了钉子后，君谋很懊丧。回上海后特地来找我表示歉意。我一面向他道谢，一面暗想，我那职业外交官的甜梦，大概从此告吹了。

谁知天不绝人。我岳母有一寄女名叫张肖梅，是留英的经济学家。她的丈夫张嘉铸（禹九）是张君劢（嘉森、张嘉傲）的兄弟。张肖梅当时在中国银行总管理处任经济研究室副主任，而主任则为唐有壬。我由张氏夫妇介绍而认识了唐。他是唐才常之子，青年时代曾留学日本，毕业于日本庆应大学财政系，颇为汪精卫所赏识。汪1932年兼任外交部部长后，就通过行政院会议决定他为外交部常务次长。唐听说我的事后，就允到南京后设法转圜。果然不出一个月，南京外交部忽然寄来调令一件，调我到外交部国际司办事。我接到这个奇妙的调令后，立刻前往报到。国际司司长朱鹤翔原是陆徵祥时期的外交官。这个调令即是他为适应唐有壬的需要而设计的。经过这道手续，我这个部外人员一变而为部内人员，既可使我成为职业外交官，又可维持罗文干所谓外交都人事方面的惯例。

在此期间，执教于南京中央大学的次兄其垲，因辛苦过度，竟遽而长逝！我于公务繁忙之际，急急抽出时间，与家人一起扶柩返乡。其垲的丧事甫告段落，我又回南京外交部，领到了任我为驻比使馆二秘的部令。按照国民党政府外交官人事制度，使馆秘书系荐任官，部令加"代理"二字。经考试院铨叙部铨叙合格后，才颁发"国民政府真除二等秘书的荐任状"，取消"代理"二字。接到部令后，我即向唐有壬表示感谢。他对我说，已替我约好即日晋谒汪精卫。我便前往汪所住的铁道部官舍，由汪的侍从秘书引见。在空荡荡的会客厅中远远望见汪精卫面南而坐，像元首接见外国使节那样。侍从秘书引我进入客厅，徐徐前进，中途令我向汪行90度的鞠躬礼，行礼后秘书示意我原地肃立，聆听院长训话。汪就说了一番出国不容易，望你出国后利用机会好好学习，不要辜负国家的培养等冠冕堂皇的话。然后在秘书的示意下，我鞠躬告退。这是我生平与汪精卫仅有的一次接触。谒汪后，我又办妥了一应出国手续后，就返回上海了。

回到上海后，我开始与素以筹备出国远行，因为是新婚，彼此均无须添置新装，仅购买旅行箱笼，以便漂洋过海。暇时又去拜访了张公使。他见我南京之行如此顺利，十分高兴，告诉我说，他已订购了意大利邮轮"绿伯爵号"的头等舱位，希望我俩也能乘该船同行。随后他又向我讲了所以要选择我充任助手的缘由。原来当他内定出任驻比公使后，忽接北方皖系政客王揖唐来信，推荐他的长子王德炎（其时在驻比使馆任三秘）升任二等秘书。张因鄙视王揖唐之政客行径，就写信婉拒，转而请我为助手。

张君谋是个很有意思的人，他原籍也是浙江吴兴。早年留学英、法、瑞士等国。在日内瓦大学获理学博士学位。归国后，先在北京大学任化学教授，后又到南京任中央大学校长。他的专业是化学，暇时亦涉猎西洋史。在欧洲时，适逢第一次世界大战，他利用瑞士的永久中立国和平环境，搜集许多资料，写成《世界大战全史》一书，由商务印书馆出版，书的内容未必精辟，但文字流畅，楚楚可读。他很喜欢旅游，出任驻比公使的目的即是为此。他认为比利时虽是西欧一小国，但地理位置优越，交通便利，使馆事又不多，大可利用它为旅游基地。对内有沈宝琦掌握财务，对外有我料理馆务，他可以拥公使其名，行旅游之实。殊不知他不理睬王揖唐的信，就为以后的冲突埋下了一颗火药种子。

西行赴任

1933年11月下旬，我和素以终了登上"绿伯爵号"西行了。上船后才发现同船的除张公使外，尚有新任驻捷克公使张歆海（原任中央大学西洋文学教授）夫妇，驻英公使郭泰祺的夫人，驻意公使刘文岛的夫人，以及赴苏洽购军火的杨杰将军，新任驻西班牙公使馆三秘胡世熙和夫人等。真是同舟共济，很不寂寞。

"绿伯爵号"到达菲律宾首府马尼拉时，适长兄其峻为了推销地毯，刚自美国回来路过马尼拉，兄弟相见，真有点喜出望外。我结婚时，他未曾南下，这次却在异国他乡见到了从未见过面的弟媳。

船继续前行，到了印度孟买，因张歆海与著名诗人泰戈尔相识，便邀张公使和我与他一同上岸前往拜访。这位著名印度诗人住在了孟买一座僻静的公寓，盘坐合掌以迎远客，笑容可掬。

到了意大利的威尼斯城，同舟熟人纷纷上岸，各奔前程。我们欣赏了威尼斯风光后就搭乘火车前往巴黎。张公使将在巴黎作短暂逗留，以便定制公使制服，我则先在国内购得了一套旧制服，因此无须再做，即赴布鲁塞尔任所。由我代表张公使与代办罗怀办理交接手续。

张公使到任

1933年12月4日，张公使到达布鲁塞尔。随即报请外相希孟斯，做到任拜会。然后往谒宫廷大礼官，听其讲解觐见比王礼节。

1934年1月5日，比王亚尔培一世接见张公使。仅我一人陪往，因使馆其他工作人员中，只我一人有外交官制服。届时大礼官坐宫车到使馆迎迓我们前往王宫。张公使呈递国书后，又介绍我与比王相见握手。比王亚尔墙一世容貌庄严，形象高大，是著名的爱国抗德君主。1914年8月1日，他拒绝德国假道比境，亲率比军奋勇抗敌，后退入法国边境，扎营于巴纳。1918年联军反攻，亚尔培一世复率军光复国土。我得与这样一位创建了历史功勋的英明君主握手致敬，深以为荣。这次会见使我对亚尔培一世留下了难以磨灭的印象。

张公使递呈国书后，按着外交礼节，应作一系列的到任拜会。首先拜会首相，我仍陪同前往。由于我的粗心大意，同时对布鲁塞尔政府区街道也不熟悉，以致领着张公使错走到首相官邸隔壁的比国国际博览会督办公署去了。待发觉后退出，则已超过首相约定的时间。此事我难辞其咎。加以张公使到达比京时，摄影记者曾拍下车站的欢迎场面登在比国报纸上，将我妻康素以误注为"大使夫人"。三等秘书王德炎谋升二秘不成，怀恨在心，就把以上二事连同剪报，作为物证，冒充留比学生会的名义，向南京外交部提出控告。直等到张君谋去职后，南京外交部典职科才把收到的控告材料寄交驻比使馆彻查。经我将控告材料上所盖印鉴（有"留比同学会"字样）交私家侦探调查结果，证实图章是王德炎的妻子订购的。由于王德炎是王揖唐的长子，南京外交部就把王德炎调任驻西班牙公使馆三等秘书了事。

七年以后，即1941年9月16日，以汉奸汪精卫为首的南京伪行政院第七十七次会议任命王德炎为驻西班牙公使。[①]这时，王德炎的父亲王揖唐与汪精卫亲密合作，任伪考试院院长，已成为南京伪政府的高级汉奸了。

比国宫廷之更迭

1934年1月末，比国王室举行第一次世界大战爆发后一度中断的宫廷舞会。那晚王宫灯火辉煌，参加舞会的名门闺秀以及外交团的夫人们莫不盛装艳服，我妻康素以在那天晚上，穿着银色绸缎的长旗袍，前后身绣有翠绿色孔雀开屏的图案，色调鲜明，颇引人注目。那天晚上，比王亚尔培一世和王后伊丽莎白，太子利奥波德和公主阿丝特丽都莅临了。

讵料好景不长，这位嗜好登山运动的君主竟于1934年2月17日在比国南方名叫"夫人步伐"的一个险峰上，因爬山失足而亡。噩耗传出，我国外交部即电令张君谋公使以国民政府主席林森的名义致送花圈并代表他执绋送葬。

在出殡前三天，亚尔培一世遗体陈列于比国王宫。比国人民无论男女老幼，均穿着黑色丧服，群集于王宫门前，日以继夜，川流不息地肃静含泪，鱼贯而入，向他们一致爱戴的国王遗体告别，据报道每日不下十余万人次。

2月22日出殡时，我随张公使着外交官制服参加执绋。因中国使馆参加执绋人数太少，未免大失国体，就临时邀请正在比国炮兵学校留学的王观洲穿着国民党校级军官制服，充作使馆武官，加入中国使馆执绋的行列。

---

① 见蔡德金、李惠贤编：《汪精卫伪国民政府纪事》，第130页。

亚尔培一世国丧典礼后翌日，新王利奥波德三世登基，南京国民政府派驻法公使顾维钧为庆贺利奥波德三世登基典礼专使，驻比公使张君谋为副使。张君谋接电后闷闷不乐，口出怨言："我是公使，顾维钧也是公使，为什么政府令他为专使，我任副使呢？"其实论资格，顾维钧早就应该是大使，但当时中法使节尚未升格，而内部早就享有大使待遇。

登基典礼在议会宫举行，我国参加者仅顾专使和张副使，没有随从。届时，布鲁塞尔市政府采取警戒措施，通往议会宫的主要街道，非悬挂特别车证的车辆一律不得通行，偏偏张副使慌慌张张，竟忘带车证，加以坐的是出租汽车，而不是有外交牌照的自备汽车，以致一路上到处遇到路障。赶到议会宫时，登基典礼已快要结束了。

比前王亚尔培一世逝世和新王利奥波德三世登基两次典礼告成后，比国王室还遵循一套繁文缛节，向友邦派遣报聘特使。派往中国的报聘特使为爱麦虞咸·祥生男爵。他是比国钢铁业资本家，当时任国际卧车公司董事长。他偕夫人于1934年8月27日抵上海，适逢比后阿丝特丽因车祸突然身亡，他于9月8日到南京觐见国民政府主席林森，呈递报聘国书后，又匆匆于9月11日离上海归国。

祥生男爵和夫人回比后，鉴了中国之行，适在王后阿丝特丽丧礼之后，未便举行答谢宴会，就邀我和素以到他俩的乡间别墅度一次周末，聊志答谢。

1934年8月29日，比王利奥波德三世偕王后阿丝特丽驾车出游瑞士，竟于回国途中，因车祸致王后当场惨毙。

这时，张公使出外旅游未归，南京外交部就电令我以代办名义于9月3日举行殡礼时参加执绋。但国内对比后之丧，表示特别隆重，竟由行政院通令全国政府机关于9月3日在布鲁塞尔举行殡礼之日，下半旗一天致哀。此外，9月10日比国公使纪佑穆男爵特在南京汉西门天主教堂举行弥撒以追悼比后。国民政府主席林森，由国民党元老叶楚伧代表出席，行政院院长汪精卫、副院长孔祥熙，军政部长何应钦，外交部政务次长徐谟均亲自出席教堂弥撒典礼。

张公使突然离任

上面提到三秘王德炎一再匿名向南京外交部控告张君谋长期离开驻在国，出外旅游，馆务悉由我以临时代办名义应付过去。张君谋自己也有人通风报信，初怀疑我是唐有壬推荐的人，从中捣鬼的肯定是我。其实我虽是唐有壬介绍来的，但向来光明磊落，决不暗中捣鬼，到任以来，从未与唐有壬私人通信。张君谋于1934年冬奉电召贸然回国，以便到南京外交部对我进行控告。他万万想不到真正捣鬼的是王德炎，而不是我。他既回部，亦不晋谒兼部长汪精卫，就离宁去沪，自恃为国民党元老张静江的长侄，竟不把汪精卫放在眼里。汪闻而大怒，立刻电外交部驻沪办事处处长余铭转嘱张回京，张竟置之不理，径乘意轮"绿伯爵"号返欧。适新任驻土耳其公使贺耀组与张同舟，南京外交部续电在赴欧航行中的"绿伯爵"号，由贺公使转交，仍促其返回，张仍不理。

1934年12月1日，南京外交部忽然来电，令我代理馆务，我才恍然明了张君谋和南京外交部的关系已濒于破裂的边缘。果然张懊丧回馆，与专掌财务会计的甲种学习员沈宝琦秘密商谈，结账后，就不告而别，对驻在国外交部亦未办辞行手续。

新官上任三把火

我代理馆务后，就取得支配经费的大权，可以大刀阔斧地整顿馆务了。

首先整顿经费的使用。当时使馆经费按各馆具体情况，由外交部规定。驻比使馆由于馆舍为国家自置产业，无庸交纳房租，因此经费比较少，每月仅英镑1000镑。官俸按官员等级颁发，两者不能混淆。按惯例，馆长除领取本人应领的俸给外，对使馆经费得自由支配，无须向外交部报销，称为包干制。如有结余，可完全放在自己的荷包里，正所谓取不伤廉。这样一个陋规从清代建立使馆起，一直被认为是天经地义的，官官相护，谁也不肯打破它。以致张君谋可明目张胆以公帑供个人旅游之用。我个人一年来目睹此种现状，十分反感，曾想过一旦有机会我誓必力求改革。我妻素以对我这种想法也很支持。

其次也需要有一位管理财务会计的人员，于是我就请使馆随员王毓兼任。我在比国留学时，他和我一起在卢文大学政治外交系学习。他与我志同道合，愿抽出时间帮我做会计账目工作。适当同外交部转发审计部所规定的报销表格，我们就按照审计部所定的表格进行。我代理馆务任内有两笔经费，一笔是使馆经费本身，另一笔是遣侨费，总共结余达1.5万英镑。张君谋免职后，继任公使朱鹤翔和同来的参事周伯符于1935年9月1日到任。他们到任时，我把结余款的银行存单交给朱公使时，朱、周二人感到十分惊异。因为在使馆经费包干制下把经费节余交给后任馆长是没有先例的！

朱公使任期不到一年即被召回。中比两国协议把使节升格，互换大使。国民党政府任命原驻西班牙公使钱泰升任驻比大使，朱鹤翔对自己任内的经费仍保持包干制不变，但我移交的结余款则又移交给钱泰了。

1936年年初，我回南京外交部，按照调令，接任国际司护照科科长新职。同时把我在代办任内的报销表交会计主任陈锡璋（玉如）。陈大为诧异。他说，部把审计部所制定的报销表格照转驻外各使领馆，这是"等因"，"奉此"的例行公事，你却假戏真做起来，如果要真做，那就要把结余款项制成汇票，以便交还国库，现在只好把你的报销材料搁置起来。

1937年10月，中国刚进入全面抗日战争阶段，驻比大使钱泰急电南京外交部略称：九国公约会议即将于1937年11月在布鲁塞尔召开，会议将讨论日本侵华战争问题，估计会议的活动频繁，需款孔殷，查凌代办移交在他任内结余1.5万英镑可否动用，请电复等语。当时外交部政务次长徐谟接到此电后，对我说："你能把代办任内节余移交后任，实在了不起。"

　　我把代办任内经费结余移交后任，被人称为"大傻瓜"，但这件事虽属空前，并非绝后。据我所知，我素所敬爱的邵力子先生出任驻苏联大使两年，1943年回国述职，曾把他任内大使馆经费节余如数折成银行汇票交还国库，其数目当然比我的代办节余大得多了。这是我作为新官上任的第一把火。

　　第二把火是修理使馆馆舍。

　　驻比公使馆馆舍坐落在布鲁塞尔东端伊克茜尔区，靠近康布尔森林的陆军大马路19号，系中国国家自置的产业，历任公使从未维修，陈旧不堪，而且距离使馆不远，就是日本大使馆，相形见拙，更显得中国使馆的陈旧和丑陋了！自从我正式代理馆务，掌握使馆经费支配权以来，我就暗想能否有一天利用经费节余把使馆馆舍修理一下呢？中国有句俗语，叫作"官不修衙"，如果修衙，就要倒霉。我不信邪，偏要修衙，难道因此倒霉不成？使馆对外是代表国家的，使节对外活动，最讲体面，使馆馆舍有关对外观瞻其理至明。因此我上任的第二把火就是"修衙"。但并不向外交部伸手要修缮费，而是在使馆经费节余项下开支。我的决心既下，就招请修房油漆的建筑商，签订了承包合同，不日动工，不出一个月，使馆面貌果然焕然一新，左邻右舍的比国居民莫不侧目。在修房期间，我迁居使馆附近的一座公寓大楼内。1935年3月21日，我妻素以生一男孩，取名瑞骏。

　　这第三把火就是遣返难侨。原来在比国的中国留学生约200余人，在安特卫普的海员约有百余人，还有青田籍小贩来来往往的也有四五十人。在我到任不久，驻马德里的一位比国领事受贿给比国入境的护照签证，我国青田籍小贩因纳贿取得签证而溜入比国境内者不少。后来这个领事的舞弊情形被比国政府发觉，就将其撤职查办，而非法入境的青田籍小贩亦被勒令驱逐出境。他们就屡次到使馆请求交涉。为了此事，我一再到比国外交部提出交涉，比国方面不肯通融。有时，小贩被比国警察紧紧追逼，不得不到使馆寻求庇护，使馆只得把他们收容在地下室中。我把这些情况一再向南京外交部报告，常务次长唐有壬商得中比庚款慈善教育基金委员会同意拨款1万镑作为驻比使馆遣侨费。款汇来后，我即嘱驻安特卫普领事蔡芳蕃办理遣侨登记，同时我同安特卫普一家货轮公司接洽，由其承担海运遣返的任务。大约1935年7、8月间就有青田籍同胞30余人搭乘一艘货轮的统舱回国，大约12月初货轮才到达上海。不知怎样，他们对我很感激，特地到《申报》馆请求登报对我表扬，而我原是《申报》记者转入外交界的，《申报》方面对比事很注意，就把谈话记录编排在1935年12月某日的《申报》"本埠新闻"版上。

这就是我作为新官上任的三把火。这三把火刚放完，我就奉调回部了。

国际会议与电影节

1935年7月比利时举行了国际博览会。在此期间还召开了一些专业性的国际会议。我国参加的有：世界国联同志会大会、第六届国际津师会议、第二届国际少年法官会议、国际儿童保护会议、国际农业工业大会、国际森林会议以及国际家庭教育会议。

此外，1935年3月16日，比国电影研究院曾向驻比公使馆面邀中国参加第十届电影节。我认为当时中国电影事业虽不发达，但比国电影研究院征求的重点是艺术、工业建筑，名胜、风俗等新闻纪录片，就向外交部提议参加。适南京实业部派技正皮作琼出席国际农业工业会议和国际森林会议，就由皮氏带去纪录片《农人之春》，于1935年7月23日在电影节上放映。出乎意料之外，评议结果，中国竟获得特奖。同时获得特奖的还有匈牙利和意大利。当时我们在国外，经常受人奚落，这一荣誉，足以证明我的建议是正确的。

国内人士访问比国

1933年6月，中国民权保障同盟总干事杨杏佛被刺殒命后，风传黑名单中已列入邹韬奋，于是他乘机出国考察。1934年2月，他从英、法转来比国游历，我和素以得以东道主的身份，在海外接待我俩素所敬爱的韬奋先生。他到布鲁塞尔时，适比国前王亚尔培一世逝世和新王利奥波德三世登基。前者为国丧，后者为国庆，我作为友邦的外交官活动非常紧张。尽管如此，我仍挤出时间为他安排了三天游历的日程，尽可能亲自充作导游。除了游览布鲁塞尔名胜外，还游历了拿破仑被英将惠灵顿击败和生擒的所在地，著名的滑铁卢战场，以及比国天主教文化中心——卢文大学所在地卢文城。《韬奋文集》二集有关于这方面的记载。

国民党元老覃振和著名历史学家翦伯赞（当时是覃振的顾问）两人以考察欧洲司法机构的名义，先来比，继往法，在比三日。其考察日程由比国司法部安排，我曾陪他们一起考察。

李士珍是黄埔军校二期毕业的。由蒋介石保送留日，学习警政。1934年到比国考察警察教育和外事警察。我也陪同他参观，借此增加见识，略开眼界。比国地处德、法两大国之间，又与荷兰、瑞士为邻，其地势犬牙交错，国际罪犯出没无常，因此欧洲各国刑警机关之间往往通力合作逮捕罪犯。我们参观了诸如指纹卡片之交换和指纹卡收藏的科学管理方法等。李士珍参观后很感兴趣。他归国后任国民党中央警察学校教育长，以后又默默无闻了。最近阅《戴笠其人》一书，才知道戴笠和李士珍曾为控制警察人事和教育，进行激烈的争夺，李士珍资历远胜于戴笠，当时蒋介石却未予重用。

1934年春，交通部部长俞飞鹏和交通部技监韦作民两人率领交通部考察团从巴黎到布鲁塞尔考察。我和随员王毓二人前往车站迎接。张君谋公使未去车站，俞飞鹏勃然大怒，连呼"什么公使，一个小小地方官，竟如此放肆无礼，真正岂有此理！"副团长韦作民则态度和蔼，息事宁人。事后才知道这位留美科技出身的韦作民还是江湖上赫赫有名的袍哥，在帮内他辈分很高，在南京逝世出殡时执绋者成群结队。

　　蔡廷锴是中国现代史上著名的抗日爱国将军，他领导的"一·二八"上海抗战，举世瞩目，在抗日战争史上留下了光荣的一页。当时，我在上海《申报》馆为"申报时评"栏撰写国际短评，创办《申报月刊》，在月刊上发表蔡将军部下独立旅旅长翁照垣将军所著的《淞沪血战回忆录》，先连载，后单印出版，曾再版达三次，成为当时的畅销书。1933年，我脱离《申报》馆，转入外交界，蔡将军则号召抗日反蒋，参加福建人民革命政府，失败后转往香港。1934年4月12日，蔡将军偕谭启秀、丘兆琛和麦朝枢一行四人在香港搭意大利邮船"红伯爵"号出国。南京外交部在蒋介石、汪精卫授意下来电略称：蔡廷锴等即将来欧，届时不予接待，并在暗中监视其行动报部云云。当时，适张公使又离比旅游未归，我就见机行事，决不追随南京倒行逆施。7月11日，我偕随员王勰前往迎接，事前已约定比国两大报即《自由比利时》和《晚报》的记者到蔡将军所住的旅馆进行访问。我对蔡将军说：此间舆论受敌人反宣传的影响，希望蔡将军乘机向他们作有利于祖国抗日的宣传。蔡将军慨然接受我的意见。临别时，蔡将军还亲笔签名，赠我戎装照片一帧，可惜此照竟在"文革"中被造反派抄走了。我在复南京外交部电中仅说："蔡廷锴等一行过比仅三天，并无异动。"新中国成立初期，在北京民革中央我会晤蔡将军，追述往事，不胜感慨。

粉碎比国亲日派的阴谋

　　比国德·白松皮尔男爵长期任比国驻日本大使，著有外交回忆录《出使日本十八年》（1921—1939）。我在驻比使馆任内，他已经任驻日大使12

年了，是比国著名的亲日派。

日本帝国主义强占我国东北，成立伪满洲国后，英法企业家分别派遣考察团前往东北。于是白松皮尔男爵也于1935年5月在比国报纸上撰文，鼓吹比国工商企业家去东北考察，实际上是为进一步承认伪满组织铺平道路。

当时比国工商业界也确有跃跃欲试的倾向，我就急电南京外交部，建议双管齐下，国内由外交部向比国公使交涉，比国由我向比利时外交部提出交涉。我的建议获得外交部的批准。

我深恐势单力薄，仅向比国外交部提出交涉不会立即见效，于是想起了一位比国著名人物——埃米尔·王德威尔德（1866—1938）。他是第二国际领袖，比国社会党党魁。1919年他以司法大臣的资格出席巴黎和会，1925年任副总理兼外交大臣。1930年8月，他应国民党政府的邀请来中国访问，曾在北京大学和北京师范大学讲学，鼓吹第二国际，贬低第三国际。我到驻比公使馆时，他是不管部的国务部长，仍可向内阁进言。因此，我决定除正面向比国外交部提出交涉外，侧面访问王德威尔德，请他向比国内阁建议打消工商界访问伪满的计划，他允即与比外相商谈。

向比国外交部提出交涉后不到一星期，我即接到比外交部礼宾司长德·尚依伯爵的电话，说比国外相将于6月初旬某日（准日期不记得了）召见我。届时我如约前往。希孟斯外相向我声明：比政府已劝工商界放弃组织考察伪满的计划，比国外交部已以同样决定电令驻南京公使纪佑穆男爵转告中国外交部了。

至此，德·白松皮尔男爵的计划宣告失败。

出席陆徵祥晋铎典礼

1935年春，我接到南京外交部令，谓6月29日将在布鲁日举行陆徵祥晋升天主教司铎典礼，政府决定派我代表行政院参加。

陆公是中国外交界的耆宿。早于袁世凯时代就出任国务卿兼外交总长。以后弃官遁入比国布鲁日圣安德本笃会修道院为修士。我跻身外交界仅一年就有机会以行政院代表的身份出席这一典礼，衷心非常自豪。陆公出生于上海，是我的同乡，但我以前并不认识他。因此我接到南京外交部来电后，为了执行任务，即前往布鲁日作专程访问。陆公十分热情地接待了我。当晚我住在修道院迎宾馆，他与我长谈达十数小时之久，还赠给我许多有关他的外交官生涯和宗教信仰的珍贵资料。可惜数十年来迭经动乱，这些资料几乎丧失殆尽。

梵蒂冈天主教教宗十分重视陆公晋铎典礼，特派曾驻华12年之久的刚恒毅总主教专程来比主持典礼。

6月29日上午，天气十分晴朗，圣安德修道院装饰得五彩缤纷，观礼者异常踊跃。来宾有中国驻苏联大使颜惠庆，驻荷兰公使金问泗，驻西班牙公使钱泰，前驻比公使魏辰组，驻法代办肖继荣等，以及其他与中国友好的比国人士。典礼十分隆重，长达三小时。接着，修道院设午宴款待来宾，修道院院长南文主教，刚恒毅总主教和我（代表国民政府行政院）分别致祝酒词，陆神父致了答词。

7月1日，我又以驻比代办的名义，在公使馆设宴招待了陆神父及比国政界、外交界人士40余人。

一段羞愧的回忆

1935年6、7月间，驻比公使馆收到南京外交部"情字××号"训令一件，要求各使领馆相机迅速办理对外宣传并报部。内容有二：一是关于"五次'围剿'的战略形势"，一是蒋介石发动的"新生活运动"。两份材料都用非常流利的英语写成。我接到训令后暗想，自己1933年末即抵达比利时，对两个材料的内容都非常隔膜，如何宣传呢？我琢磨了一下，决定将"五次'围剿'的战略形势"的材料原封不动交给比利时退伍军人协会，由这个协会拿去发表，我则可以向外交部交代了。比用退伍军人协会是著名的反共团体，很快将此材料译成法文，发表在该协会的刊物上。但其销路亦仅五六百份。至于"新生活运动"的材料，我则译成法文，加头加尾制成一个学术性，文化性的讲演稿，利用布鲁塞尔大学基金会的讲台，于1935年7月做了一次讲演。当时正值蒋、汪合作时期，我作为国民党外交官，不免对蒋、汪吹捧一番。后来我把上述两项对外宣传之经过简略地向南京外交部报告，竟然获得了传令嘉奖。

今天回忆往事，我感到十分羞愧，但这也是当时的形势及自己所处的地位使然。与其避而不谈，不如坦率地将这段历史呈现在读者面前。

辞行东归

新任驻比公使朱鹤翔，于1935年9月1日到任。他是原外交部国际司司长。我刚从《申报》馆调到外交部时，分在国际可办事，首先见到的就是他。

我向朱公使办理移交手续后，又陪同他向比国国王利奥波德三世呈递国书。然后向比国外交部辞行。礼宾司司长德·尚依伯爵特把利奥波德三世领绶司令勋章一枚授我。

在比将近三年，我与使馆的法文秘书亨利结下了友谊。他原是法国的保皇党人，因参加复辟失败，逃至比利时政治避难。他认为我敢作敢为，生气勃勃与前任迥然不同，因此对我十分敬重。得知我奉调回国后，他热泪盈眶，与我依依惜别。12年后，我任驻法公使时，亨利女儿来法，奉了老父之命，专程到使馆看我。说亨利一直在想念我。

公务移交完毕后，我即偕素以到巴黎和伦敦作短暂旅游，然后匆匆返回布鲁塞尔打点行装，乘"波茨坦号"轮东归。

12月初我们返回上海，才知道唐有壬已调到交通部，仍任常务次长，（顾孟馀为部长）我是由他引荐进外交界的，而我的工作表现也使他自诩用人得当。即以这次调动而言，一般调令都是先以"调部办事"名义回部，再候安排。而我的调令则载明调任外交部国际司护照科科长。当时人都认为我是唐有壬的亲信，才获得这一罕见的待遇。我正拟偕素以往访，忽闻他被刺身亡。据张肖梅密告，唐有壬和湘籍某名士争夺妖艳女子黄蕴之，构成三角恋爱。某名士借口唐亲汪而予以刺死。当时唐妻欧阳亚徵女士，系著名戏剧家欧阳予倩之胞妹，气得几乎发疯。

由于外交界的突然变化，我决定将素以暂留上海，单独赴任。不料我到南京不及一月，素以又发觉怀孕，决定人工流产而为庸医所误。待我匆匆返沪，她已奄奄一息，仅见了一面即撒手逝去！终年仅25岁。此事虽已过去半个世纪，但我至今念及，犹感余痛！

第2章 | 外交部国际司时期

（1936—1940年）

国际司梗概

1935年12月17日，我到了南京，向外交部总务司典职科报到，继往国际司见司长吴颂皋。他原籍江苏苏州，是1931年我在上海《申报》工作时期就认识的熟人。他毕业于复旦大学，后留学巴黎研究国际法。归国后也经唐有壬介绍到外交部。初任参事，在南京创办《外交评论》，朱鹤祥调任驻比公使后，他继任国际司司长。吴颂皋吩咐护照科副科长钱王倬引我到护照科就任科长职。这时主持外交护照，与外国驻华使馆经常联系的人员仍是驻荷属泗水领事调部办事曹汝铨（春生）。不久以后，帮办章守默调任驻约翰尼斯堡总领事，吴颂皋就推荐我兼任帮办。

我任国际司帮办后，司中各科陆续有了一番调整。国际司共分六科：

国联科：主管国际联盟行政院和大会各种活动；国际劳工局各项活动；国际法院，国际公约，以及其他国际会议事项。记得当时意大利侵占埃塞俄比亚受到国联盟约第十六条的制裁问题，是当时国联科工作的中心问题。其实工作重点在参加会议的代表如顾维钧、颜惠庆、郭泰祺等，主管科仅承转他们的报告而已。国联科的科长是胡庆育，副科长是孟鞠如，主要科员有周子亚、周书楷、吕怀君等。

领事科：主管各国驻华领事馆的设废和领事到任、离任及授予领事证书等事项。驻外领事馆之设废及管辖区域事项；通商贸易，开放商埠口岸，港务以及海上救护事项；国外经济贸易的调查研究事项；税务及免税事项；商标及专利等事项。科长是袁子健，副科长是蒋恩铠，领事调部办事薛寿衡，二秘调部办事汪孝熙，专员袁行洁（晓园）系国民党元老叶楚伧的儿媳，以擅长书法，在科内专缮写由国民政府主席签署的领事证书（外国驻华领事就任证书）。

法令科：主管国籍、引渡、外侨居留、外事法令、租界内交涉、军火运输、航空等事项。科长为杨翔溟，主要科员为金善增。

侨务科：主管保护华侨权益和救济难侨，留学生事项，华侨遗产事项。科长由专员李铁铮兼任，主要科员为高士铭。

护照科：主管核发出国护照，驻外使领馆及国内发照机关签证护照，无约国及无国籍人民入境出境护照事项，签发外人游历内地护照事项，查验外人入境护照事项等。科长由国际司帮办凌其翰兼任，副科长是钱王偉，主要科员是曹汝铨。

货单签证科：主管分发领事签证货单，领事签证货单收费账目及收费缴送，领事签证货单之对外交涉，编制进口领单货物之统计，办理领事签证货单之考核、奖励事项。科长是朱世全（完初）。

上述六科除了国联科和法令科以外，其余四科都属于外交行政范围，两者凑合在一起，成为"大杂烩"。这就是为什么国际司随着抗日战争的发展，终于解体、归并。

当时，国民党外交部的组织大致如下：

部长、政务次长、常务次长。

参事厅

秘书处

总务司：文书科、电报科、交际科、典职科、会计科、出纳科、庶务科

国际司

亚东司

亚西司

欧美司

情报司

随着形势的变化，机构也陆续有变化，例如：总务司内的电报科独立成为机要室，交际科独立成为礼宾司，典职科独立成为人事处，会计科独立成为会计室。国际司全部取消，联合国部分归条约司，法令科也归条约司，护照科则归总务司，欧美司分成欧洲司和美洲司等。

对张群的看法

我在国际司整整三年，把注意力集中在批阅文件上，整个身心陷在文件堆里。当时国民党外交的重点完全依蒋介石的意愿为转移，蒋介石施行独裁，反对民主，其整个对外政策可用四个字来概括，叫作"安内攘外"。汪精卫下台后，继任部长张群与蒋同为留日士官同学，且为拜把兄弟，一切唯蒋是从。他是蒋介石的智囊之一，蒋的许多政策，均有他的参与。他任外交部部长后，其工作重点是应付日本。国际司工作除国联活动与日本有关外，其他外交行政悉不在他的心上。因此，在他任外长期间，他从未与我做公事上的交谈。

他上任伊始，对任用外交官的标准，提出"品、学、文、容、体"五字诀，曾传诵一时，但实际任命的大使不是旧官僚，便是蒋介石派下来的人物，与五字诀毫不相干。例如我于1935年冬从比国调回后，公使朱鹤祥（凤千）任期不满一年，公使升格为大使，照例他可以坐升，并不是他其貌不扬，不含五字诀的标准，而是因为汪精卫、冯玉祥、阎锡山联合反蒋时期，他由颜惠庆介绍，担任这个反蒋集团的交际处长，于是他为了这个政治上的

原因而不得不退下来，由原任驻西班牙公使钱泰调升为驻比大使。这事经过，还是朱鹤样本人向我透露的。又例如魏宸组原是1919年追随陆徵祥出席巴黎和会代表团代表之一，出席巴黎和会后即就任驻比公使。他的后任有汪荣宝、王景岐、谢寿康（代办）等。当我任驻比代办时，为了庆祝陆徵祥晋升天主教司铎，特在使馆举行午宴，宾客名单中就有他。原来他退任后，始终定居比国，不知怎样，就在张群任外交部部长时期发表为驻比大使。据说直至第二次世界大战结束，才死于任所。最后还联想到王景岐，他返国后，一度任上海劳动大学校长，继由张群调他为外交部条约委员会主任委员，也是在张群任内，出任驻波兰大使。因波兰卷入第二次世界大战的旋涡，王景岐仓皇退出波兰，到瑞士后，因病逝世于日内瓦。

以上各种实例证明张群提出的任用外交官五字诀为一回事，实际是另一回事。

张群到外交部后，徐谟继续任政务次长，陈介（蔗青）任常务次长。当时亚洲司司长高宗武，帮办董道宁原为汪精卫兼部长时期所安插的人，均先后成为汪精卫投降日本的急先锋。蒋介石侍从室二处秘书邵毓麟是日本留学生，到侍从室前曾任驻横滨总领事，则被派到亚洲司，担任张群接见日本大使进行会谈的翻译工作。以后，由于蒋介石十分重视外交部的情报工作，情报司司长李迪俊调出国后，就派朱世明继任，朱世明调出后，由邵毓麟继任，由此可见，情报司司长一缺，换来换去，始终是蒋介石手中所掌握的棋子，而不容许他人插手。在这方面，蒋介石如何摆布，张群是听之任之，无动于衷的。

我在南京作为中层干部，对西安事变，信息太不灵通，终觉得事情来得突然。南京周末，部分军政人员照例集于国际联欢社，在音乐声中，翩翩起舞，热闹非凡，双十二事变发生后，国际联欢社顿时门庭冷落车马稀了。

双十二事变发生后，12月16日，南京国民政府宣布讨伐令并任命何应钦为讨伐军总司令，他磨刀霍霍，连德国军事顾问法根豪森所锻炼出来的教导总队也动员起来，宋希濂的先头部队也开进了潼关。南京还派飞机到西安上空示威，而素以蒋介石之命是从的张群却紧跟何应钦，亲日的倾向昭然若揭，引起崇美亲美的宋氏兄妹疑惧。蒋介石脱险返回南京后，对何应钦表示不满，张群也不得不辞去外交部部长之职。

汪精卫赶回南京

汪精卫于1935年11月1日在南京被刺后，即往德国疗养，闻西安事变，才赶回国。记得1936年2月，南京外交部大礼堂正举行纪念周时，忽然部长张群陪着汪精卫进入礼堂。我同部中同人都站在前排，见到汪精卫来，都很惊异。继而张群介绍汪精卫讲话。汪精卫提到他被刺后不久，他亲信的前常务次长唐有壬亦在上海被刺时，竟涕泪纵横，掩面而泣。汪精卫以善于做作著称，是戏剧化的人物，此时大家都很感动。此情此景，回忆起来，犹历历在目。不久以后，张群就辞去外交部部长职，汪精卫又以国民党中央副总裁的身份再度与蒋介石合作。这也是我最后一次看到汪精卫。

参加中山学社的回忆

陈果夫、陈立夫兄弟掌握着国民党中央组织部的核心。他们提供经费，组织了一个表面上略带学术性的业余俱乐部，名为中山学社。我经亡兄梦痕的留法同学刘真如介绍，加入了这个俱乐部，时间是1936年7月。中山学社的地址在南京新住宅区北山西路口，成立时我适不在南京，据刘真如说，曾经宣布把我列入理事名单，通过举手表决的手续。其实自1927年以后，我已经在组织上同国民党没有关系了。

每星期六晚上是中山学社的活动日，由社方预先约人来主讲。叶楚伧、孙科、陈立夫、梁寒操都先后来作过报告。除听报告外，还有下棋、玩桥牌、阅书报、吸烟品茶，叙谈等活动。基本社员可以介绍在外地的人为社员，把这些人的姓名，住址汇集起来，编为社员录。外地社员一旦来南京，就可来社进行社交活动，从而扩大了社的影响。我摆脱国民党牢笼已久，从没有介绍过外地社员。

学社还编印《中山半月刊》。谌小岑担任编辑时，征求我写稿，我即写了《孙中山的外交政策》一文。

在社中我认识了不少人，其中有CC系方面的徐恩曾、费侠（女）、余井塘、洪兰友、王星舟、邵华、骆美奂、骆美伦、陇体要、冷隽、刘真如、卓励之、卓衡之、黎东方、西门宗华、王平陵等，孙科方面有梁寒操、王昆仑、周一志、钟天心、谌小岑等。陈铭德在南京办有《新民报》，也参加中山学社。

在这里很少见到黄埔和复兴社的人，事实上CC系是中山学社的核心，徐恩曾则是中山学社的负责人。中山学社在徐的领导下，成了CC系和孙科系握手言欢的场合。

七七事变后，政府迁都重庆，中山学社的活动就停顿下来。1939年，中山学社忽然在重庆四川省银行会议厅召开了一次近百人的大会。到会者踊跃，为南京所未见。CC头头陈立夫也到了。西山会议派元老覃振也来了，过去他从未到过中山学社，这次据说是由周一志拉了来的。1939年8月，苏、德互不侵犯条约的签订，使得国民党顽固派乘机对苏联大肆诬蔑。陈立夫则充当代言人，在会上大放厥词，狂叫反苏反共。想不到杀出一个程咬金，原来作为西山会议派元老的覃振竟挺身而出，对陈立夫痛加驳斥，赢得全场热烈鼓掌。而领头鼓掌的是王昆仑、周一志、谌小岑等，弄得陈立夫很窘。[①]这可算是中山学社最后一次集会。

参加国际扶轮社

我于参加中山学社的同时，也参加了国际扶轮社。中山学社可算是

---

① 参见周一志：《关于西山会议派的一鳞半爪》；见《文史资料选辑》第十二辑，第124页。

我的国内政治活动中心，而国际扶轮社则为我的国际社交活动中心。国际扶轮社英文称Rotary International，原称扶轮俱乐部（Rotary Club）。最早的扶轮俱乐部于1905年在美国芝加哥成立，以后逐渐在美国、加拿大、英国、西欧、南美洲、澳大利亚、新西兰、日本、中国各大城市像雨后春笋那样，不断成立，形成一个各行业和自由职业代表的国际俱乐部网，第一次世界大战结束后，扶轮俱乐部改称国际扶轮社。"服务不为自己"（Service not self）为国际扶轮社统一的口号，蓝底黄色齿轮盘为国际扶轮社的社徽，社员的西装上衣左襟纽扣上，往往佩戴微型的齿轮图案徽章。社员叙餐时在餐桌上摆着蓝底黄色齿轮图案的社旗。国际扶轮社总部设在其发源地芝加哥，将全世界分为十四个区，其中美国占七个区。中国（包括香港地区）称为远东区，由区大会选举总督一人负责。每个城市则只能没立一个社。各行各业只许有一个代表参加作为正社员，此外可添一位副社员。社员每星期四中午叙餐一次，这是扶轮社普遍性的规定。在社的叙餐日，照例社员不能有其他约会。叙餐时，社员可邀请一两位客人，其餐费由邀请者负担。叙餐时，社长安排预先约定的社虽或特邀来宾作专题讲话。社员限于男子，但举行年会时可陪同眷属参加。

这是一个表面上各行各业的代表人物不分国别，联络友谊的组织，实际上它的背后还有一个秘密组织，叫"规矩会"，有许多清规戒律及各种密语和手势，好像一个"洋"帮会。国际扶轮社实际上是由这个秘密组织操纵的。

1936年，外交部顾问刁作谦（系北洋政府时代的老外交官），他是南京国际扶轮社正社员，我是副社员。当时新华银行南京分行经理徐振东为南京社的负责人。此人神通广大，还担任芬兰驻南京的名誉领事。南京社社员有中、英、美、德、荷各国国籍，绝大多数社员是银行经理、洋行买办、航运公司代理人、企业工程师、厂长、律师、医生等。南京基督教青年会总干事费吴生（美籍）、副总干事诸培恩，亦分别为扶轮社正副社员。

1944年我在兰州任外交部驻甘肃特派员，又加入了兰州市国际扶轮社，巧遇费吴生和诸培恩。他们自南京陷落后，直接到兰州，负责主持兰州市基督教青年会，他们也加入兰州市国际扶轮社。当时社长为甘肃省财政厅长陈立廷（孔祥熙旧属，留美）。

1946—1948年期间，我从越南返回南京，任外交部礼宾司长时，继续为南京国际扶轮社社员。当时社长是诸培恩。使我印象最深刻的是1947年年终扶轮社扩大年会上特邀美国驻南京大使司徒雷登讲话。他扬言要把旧中国苟延残喘的命运寄托在他所谓的"中国民主个人主义者"身上，对著名亲美学者胡适、林语堂之流吹捧了一番。

中苏互不侵犯条约的签订

"八一三"上海抗战使南京形势趋于紧张，日本飞机时来袭击，于是南京城内到处挖掘防空壕。外交部档案图书均装箱运走，有的运往上海租界，有的运往海外，甚至运到菲律宾。新档案则放在外交大楼附近一小学校的防空壕中。外交大楼目标暴露，因此我们也搬到小学校办公。外交部大部分人员被勒令疏散，仅留少数人员与部次长一起在这个小学校里办公。1937年8月21日，外交部部长王宠惠与苏联驻华大使鲍格莫洛夫签订了中苏互不侵犯条约。[①]其实这个条约并非新东西，颜惠庆早在日内瓦参加军缩会议时，就与苏联外长李维诺夫于1932年12月12日达成中苏复交的协议。当时颜曾向李维诺夫建议签订互不侵犯条约。李维诺夫答以此事以后可按照正常外交方式进行。我亲眼看见王宠惠在同苏联大使谈判签订中苏互不侵犯条约时，特从防空壕中取出档案箱，检出当时颜惠庆与李维诺夫谈判中苏复交时的报告，作为参考。[②]

---

① 见《中外旧约章汇编》，第1015—1016页。

② 见《中外旧约章汇编》，第910—912页。

军统交办的护照

中苏互不侵犯条约签订后，中苏关系有所好转。忽然有一天政务次长徐谟召我到他的办公室，向我介绍一位素不相识的客人，说是军统办事处处长李肖白，并说经蒋介石批准的两批名单，一批是在中苏边界上苏联境内恢复早经封闭的中国领事馆馆员名单，另一批是抗日游击队带着收发报机和轻便武器假道苏联绕进东北，以便建立敌后抗日根据地的名单。徐谟吩咐我要作为最机密案件，为他们按照名单填发出国护照，并亲自与苏联大使馆领事部主任密商。领事部主任是大使馆一等秘书兼任，姓名我记不起来了。徐谟还要我在联系过程中，随时到南京鸡鹅巷53号军统办事处与处长李肖白接洽。很明显，这两批名单上的人大都是军统特务。但苏联大使馆对这两批入境护照和过境护照签证竟搁置不复。

黄秋岳父子同沦汉奸

"八一三"上海抗战爆发后，南京立刻告急。当时日本有好几艘军舰停泊在汉口，为了防止这些日舰威胁首都起见，以蒋介石为首的最高军事当局决定在江阴附近江面布置一条封锁线，日舰如企图有所动作时，就在封锁线上予以歼灭。讵料这一高度军事机密竟被行政院简任秘书黄秋岳和他的儿子黄晟串通一起，泄露给日方。使得日舰扬长而遁，所谓江阴的封锁线计划未经实现，即行告吹。黄秋岳和黄晟父子两人均被枪决。黄晟原是外交部国际司领事科科员，他平时沉默寡言，中文写得很流畅。事后我才知道黄秋岳是汪精卫任行政院院长时期所任命的，黄晟则通过乃父的关系，进入外交部。黄秋岳和黄晟父子两人可算是抗日战争中最早通敌的汉奸。

周佛海与吴颂皋

"八一三"抗战爆发后，日本飞机经常空袭南京，国际司司长吴颂皋，与我同住在新住宅区。我有时到他住宅，正赶上空袭警报，他往往吓得面如土色。那时还没有防空洞，就急急忙忙，躲在方桌下。我暗想要是敌机真的光临，无论扫射、投弹；躲在方桌下，有何用处？在这期间，南京有所谓低调俱乐部，大家公认周佛海是这个低调俱乐部的台柱。有一天他走进吴颂皋的住宅，一面走进来，一面说道："这个仗怎么能打下去？你们外交家快快设法把这个仗停下来。"我适在吴寓，于是经吴颂皋介绍，我才认识这位后来当上大汉奸的周佛海。

在武汉九个月

上海抗战仅3个月即告失败，南京国民政府有西迁重庆之议，外交部自不例外。对多数职工已勒令疏散，我作为少数留部人员，忽奉政务次长徐谟召谈，要我打前站先行。到达汉口后要我与汉口特三区市政管理局局长郭泰桢取得联系。郭泰桢（葆东）是郭泰祺的胞弟。我仓促上路，孑然一人，调换了好几次火车，终于到达郑州，再由郑州直下汉口。到达汉口后，郭泰桢指点我到前英租界（即特三区）联怡里一石库门房屋，将其作为外交部临时办事处。吴颂皋任办事处主任，我任副主任，处理外交行政和签发护照事项。郭安排王宠惠、徐谟、李迪俊（情报司长）、吴颂皋住在德明饭店，我则住在一白俄老妇所开设的小公寓。我每日到联怡里临时办事处工作，情报司两位得力人员李秉汉和倪本卿二人也在该处工作。吴颂皋情绪低落，口口声声决不愿再去重庆。不久以后，谋得日内瓦驻国联办事处专门委员之职而出国，仅剩我一人留守汉口办事处。在此期间，广州中山大学校长邹鲁特派其秘书兼教授沈昌焕来磋商该大学拟假道越南西迁。沈同时透露了他有志于外交工作。他西装革履，风度翩翩，给我深刻的印象。

这时常务次长陈介已调任驻德大使。新任常务次长曾熔甫在外交部迁往重庆后才到任。于是外交部大部分职工由总务司长徐公肃率领，乘江轮先到汉口，然后候浅水轮陆续转往重庆。

初到重庆

南京沦陷后不久，长沙大火，武汉也跟着撤退。1938年8月1日，我随部长王宠惠同机飞重庆。自我的原配康素以去世后，我单身在外，断弦三载。在汉口时，识得一位贫苦家庭出身的女子周慧君，朴素贤淑，就禀明留在上海的老父亲，经他同意作为继室，到重庆后同居，不再举行结婚仪式。我到重庆后不久，忽患急性阑尾炎，住宽仁医院，经手术治疗，幸赖我妻周慧君陪侍在侧精心照顾。

1939年12月，忽传汪精卫一伙从重庆秘密出走。不久，原外交部秘书陈允文（系陈璧君的侄子）忽然到我的办公室向我辞行。我自从唐有壬被刺身亡后，就无形中与汪派割断联系，所以对陈的辞行无动于衷。而吴颂皋则急忙从日内瓦回国，向南京汪伪政府报到。我早已看出他与大汉奸周佛海的联系，对他与汉奸们同流合污，我殊深浩叹！以后他竟与周佛海结成儿女亲家，官至伪司法部长。日本投降后，被捕入狱，关在上海提篮桥监狱。我和他同为唐有壬引进外交部，唐被刺身亡后，我和他却南辕而北辙，各不相谋。直至1948年6月，我调任驻法大使馆公使，正在上海候船赴任前，才知道此事。以后他大概死在狱中了。

在这时局转折的紧要关头，忽传我在上海震旦大学预科的同学何穆（留法八年，刚获得医学博士学位回国），不知因何渊源，径往延安革命根据地去了。回忆20年代初期，在震旦大学时，何穆与我同住该校西宿舍，很是投机。我暗暗羡慕他以一个医生竟断然选择革命的道路（何穆，后曾为全国政协委员，是著名肺结核专家）。

到重庆以后，国际司无形解体，我自己主管的护照科已从国际司归并于总务司，科长一职由瞿秋白的堂兄瞿纯白担任。为了避免受连累，瞿纯白已改名瞿常，号申伯，做人谨小慎微。这时国民党特工对出国人员戒备森严，申请出国护照，须经中统特务头子徐恩曾亲自审核才能签发。冯玉祥将军两个儿子申请护照，以便赴苏联留学，竟被中统否决。瞿纯白不得不亲往冯将军住宅报告，冯将军闻而大愤，回说："知道了。"这件事是瞿纯白亲口对我说的。

国联科科长胡庆育调往日内瓦国联秘书处实习，而侨务科科长李铁铮又调任外交部驻甘肃特派员，于是两科工作悉由孟鞠如一人承担。著名爱国侨领陈嘉庚汇出大量捐款，指定要接济八路军，于是八路军办事处派陈家康频频与孟鞠如联系，幸孟在《大公报》主笔、参政员王芸生的支持下，想方设法，逃脱国民党财政部的控制，把捐款直接汇给真正抗日的八路军。

访曾家岩周公馆

1939年8月间，原简任秘书兼交际科科长段茂澜悄悄地对我说：

"寄寒兄，我们不是外人。当我在北平傅作义将军那里任秘书兼天津电话局局长时，我就认识令兄其峻，我不妨老实说，我在南开大学学习时，有一位同学名叫周恩来，他现在是中国共产党里仅次于毛泽东的领袖人物。我同他虽然政见不同，但我很佩服他为人品德高尚。现在周恩来和夫人邓颖超均已从武汉来重庆，住在上清寺曾家岩50号八路军办事处。我向你秘密建议，我先到曾家岩去见周恩来，并约时介绍你去访问。你意下如何？"

我听了段茂澜的话，又惊又喜，当然同意他的建议。果然隔了一天，他对我说已经约定访问的日期。我们如期往访，邓大姐出面接待，和蔼可亲。连声说："恩来临时因事外出，真是抱歉！"继而她与段茂澜谈话，非常融洽。由此可见，周恩来和段茂澜之间和睦的同学关系。我们在周公馆逗留时间约半小时之久。我与邓大姐握别时，颇以未能见到周先生引为憾事！

我担任礼宾工作期间，在有些招待外宾的场合，尽管周先生近在咫尺，我也不敢贸然趋前打招呼。因为端酒端菜的服务员都是戴笠部下的特工喽啰。1942年9月，美国罗斯福总统的个人代表、共和党领袖温德尔·威尔基来重庆访问，国民党政府特在孔祥熙公馆范庄的园亭中举行一次小规模的酒会，由我介绍与国民参政会若干知名参政员和其他知名人士，与他相见，其中就有周恩来先生。我照例引导他们一一与威尔基握手寒暄。后来我明明看见周先生在园亭的角落里，一个人踱来踱去，却不敢趋前问候，为的是避免特工打小报告。就这样，直到新中国成立，我起义回国后，才有机会与素所景仰的周总理交谈。

第3章 | 初次主持礼宾工作时期

（1940—1943年）

从秘书到交际科科长

1940年3月9日，我被任命为外交部简任秘书，即到部长办公室接替谢维麟的工作。谢维麟是王宠惠任海牙国际常设法庭法官时的秘书，告卸后即放为驻瑞典公使，由我继续他的工作。一次我正在部长办公室帮助王宠惠校订外交文牍时，忽传原简任秘书兼交际科长段茂澜调任欧美司司长，原欧美司司长刘师舜调任驻加拿大公使。王宠惠就令我兼任交际科科长，使从文牍堆里爬了出来。作为职业外交官，这样的调动是不足为奇的。但我自己最不喜欢搞这类礼宾应酬的工作，首先我不能饮酒，更怕干杯、闹酒，而我这一次担任礼宾工作竟达四年之久。

礼宾工作的主要对象是外交使团。而国民党政府从南京西迁重庆后，外交使团七零八落，仅英、美，法、苏、德、意、比、荷等国，以后又陆续增加了几国。重庆是山城，只有苏联大使馆设在城内枇杷山，英国大使馆设在领事巷的英国领事馆，美、法、德、意、比等使馆散驻南岸，交通非常不便，加以山城时常云雾弥漫，而敌机又不断空袭滥炸，因此城内无法安家。这时我妻周慧君已生一男孩名瑞骅，我就商诸上海震旦大学老同学、医学博士汪代玺，在他私有地产——汪山白沙岗上新建的平房内租得住房一间。同住一起的有著名经济学家方显庭夫妇，当时他任南开经济学研究所所长，是著名经济学家何廉的好友。老友孟鞠如也住在汪山。

汪代玺自己的住宅依山傍水，住宅之旁有一小屋，则由何廉居住。《大公报》社长张季鸾、主笔王芸生也常来度周末，以打麻雀牌为消遣。

蒋介石的黄山官邸与汪山为邻，是日机空袭目标之一，因此流弹有时不免波及汪山。一天，日机来袭，适何廉约5岁的大儿子未及躲避，不幸被敌机投弹炸死了。

蒋介石接见法国大使高思默

法国第二任驻华大使亨利·高思默1939年3月10日到任。他原是法国外交部亚澳司副司长，曾在中国多年，号称中国通。他到任仅一年余，纳粹德国即以闪电战术长驱直入法国本土，使马奇诺防线归于无用。法国政府竟卑躬屈节，向纳粹投降，迁都于维希。跟着，法国在远东最大的殖民地印度支那新总督德古中将也步贝当的后尘，接受日本侵略军的要求，悍然切断越南的假道运输，给我西南以最大的威胁。1941年12月初，日本偷袭珍珠港前夕，正是山雨欲来风满楼。高思默此时拟假道印度支那返法述职。蒋介石鉴于形势紧急，特传令外交部，俟高思默大使到重庆，即接他来谈话。

我奉命到珊瑚坝机场迎接，并引他到德安里蒋介石官邸。届时，蒋介石偕夫人宋美龄一起延见，外交部政务次长徐谟陪见，我担任翻译。宋美龄也谙法文，在旁认真聆听。高思默大发牢骚，由于法国战败，到机场迎接他的仅交际科长一人，他非常气愤。谈话不久，他即告辞，因时间不早，宋美龄即留徐谟和我共进晚餐。晚餐很简单，四菜一汤，并无美味佳肴。进餐时，宋美龄对蒋介石说："介兄，我很牵记二姊（指宋庆龄），万一香港沦陷，若二姊落在日军之手，不知道怎样？"

蒋介石微哂说："你放心，万一庆龄落在日军之手，一定会受到优待，这是无疑的。"他说时态度从容不迫，似乎很有把握。

餐后，徐谟和我就告辞。这是我唯一一次同蒋介石，宋美龄共进家常便饭。

改组中比庚款委员会

1940年初，重庆行政院会议决定，大汉奸褚民谊主持的中比庚款委员会中方委员会着即改组，名单如下：

委员长　　张道藩　代表教育部

副委员长　凌其翰　代表外交部

委　员　　金宝善　代表卫生部

委　员　　萨福均　代表铁道部（萨福均是旧中国海军元老萨镇冰之子）

尚有其他委员两人，姓名不详。

自第二次大战世界爆发，比国本土被占领后，中比双方联席会议迄未开成。此次改组后的中方委员会开第一次会议，主席张道藩即指定我为与比方联系人，我通过比国驻华大使馆领得中方代表团办公费（其数甚微），实际无事可做。以后每年照例开年会一次，直至1944年11月，国民党政府行政院会议决定结束中比庚款委员会。当时我适任驻甘肃省外交特派员，特从兰州返重庆，办理结束报告。

1946年11月30日，我代表外交部到上海，与比国驻华大使德尔沃洽办中比镭锭院的交接手续。中比镭锭院是由中比庚款慈善教育基金拨款建立的。通过这次洽谈，该院交由国际著名肿瘤专家吴桓兴博士接管。吴博士是30年代我在上海震旦大学的同学。

居里博士访华

当我以简任秘书兼交际科长名义,第一次主持礼宾工作时期,我的第一个印象是国民党政府十分重视对美的外交活动,而真正主持对美外交活动者不是外交部部长,却是行政院副院长兼财政部长孔祥熙。1941年2月7日,罗斯福总统派白宫行政助理居里博士会同联邦储备银行调查统计局高级经济顾问普雷斯来重庆调查中国经济情况时,指挥接待工作的就是孔祥熙。1942年10月,罗斯福总统派温德尔·威尔基为其个人代表来华访问,指挥接待工作的又是孔祥熙。每次有接待活动时,就由孔祥熙在他的官邸范庄开会,出席者有财政部政务次长俞鸿钧,外交部政务次长徐谟,财政部简任秘书夏晋熊,国际新闻局长董显光,励志社总干事黄仁霖和我,我管接待,董显光管宣传,黄仁霖管食宿、宴会。

居里博士回美时,我去机场送行。飞机已起飞,而孔祥熙带了装满礼品的小卡车,慌慌张张地赶到,只得由机场指挥塔发出紧急命令要飞机返回机场,然后把礼品一一搬上机舱,孔祥熙还赔着笑脸与居里博士话别。

1942年7月20日,居里博士第二次访华,我没有担任迎送任务。尽管国民党政府极尽阿谀奉承之能事,却不能阻止居里向罗斯福总统作客观的报道。国民党政府嫌居里对援助持不合作态度,诬蔑他的观点颇受左倾的太平洋学会的影响。宋子文因居里反对美国从加拿大把军火运往印度,再从滇缅公路运往中国,也曾向美国务院提出控告。

陪小罗斯福飞行

1941年3月,美国务院通过租借法案,以接济同法西斯作战的盟国,接济的项目包括武器、弹药、粮食和其他物资。跟着美国国防部长史汀生派遣约翰·马格鲁德将军于1941年10月9日到重庆调查军事情况，同时配合租借法案调查军事需要。我本来不管军事人员的往来，可是有一天，孔祥熙派财政部简任秘书夏晋熊来访徐谟，略称：马格鲁德将军告，罗斯福总统遣其长公子詹姆士·罗斯福海军中校定于1941年4月29日来重庆，拟乘军用侦察机飞四川成都到都江堰上空，鸟瞰都江堰水利工程。孔祥熙认为小罗斯福虽系现役军人，究竟是总统的长公子，不能单纯地以军人的礼节来接待他，可由外交部交际科长接待。适我的年龄与詹姆士相若，孔祥熙认为派我陪小罗斯福是相宜的，也好在礼节方面予以照料。徐谟立刻通知我届时陪小罗斯福前往。都江堰坐落在岷江之上，李冰父子二千年前建设的这一水利工程，至今犹发挥其设计效益，真正是天下稀有的奇迹。参观完都江堰，我又陪小罗斯福去华西大学参加了张群主持的欢迎茶会。

任期最短的外交部部长

1941年4月，王宠惠调任国防最高委员会的秘书长，原驻英大使郭泰祺调回继任外交部部长。郭泰祺于1941年6月30日到任，同年12月27日即受免职处分。在我的外交生涯中，郭泰祺可算是任期最短的外交部部长，任职期不到半年，而且他的下台很不光彩，是在国民党召开五届九中全会期间，由蒋介石亲自宣布解除他的外交部部长职务，事前毫无透露，真如晴天霹雳，全场莫不震惊，连郭本人亦呆若木鸡，不知所措。其实郭丢掉乌纱帽，不完全是政治原因，私生活行为不检，亦有关系。[①]

郭泰祺从伦敦返重庆时，与他形影相随的是一位妖艳的女郎名窦学谦，一度在美国假借宋美龄的名义，招摇撞骗，因此宋美龄深恶其人。郭

———————————

① 详见李铁铮著：《我所知道的郭泰祺》，《文史资料选辑》78辑，第150—151页。

泰祺到重庆后，特为窦学谦租一郊区别墅，周末必在那里销魂，正所谓金屋藏娇。当时外交部同人都知其事。旋国民党政府和加拿大建交，欧美司司长刘师舜调任驻加拿大公使，同行馆员五人。郭泰祺让窦学谦以随员名义，随刘到加拿大。以后窦学谦与比国外交官盖飞尔男爵结婚。

沈昌焕进外交部

郭泰祺继任外交部部长后，国民党的外交越发偏重英美，而我的礼宾工作也活跃起来，深感缺乏助手。正在踌躇之际，忽来一不速之客，原是我在武汉时期早就认识的沈昌焕。他依旧西装革履，神采焕发。他对我说他已不是邹鲁的秘书，改任交通部公路局秘书（他的舅父潘光迥就是公路局局长），但仍对外交工作有兴趣，希望我推荐他到外交部工作。我告诉他，新任外交部部长郭泰祺，我过去不认识，还不具备向他推荐人员的条件。于是沈昌焕就提出由其舅父潘光迥去推荐。我说不妨试一试。潘光迥夫人以善于交际出名，于是潘氏夫妇两人出面邀宴郭泰祺，席间就当面推荐沈昌焕。果然几天以后，郭泰祺召见我说："你缺少助手，现在我为你找到沈昌焕，给予专员名义，做你的助手，不知道你意下如何？"我欣然同意。于是沈昌焕就任外交部专员，分在交际科办事，成为我的得力助手。

他来得正是时候，1942年10月，美国罗斯福总统个人代表温德尔·威尔基来华访问，同年11月10日，英国议员代表团来华访问，我在安排访问日程时就安插他担任翻译，因此他就有机会为蒋介石翻译。适宋美龄在旁，她对沈昌焕的翻译相当满意，亲自向当时侍从室秘书李惟果查询沈昌焕的学历。当获悉他是燕京大学毕业，并在美国密执安大学获有政治学硕士学位时，她大为赏识。

不久，沈昌焕到中央训练团受训。团长王东原也很注意他，特向陈诚推荐，陈诚就于1943年2月向外交部借调，任他为昆明中国远征军司令部少将参议，主管外事工作。但昆明生活昂贵，沈昌焕一再写信向我叫苦，我就向当时政务次长代理部务吴国桢反映。吴国桢对沈昌焕亦有好感，就调他为驻印度专员公署一等秘书，其地位仅次于专员沈士华。沈昌焕对我为他如此出力帮助表示感激。

同德、意绝交与宣战

1941年7月2日，外交部部长郭泰祺宣布由于纳粹德国和法西斯意大利悍然承认汪伪政权，国民党政府决定与德国政府和意大利政府断绝外交关系。这时德、意大使馆只有临时代办在华，统由我面交绝交照会和出境护照。与此同时，蒋介石却暗中指使朱家骅、俞大维、齐焌辈做侧面工作。我送护照，下逐客令，而他们则纷纷饯行惜别。

纳粹德国大使馆人员于7月15日离境，法西斯意大利大使馆人员则于同月25日离境，他们均先后到日本占领下的印度支那，然后分道回国。

同时，重庆外交部分别电令驻德大使陈介、驻意代办徐道邻下旗归国。陈介调任驻阿根廷大使，徐道邻归国后曾一度任行政院政务处长。

1941年12月，日本偷袭珍珠港，太平洋战争爆发。国民党政府不得不进一步做出对德、意宣战的姿态。当时，国民党政府用国民政府主席林森的名义作对德、意宣战的通告，全文如下：

自去年九月，德意志；意大利与日本成立三国同盟以来，同恶相济，显已成一侵略集团，德、意两国始则承认伪满，继复承认南京伪组织，中国政府业经正式宣布与该两国断绝外交关系。

最近德、意与日本竟扩大其侵略行动，破坏全太平洋之和平，此实为国际正义之蟊贼，人类文明之公敌，中国政府和人民对此实难再予容忍。

兹特正式宣布自中华民国三十年十二月九日午夜十二时起，中国对德意志、意大利两国处于战争地位，所有一切条约、协定、合同，有涉及中德及中意间之关系者，一律废止，特此通告。

中华民国三十年十二月九日

主席　林森

外交部在召开紧急会议讨论对德、意宣战时，老友李铁铮是简任秘书之一，也出席会议。文中"同恶相济""国际正义之蟊贼"，"人类文明之公敌"等措辞，都是他首先推敲提出来的。

对德意宣战的文稿决定后，郭泰祺与我个别谈话，他说英国大使卡尔爵士将从香港飞返重庆，他要我到珊瑚坝机场去迎接并立刻陪卡尔到德安里蒋委员长官邸，由蒋亲自向他宣布。我初以为这样的安排可能是蒋预先同意的。讵料我陪卡尔大使走上德安里官邸楼梯，郭泰祺在楼梯口鹄立迎迓，神态异常尴尬，可见"由蒋亲自向卡尔大使宣布"之事事前并没有蒋的同意，大概蒋对郭自作主张，非常不满。我走完楼梯即恍惚感到蒋介石大发雷霆，拂袖而去的模样。卡尔爵士大概也有同样感觉。郭泰祺与卡尔握手后，没有请他就座便说宣战布告已发出，既然不是蒋亲告卡尔，何必约卡尔到蒋介石官邸呢！这是郭泰祺被蒋介石免职的预兆。以后郭泰祺被调任驻巴西大使这个闲缺。

中美外交使节的变动

在我引进沈昌焕前后，由于珍珠港事变后，国际形势大变，因而外交人事方面调动频繁。首先是中美。中国方面，胡适任驻美大使，声望甚高，但同蒋介石关系很不融洽，于是1942年9月，胡适就被召回，而声望远不如胡适的魏道明却获提名。魏原已任命为驻维希大使，由于珍珠港事件，魏已不能到任，就由外交部按照蒋介石的意图，改向美国务院提出魏遭明继任驻美大使。美国务院对此很反感。我记得美国复照中大段颂扬胡适后，最后说既然中国政府要调换胡适，美国务院也只好同意魏道明任驻美大使云云。我对美国务院勉强同意这一任命的经过，有深刻的印象。

美国驻华使节也陆续开始调动。1941年5月14日美国大使詹森离任。同年5月26日，继任美国大使高斯向国民政府主席林森递交国书。从这时起，有进步、民主倾向的外交官，例如参赞范宣德、秘书克勒布、秘书谢伟思都是高斯大使时期来华任职的，以后遭受麦卡锡主义所谓忠诚审查的迫害。

蒋介石为卡尔爵士饯行

1942年1月16日，伦敦宣布驻华大使卡尔爵士调任驻苏联大使，而原任驻苏联大使克里浦斯爵士则召回任英国外交大臣。蒋介石为了表示对英亲善，以身兼代理外交部部长身份设宴为卡尔爵士饯行。这次宴会规模较大，且出席者包括盟国方面外交团和国民党军政各界人员，以及宋氏三姊妹等中外宾客200余人。宴会由最高国防委员会办公厅少将衔交际科长叶南和我联合筹办。菜肴为西餐，由励志社总干事黄仁霖承办。七七事变以来，举行这样盛大的宴会是罕见的，特别是孙中山夫人宋庆龄自从蒋介石发动"四一二"反革命政变以来，政治上经常与蒋介石对立，此次刚从香港脱险返回，竟然与宋蔼龄、宋美龄联袂出席这一宴会，尤为难得，全场为之瞩目。

作为礼宾工作的负责人，我对来宾座位的次序，当然依照外交惯例，先大使，继公使，后代办。他们之间的位次则以到任先后为序，中外宾使节和部长间隔而坐。这样排位的次序叶南也表示同意。蒋介石特别重视这次宴会，提前莅临，先看座位图，就问座位是谁安排的。他向叶南瞪了一眼，叶南吓得面如土色，浑身哆嗦。于是我泰然挺身而出说：

"报告委员长，座位的安排是我设计而得到叶科长同意的。"

蒋介石听后不作声，仅用手指把长方形主桌一旁并排的最后两个座位卡对调了一下。原来设计坐在前面的是1942年1月8日才递国书的荷兰公使冯·白鲁加男爵，后面是中央大学校长顾孟余。经蒋这样一调，变为顾孟余的座位反而排在荷兰公使的前面，这显然是违反外交礼节的。原来顾孟余是汪精卫系的重要人物之一，在汪、蒋合作时期，曾任交通部长。汪精卫一系出走后，独顾未走，蒋介石此举无非笼络顾孟余而已。当晚未出什么意外之事，哪知道冯·白鲁加男爵突然于翌日上午10时气汹汹地闯进我的办公室，板起面孔，严厉质问说：

"你的礼宾领导是怎样当的？哪有友邦使节反而坐在一个大学校长的下首？"

我当然无法答复，只得向他表示歉意。俟荷兰公使走后，我就向政务次长吴国桢报告经过，吴国桢说：

"你考虑的是礼节，委员长考虑的是政治。政治和礼节相比，政治就重于礼节，你只好委曲求全，代替委员长受过吧！"

蒋介石传令嘉奖

郭泰祺下台后，宋子文接任外交部部长，由于宋子文当时在国外，于是蒋介石自兼代理外交部部长职务。他派侍从室秘书李惟果兼任外交部总务司长，侍从室另一秘书邵毓麟兼任情报司长。顺便指出，郭泰祺任外交部部长时，政次傅秉常（原立法院外交委员会委员长），常次钱泰（原驻比大使），总务司长沈宗濂都是由蒋介石选任的。郭泰祺下台后，在蒋介石自兼时期，除沈宗濂被派为驻西藏办事处处长外，傅秉常和钱泰仍留任不动。那时外国大使、公使、代办悉由我引见，由专员沈昌焕任英文翻译，我自己兼任法文翻译。平时，蒋介石不再来部，各国使节一般由政次傅秉常接见。傅能讲英语，毋庸翻译，由我陪见并由我作会谈记要，呈请蒋介石鉴核。因此，平时我和傅秉常关系比较密切。

政次傅秉常、常次钱泰以及总务司长李惟果、情报司长邵毓麟同我的关系都很融洽，特别是邵毓麟。有一次邵毓麟与我密谈，他说：外交部情报司司长必须由蒋介石指派，邵的前任朱世明就是蒋亲自指派的。有关情报事宜，情报司长可以直接向蒋介石报告，而毋庸通过外交部公文呈转手续。由于我主持礼宾工作，对外活动比较多，邵毓麟希望我多注意情报，有事可向他密报。

法国大使高思默离华后，法国大使馆初由保尔·彭古尔继由康栋代办，不再派大使。馆中聘有华籍秘书一人，名刘仲三。此人法文水平相当高，法使馆和外交部之间来往文书，无论中译法或法译中，悉出他一人之手。过去他一度在法国哈瓦斯通讯社中文部工作，因此对笔译相当熟练。他经常到外交部送达文件。一天他忽来访，诱称有机密事相告。他说：

"我素仰先生在外交部作风正派，特向你告密。由于我经手法国大使馆交下的密码电稿很多，因此我逐渐领悟密码的钥匙，可以对大使馆和维希之间往来的电报，予以揣密破译。"我听后非常兴奋，文刻转告邵毓麟。邵毓麟闻而大喜，就由我介绍与刘仲三见面，并立刻向蒋介石报告。蒋介石马上批交国防最高委员会情报技术研究室主任毛庆祥核办，并批交外交部对我传令嘉奖。

后来我遇到刘仲三，他对我说：

"那天你介绍我见了邵毓麟后，情报技术研究室主任毛庆祥派人与我联系，要给我奖金并要求我继续替他们做情报工作，我都拒绝了。首先大使馆给我的薪水很优厚，每月三百美元，我无需奖金，其次我钦佩你作风正派，才把揣密、破译的秘诀告诉你，这纯粹出于我的一片爱国真诚，并无其他打算。"

协助顾维钧修订外交礼节

1942年11月10日，驻英大使顾维钧回国述职，与英国议员访问团同机到达重庆。蒋介石在孔祥熙夫人宋蔼龄的怂恿下，叮嘱顾维钧在回国期间，抽出时间，修订外交礼节。顾为此组织了一个小组，小组成员都是职业外交家，有钱泰、胡世泽、梁龙和我，还有国民政府典礼局的刘兰荪。当时钱泰是常务次长，胡世泽适从日内瓦驻国联办事处调部，俟钱泰外放后继任常务次长，梁龙是欧洲司司长。小组由顾维钧亲自主持，曾开会两次，会议由顾氏的随从秘书王思澄任记录。由于我当时是礼宾工作的负责人，加以年来在中央政治学校大学部外交系讲授外交礼节，就根据我的讲授大纲，向小组提出讨论。在讨论中，我提出自第一次世界大战以来，存在着外交礼节由繁而简的趋势，例如新任使节向驻在国元首递呈国书，一般都已取消新使颂词和元首答词的朗诵，元首接见后，无论大使、公使，一律不设宴接待。但国民政府主席接见新使，仍须由新使朗诵颂词，主席朗诵答词；此外主席接见新使后，对大使和公使区别对待，对大使设宴款待，对公使则不设宴。是否可在此次修订外交礼节时，予以改革，借以符合国际趋势。顾维钧认为我提得对，但中国情况特殊，改革不宜操之过急，在这一点上，顾氏还是比较保守的。

小组会开了两次，顾氏指定我起草，分章分节，陆续由顾氏亲自审改，最后由他定稿。在起草和审改过程中，我发现颐氏的中文非常简练，通顺，绝不像当时人们的流言蜚语，讥他是买办外交家。他对我的草稿，改得不多，但改得很精。最后定稿后，他对我起草的外交礼节全文感到很满意，就嘱他的随从秘书王思澄邀我同他谈话。当时顾氏住嘉陵宾馆，我就到那里去同他会晤。他说：

"你帮我完成委员长交下的任务很辛苦，这次外交礼节草案因主持交际工作的单位原为'科'，经改为'处'，我打算在向委员长交卷时当面推荐你为升格后的处长，不知道你意下如何？"

他说时态度很诚恳，确有外交界老前辈提拔后辈的风度。但自从那次蒋介石在欢送卡尔爵士的宴会上，把座位卡擅自调动，致荷兰公使于翌日当面向我抗议一事发生后，我深愿能早日摆脱这工作。并且自1940年起，我早就是简任秘书，为司局级官员。我仍怀着感激的心情向顾氏说：

"顾大使好意我心领了。但我恳求顾大使千万不要向委员长推荐我升格，因为我对此迎来送往工作感到厌烦，正想摆脱而不得，务请顾大使千万不要向委员长推荐。"

顾维钧鉴于我辞意坚决，不能勉强，就把外交礼节全稿向蒋介石交卷，而没有提推荐我的事。

蒋介石先把外交礼节全稿交给宋蔼龄审阅，宋蔼龄提不出什么意见，于是又交给行政院政务处长蒋廷黻审阅。蒋曾一度任驻苏大使，结合他在外交活动中取得的实践经验，提出了两条意见：

1. 主管外交礼节的单位应该是司级单位，不仅目前科级单位规格太低，即连草案中所提出的处级单位规格也不够高。他主张主管外交礼节的单位应该是司级单位，因为这个单位所联系的对象往往是大使或公使本人甚至更高的国宾。

2. 主管外交礼节的单位名称不应称"交际"，应改称"礼宾"。因为"交际"是指社会上一般往来酬酢而言，而"礼宾"则为对外国使节或"国宾"的接待。英文Protocol就有"外交礼节""礼仪"的含义，因此他主张主管外交礼节的单位应该称为"礼宾司"。

草案经行政院政务处发还外交部后，我就依据蒋廷黻所提的两条意见把草案一一加以修正，通过一番公文收转手续，《外交礼节》一书作为官文书，于1943年8月在重庆出版。但顾氏于同年5月即离重庆，未能亲睹此书。

蒋介石的手令

埃及地处亚非两洲，由于苏伊士运河通航，加以航空事业的发展，首都开罗就成为欧、亚、非三洲交通的枢纽，形势非常重要。但过去中国在开罗仅设总领事馆，不能发挥情报、观察站的作用，亟须改设使馆。原已任命外交部参事林东海为公使，但林因故未能赴任，仅于1942年6月派一等秘书汤武暂代馆务。蒋介石就嘱外交部提出候选人名单，再由他圈定。这时政务次长傅秉常调任驻苏联大使，常务次长钱泰调任驻法大使，原重庆特别市市长吴国桢继任政务次长，在宋子文出国期间代理部务。于是傅秉常和钱泰一致认为我在部多年，劳绩卓著，堪为最有希望的候选人，就把我列为候选第一名，宋子文推荐的郭德华为候选第二名，戴笠推荐的军统专员、原驻河内总领事许念曾为候选第三名。1943年7月1日，吴国桢按照傅秉常和钱泰的意见，制成候选人名单，呈请蒋介石亲自阅批。讵料蒋介石竟在候选第三名许念曾的姓名上画了圈。为了安抚落选人，蒋介石就当场下两条手令：一条派我为外交部驻甘肃特派员，另一条派郭德华为外交部驻两广特派员。这条手令对我说来，真好比一瓢冷水浇在头上，使我这个外交官迷遭受了沉重的打击。

我曾经请托张群、陈果夫等写信给宋子文，以期转圜。张群、陈果夫也确实写过信，都好比石沉大海，毫无下文。怎么办？时邵力子先生闻之，认为驻兰州外交特派员，可做中苏关系的联络工作，不是不可为的。一天晚上他邀我在领事巷康心之住宅后花园楼上邵老的私邸叙餐，他说只约一位客人即蒋经国，已获同意。一来可使我认识一下蒋经国，二来也可听一听蒋经国关于中苏关系的见解。那天晚上，大雨滂沱，蒋经国忽来电话说，"原拟赴约，临时有事，不能来了。请老师向凌先生致歉意"云云。以后我也始终没有见过蒋经国。

经这一番周折以后，吴国桢对我说："手令下来已经半年了，你迄未赴任，如总裁问起，我将如何交代。适中央训练团党政训练班第三十期定于1944年2月20日开学，中训团有新章程，凡次长以下人员均须受训，你何不报名受训，仅三个星期即毕业。如果总裁问起，我就可以交代了。"

于是我不得不往中央训练团军政训练班受训。三个星期毕业后，就作赴任打算。

驻兰州第一任特派员为李铁铮，第二任特派员为夏维崧。夏为忠厚长者，曾任驻芬兰代办，精俄文，一度任北京俄文专修学校校长。在兰州期间，受秘书吕同嵩的欺侮，以致不得不离职返重庆。外交部人事处允将吕同嵩调离兰州。我在人事方面作了安排后，就准备赴任。

会见戴笠

由于四年来我主持礼宾工作，对国民党政府上层人物很熟悉，临行时便一一向他们辞行。记得财政部政务次长俞鸿钧对我说："你该出任大使，为什么派到兰州？"我说："这是委员长的手令。"他就不作声了。而行政院副院长张厉生对我说："你的兰州之行很重要，我当通知雨农（戴笠）。"

果然，戴笠经张厉生通知后，正四处找我，最后通知要在曾家岩他的住宅相见。见面后他说："你这次到兰州的任务很重要，以后希望你与军统西北调查统计室主任程一鸣密切联系，这是第一点。原在外交特派员公署的秘书吕同嵩，与我很有关系，望你把他留下来，帮助你工作，这是第二点。"

我的答复也很简单："对于第一点，我一定同程一鸣好好联系，不成问题。"对于第二点，我暗暗想这个吕同嵩是人所周知的军统特务，连前任夏维崧这位老好人也受到其欺侮，苦不堪言。现在军统头子亲口向我证实他是军统的小喽啰，好容易才把人事调令等下来，我怎能收回成命呢！我只得硬着头皮向戴笠说："对于第二点，戴先生，我很对不起，调他回部的部令刚下来，一时恐难打消。"

我打了这官腔以后，这位中国的盖世太保倒呆了一下，于是我就赶快向他告别。

那时西北民航机稀少，我们一家不得不乘坐以木炭代汽油的汽车做兰州之行。在重庆磁器口与我送别的只有沈昌焕一人。回想起来，我那时的情况也够狼狈的。

第4章│兰州之行

（1944—1945年）

上任伊始

我于1944年5月中旬到达兰州。上任伊始，首先向省政府作到任拜会。先后拜会了省政府主席谷正伦、秘书长丁宜中、民政厅长赵龙文、财政厅长陈立廷、教育厅长郑通和、建设厅长张心一、兰州市长蔡孟坚等，以及监察院派驻西北的监察使高一涵，财政部盐务局局长张九如，还有八战区司令长官朱绍良，参谋长张锡桂、高级参谋许显时、西北公路局局长何竞武、兰州绅士水梓（楚琴）等一大串地方大员、军政官僚。

我也拜会了八战区司令长官公署调查统计室主任程一鸣，总算按照戴笠的嘱咐，与他建立了联系。

上任伊始，我急于处理公署内的人事问题。公署职员一致控诉公署秘书吕同崙吞没省府分给的补助粮，我就警告吕同崙，要他清算补助粮后才可调离兰州。吕同崙威胁科长崔少轩，说有一位商人汪祖继经常出入边区，而崔少轩则与汪祖继有密切联系。其实汪祖继并非商人，他曾任国民党青海省党部的书记，是中统特工人员。实际上这是军统和中统之间小喽啰狗咬狗的斗争，而当时我却蒙在鼓里，误以为崔少轩是无辜的好人，为吕同嵩所欺侮。程一鸣曾一再向我提起此事，我终于获得重庆外交部人事处的同意，将崔少轩调回重庆了事。

其次是公署的经费问题。人所周知，兰州外交特派员公署是贫穷的小衙门，但无论怎样穷，多少有些节余，按照国民党的陋规，无论驻外使领馆或是各边境省份的外交特派员公署，其经费都实行馆长包干制，兰州外交特派员公署当然不能例外。1935年我在布鲁塞尔上交经费余款一事，已被大家讥为大傻瓜，现在我当了穷特派员仍一如既往，保持"傻瓜"作风，把所有节余全部作为同人伙食津贴，分文不入私囊。为了做到这一点，我特地聘雇了一位女会计员，这件事使得公署同仁们都很高兴。

旧公署房屋曾遭日本飞机滥炸，后迁入西园新村一所用土坯砌成的平房。但公署时常有些外宾往来，居斯陋室，有碍观瞻。正为难之际，听说苏联志愿空军大队全队撤退，腾出坐落在颜家沟的二层楼洋房一幢，兰州各机关单位竞相争夺。我估计重庆军政部掌握支配这所房屋的大权，军政部长何应钦与我比较熟，我就电请他把这所房屋拨给外交部特派员公署应用。果然不到一个星期，何应钦复电照准。从此，特派员公署迁入了比较像样的楼房。

我们这个小衙门，没有自己的电台，无法发展情报、通信活动。兰州虽有军统电台和中统电台，但我不愿意仰军统的鼻息。适中统头子徐恩曾来兰州，他是我在南京中山学社认识的熟人。我向他提出特派员公署的情报电请中统电台帮忙拍发，他慨然应允。

访问姚怡琴女士

我到兰州后，传闻蒋介石的下堂妾姚怡琴女士隐居兰州，我在房屋调整、人事安排以及一系列到任拜会活动结束后，就计划访问姚女士。因为我的原配夫人康素以之母，与姚女士是好友，在上海时，常与王一亭（著名国画家）夫人，叶琢堂（上海富商）夫人一起聚会。我将此愿望透露给朱绍良的女婿，他即代为联系会面时间，届时陪我一同前往。姚怡琴女士住在兰州僻静地方一座新盖的二进平房里。第一进是佛堂，姚的客厅在第二进。见面后，姚女士一一询问了我的岳母和大儿子瑞骏的情况。当我问及她的情况时，她说"我奉先生（指蒋介石）之命，为了照顾纬国，才来兰州。"谈了半小时，我才告辞。姚女士送我到大门，路上讲了一连串四字句的吉利话，作为送别之词。

接待美国副总统华莱士

1944年春，罗斯福总统委派副总统华莱士率团访华，研究如何加强中国对日抗战问题。访问团成员包括美国务院远东司司长范宣德，中国问题专家拉铁摩尔及副总统秘书哈泽尔等人。

访问团来华往返均绕道苏联，兰州只是他们旅行的中间站。蒋介石派国民党中央宣传部长、军委参事室主任王世杰、参事罗家伦、郭斌佳等负责迎送。我作为外交特派员，负责访问团在兰州的迎送及宴会安排等工作。

华莱士一行于1944年6月20日到兰州，次日即飞重庆。6月30日复至兰州，当晚出席了谷正伦举行的宴会。华莱士在即席讲话中说要支持调整中苏关系，并主张国共合作，一致抗日。

7月1日上午，华莱士等由兰州中国工业合作协会负责人张官廉陪同，到黄河对岸访问新西兰人路易·艾黎并参观了他所创办的工合学校。谷正伦对此项安排异常得意。记得访问团中的"中国通"范宣德和拉铁摩尔闻知谷正伦政声恶劣，曾私下向我探听。我答以到任不久，无可奉告。这倒不是外交辞令，而是当时我确实所知不多。

华莱士到兰州不久，蒋介石侍从室就通过直线电话向我传达了蒋夫人致华莱士副总统的口信，让我记录后，面交华莱士。该信全文如下（原文为英文）：

> 委员长收到你的来信并愿对你的建设性的和诚恳的态度表示感谢。他正对你提到的建议给予密切和郑重的考虑。待你返回华盛顿后，就通过魏大使给予示复。
>
> 祝你回程愉快，并向你致以我们热烈的个人的敬礼。
>
> 蒋介石夫人

这封口信中提到的华莱士给蒋介石的信，经查明时间为1944年6月27日。但后来美国务院出版的"中美关系白皮书"英文原版560页脚注载："6月27日华莱士给蒋介石的信以及7月8日蒋介石复华莱士的信均未找到。"

7月7日，华莱士一行就继续西飞，仍假道苏联返美。

陪同外宾游历青海

苏联驻华大使馆一等秘书齐赫文（即苏联著名汉学家齐赫文斯基院士，后任苏联外交学院院长）、二等秘书、驻兰州办事处主任列多福斯基、驻兰州商务代表处主任安舒阔夫等，还有澳大利亚驻华代办欧文等，均要求前往青海省游历，重庆外交部曾来电嘱妥为接待。于是我商得甘肃省政府同意，租到大轿车一辆，于1944年8月15日自兰州启程，西安纺织企业家李国伟先生也参加。到西宁后，青海省主席马步芳恰好不在，由秘书长接见。翌日前往著名的金塔寺，访问幼年时代的班禅喇嘛。来宾由国民党军官引导，各献哈达，班禅也以哈达回敬如仪。在参观中，见到信徒拜见喇嘛，行五体投地之礼，都以为异。参观毕，即到接待处参加青海省政府的宴会，吃的是手抓羊肉。宴后继续前进，到达湟源。这个地方满目青山，大有塞北江南的风光，与甘陕一带黄土高原，适成尖锐的对照。抵达湟源后，青海省政府接待员拟令车返回西宁，澳代办欧文坚欲继续前进，去游青海湖。省府接待员说道路崎岖，恐有危险，于是欧文与省府接待员争吵起来，连苏联外交官亦对欧文的恶劣态度，很有反感。结果为了保证同车游人的安全，大家一致同意接待员返回西宁的主张，独欧文依旧咆哮不已。

返回西宁后，青海省政府对中外来宾各赠羊羔皮统一件，黑白不一，我得了一件黑羊羔皮统。

我一路与齐赫文用中文交谈，他一再表示希望改善中苏关系，并宣传斯大林如何真诚援助中国的抗日战争。他说斯大林曾两次接见孙科，都是他担任翻译的。苏联给予中国的三次贷款，特别是第三次贷款，以及1939年6月16日的中苏通商条约都是在斯大林的决定下，由米高扬和孙科签订的。中国抗日战争初期，苏联志愿空军以血肉的代价抵抗日机的滥炸，是苏联同情中国抗日的具体表现，苏联商务代表处的设立以及兰州成为易货的中心，都是孙科两次访问斯大林的结果。

齐赫文还对我说：苏、德战争已进入红军反攻阶段，斯大林格勒战役的胜利就是证明。这次他来西北，计划在兰州和西安布置苏联红军反德国法西斯的卫国战绩摄影展览会，其目的在唤起中国人民对抗日前途的信心。

苏联红军战绩摄影展览

这次展览会的展出虽在兰州和西安两地举行，实际上则以西安为重点。重庆外交部来电指示我对苏联此举热诚相助，甘肃省主席谷正伦是著名反苏反共的顽固派，这次展览会在兰州展出，他亦采取消极态度。在兰州展出两天，展出地点是兰州基督教青年会，特派员公署职员协助苏联大使馆驻兰州办事处人员布置了会场。

西安的展出比较复杂。首先我和程一鸣取得联系，由程一鸣直接指示陕西省平凉军统特务站站长王克夫负责监视甘陕公路沿途苏联人员的活动；另一方面谷正伦与陕西省党政军取得了联系。

当时，兰州的交通工具困难异常，外交特派员公署根本没有自备汽车，苏联大使馆驻兰州办事处有小轿车一辆，因大批照片需随车运去，我这个穷特振员只得搭乘陕甘长途公共汽车前往了。我们于9月6日上午7时启程，下午1时抵达平凉，苏联人员已先我10分钟到达，正在站上办理加油手续，油加足后又继续行驶。我在平凉站由站长王克夫招待住在稽查室。王克夫还为我写介绍信给泾川县胡县长，因为我的先外祖父贾勋（字岐云）曾任前清泾川知州，继任平凉代理知府，略右政声。我计划任务完毕，回程中往泾川访旧。

9月8日晚，我才抵西安。第二天上午拜见国民党陕西省党部主任谷正鼎等人，决定将会场设在省党部，展出三天（自9月13日至15日）。

展出事宜安排就绪后，我与齐赫文、安舒阔夫步行去火车站察看他们那辆小轿车的检修情况。在车站遇到宪兵队的便衣二人，自称是奉命前来专为我们担任保卫工作的，实际上旨在监视苏联人的活动。以后苏联人一出门，依旧紧跟不舍。

展览开幕后，参观者很多，有些人还在留言簿上签名题词。齐赫文将这些题词一一摘要，用俄文记在他自己的小本上。

空闲时间，我就陪同苏联人参观名胜古迹。计有：骊山，文庙、碑林、东岳庙、唐华塔（即宝庆寺塔）、民众教育馆。省立图书馆等。

9月12日晚，胡宗南的参谋徐先麟来电话说，13日上午胡将在别墅接见我，并嘱我保密，勿为苏联人所知。届时，我与徐先麟同车前往，中午抵达胡的王曲别墅。胡宗南身材矮小，与我寒暄后，即共进午餐。我直率地向他询问有关新疆情况，他只是三言两语说："不仅新疆，即使这里西安，也天天可能出事。"他叮嘱我展出结束后把照片全部运到王曲的中央军官学校七分校，准备在校内展出。我立刻答应照办。胡还邀我在西安多住几天。我的印象是胡宗南很重视苏联红军在对德战争中的战绩，又不肯公然表示对红军的钦佩。

遵照胡的嘱托，我于9月16日将照片运往七分校，供学员参观。

展览顺利结束后，我让齐赫文等人先回兰州，自己则取道邻县，往访泾川。胡县长带我看望了先外祖父的门生——一个白发苍苍、双目失明的老秀才。他为我谈起往事，历历如数家珍。外祖父曾为"泾川八景"题诗，并刻成诗碑，诗中提到他在公余整修历史文物的经过。我把此行经过写了一篇《泾川访旧记》，发表在当时的西北杂志上。

泾川之行只是赴西安办展览途中的一个小插曲，想不到却引起了一场误会。

我从泾川回兰州，先抵平凉。三十八集团军总司令范汉杰见面就问我："听说你往庆阳去了一趟？"原来庆阳位于延安革命根据地的边缘地带，属于"边区"。我遂把去泾川的经过讲了一遍，他才恍然。谁知回到兰州，程一鸣见到我也提此问题，我才想到，这可能是西安的特工人员见我毫无顾忌地称颂红军战绩而造的假情报。

史蒂文思与谷正伦的冲突

我到兰州不久，美国开设驻兰州领事馆，派史蒂文思为领事。1944年下半年，美军又在兰州近郊建立气象测候站。这年的圣诞节时，兰州各界名流在新建的西北大厦开了一个欢迎美国盟军的联欢晚会。会上有文艺节目及交际舞，热闹情况，在兰州可称空前。但这些人事前投有向谷正伦打招呼，谷正伦闻而大怒。适蒋介石在重庆不知何故，下令禁止跳舞，谷正伦获得此消息后，声言在兰州也禁止跳舞。谁知美军为了答谢，特于春节假座西北大厦召开晚会，各界人士接到请帖后，听说谷正伦禁止跳舞，就相约抵制出席。但谷正伦本人，接到请帖却不能不出席。目睹会场冷冷清清，不成样子。史蒂文思当场责问谷正伦，使谷非常窘迫。于是电话召我设法转圜。我到场时，一幕闹剧已到尾声，谷正伦拂袖而去，迁怒了我，要我收拾残局。而史蒂文思则说这不能怪我，责任在谷，也愤愤而去。由于这不是一次政治事件，也就不了了之。但却加深了谷正伦对我的恶感。

事后，战区司令长官朱绍良的姨太太，召集谷正伦夫妇、陈立廷、程一鸣和我到她家中。这位有名的雌老虎一榻横陈、边吞云吐雾边痛斥谷正伦。说也奇怪，这位在甘肃不可一世、人称"谷胡子"的人物，在雌老虎身边却唯唯诺诺，不敢哼一声。

印度专员梅农访问兰州

印度驻华专员梅农，我在第一次主持礼宾工作时就认识，是一位颇有学者风度的人。1944年12月，他自印度去重庆，路经兰州做短暂逗留，由我负责接待。在与我闲话时，梅农谈起对当时新疆的混乱情况及"伊宁事件"的看法。我将其内容摘要电告重庆，妄想假借他的言论来讽谏重庆当局。电中说："梅农亦以此次哈（哈萨克族）乱原因在过去民族政策之错误。新疆上层组织业已改变，而各地基层依旧，务须逐渐更换，彻底实施孙中山的民族政策，使新省成为三民主义示范区，则西北可无后顾之忧，云云。该员素称反英，语出肺腑。回顾清朝迭次回乱，皆源于虐政。殷鉴不远，谨电参考。"

当时我有隐衷。盛世才亲苏时期曾聘杜重远为新疆学院院长，反苏后竟将其惨杀。杜重远在上海结婚时，我曾充任男傧相。闻杜被害惨耗，很感沉痛，妄想引用印代办所害，期蒋反省。谁知弄巧成拙，却触犯了最高当局的忌讳。1945年1月，重庆快邮代电转达"委座批示曰：

"此种报告根据何来？而且新疆事有迪化特派员在，于凌何关？应斥责。"

老友孟鞠如当时任外交部人事处副处长，熟知此事内幕，特来信慰问说：

"兄事已有决定，甘省大吏必有与兄意见不甚相合者，委座硃批见责似非无因。弟知此事后连日怅惘，愈感求全之毁，实为人生必经之阶段，幸吾兄大气磅礴，胸襟开阔，不必因此而影响天生勇往进取之精神。"

敬爱的邵力子先生亦来信慰问："我国对苏亲善之国策早经决定，而政治上未能尽相配合，社会意识尤多背驰，诚为可虑，只有希望其逐渐改进。我人自问要对得起国家，亦只有尽其心之所能安及力之所能及。兄被斥责一节，弟亦有所闻，曾托鞠如兄致意。此种斥责，实不必视为严重。严父之对爱子往往如是，我人唯有尽几谏之道耳。"

实际上，谷正伦对我早存恶感。加上当时又发生了苏联大使馆驻兰州代表处人员未经省政府交际科发给内地游历签证，便迳往临洮游览、钓鱼一事，谷正伦亦迁怒了我，向蒋狠狠地奏了一本，于是我就遭到"斥责"，更进而发展到予以撤职处分了。邵老给我发信时，恐怕尚不知道此中内情。

"斥责"令甫下，"撤职"令又到，我终于丢掉了这顶我原来就不愿意戴的乌纱帽。1945年3月27日，我携眷属飞离兰州，各界人士纷纷到机场送别，对我受到的不公正待遇，表示深刻的同情。我还不知道，此时重庆却杀出个"程咬金"来，为我打抱不平。他就是CC大将张道藩，他的法国夫人有一尚未成年的养女，瘦弱多病。日军进逼西南时，张即送她们母女二人来兰州暂避。借住在兰州著名士绅水楚琴家的后院，并函托我照顾。我与谷正伦发生摩擦时他适到兰州探亲，对此中内幕了若指掌。他先我而返重庆，即在交通银行董事长钱新之主持的俱乐部（当时国民党高级军政人员聚会之所），痛斥谷正伦。因此在我回重庆前，我被蒋介石亲批撤职一事就已传遍山城了。

我离任后，接替我的是原外交部情报司帮办黄朝琴（台湾人）。他尚未到任，适日本投降，就遄赴台北，任台湾省参议会议长去了。兰州外交特派员公署不久也遭裁撤。

第5章 │ 越南之行

（1946—1947年）

重庆受命

我向来为官以廉洁自恃，活动费用，实报实销，从不贪污公款。这次回到重庆，可算是一贫如洗，加上物价飞涨，生活更加狼狈。万不得已乃向国民党外交部每月借支简任二级薪俸，法币640元，以资糊口，连借了三个月。

这时在重庆的友人纷纷到我寓慰问，其中有少年同窗、青年同事的老友朱学范。他曾不止一次地向我慰问，并煞费苦心地为我另筹谋生糊口之道，这是我终生难忘的。

当时国民党内部派系林立、门户森严，不拉关系，不走后门，不靠裙带，不送厚礼，难找工作。此种不正的腐朽作风，虽为我所痛恨，但因我受蒋介石亲批"斥责"、撤职，欲作职业外交家的理想就将成泡影，万般无奈，乃于1945年6月托我四姐夫潘铭新（当时他任中国建设银行公司总经理）向宋子文说项。适遇蒋介石对国民党上层人事略有调整，宋子文留任行政院长，辞去外交部部长兼职，由原中宣部长王世杰担任外交部部长，原政务次长吴国桢则调任中宣部长。宋子文借此机会任命我为"外交部专门委员"。在这新旧交替时刻，我就作为宋子文的"起身炮"而恢复了官职。

当我个人生活发生急剧转折的时候，国际形势也发生了巨大变化。1945年5月8日，苏联红军在美、英、法等同盟军的配合下，打败了希特勒德国，结束了欧洲的战争。远东局势随之发生极大变化。中国人民经过八年抗日的艰苦奋战，已把日军打得精疲力尽，日本败局已定。1945年8月8日，苏联对日宣战。9日中国共产党发出《对日寇最后一战》的号召。在中苏两国军民的紧密配合下，一举消灭了日本陆军最后一支精锐部队——关东军，迫使日本宣布无条件投降。而在苏联决定出兵、日寇即将投降之时，美国匆匆忙忙地于8月6日和9日在日本广岛和长崎各投下一枚原子弹，并就此大肆宣传说什么日本投降是怕美国的原子弹，从而贬低我国人民浴血抗日和苏联军队英勇参战的作用。这与坐山观虎斗的蒋介石趁抗日胜利，仓皇下山摘"桃子"的表演，真是异曲同工，配合得微妙极了！

正当我刚被任命为国民党外交部专门委员之际，忽然传来日寇投降的消息，一时山城重庆上下沸腾，漫山欢呼，鞭炮之声响彻云霄。我的心情亦感到愉快，精神有所振奋，对蒋介石又充满着不切实际的幻想。

1945年8月17日，盟军统帅部发布第一号命令："台湾及北纬16度以北法属印度支那境内的日本高级指挥官以及所有陆海空军和辅助部队，应向蒋介石委员长投降。"北纬16度以南由英国军队受降。于是，蒋介石命令国民党陆军第一方面军司令卢汉率其全军入越，在河内设立占领军司令部，接受日本投降。同时，国民党行政院还炮制出一个《占领越南军事及行政设施原则十四项》，规定由外交、军政，财政，经济、交通、粮食等六部各派代表一人，组成顾问团，在占领军司令部内，协助卢汉司令工作。外交部指定我为代表，参加顾问团，负责处理有关对外事务。

于是，我往访国民党行政院新任秘书长蒋梦麟及政务处长徐道邻。我同徐道邻比较熟。他是北洋军阀段祺瑞的心腹徐树铮的儿子，曾留学德国，迭任驻法西斯意大利代办，驻纳粹德国代办等职，受法西斯影响很深，曾写《敌乎，友乎》一文，在当时南京《外交评论》上发表，为人瞩目，受到老蒋赏识。我问他这次赴越任务如何？他轻描淡写地说："你此行很简单，仅仅是日军向我军投降，我军向法军交防，不消两三个月，你就可完成使命，没什么了不起的事！"当时我对他的说法颇为怀疑。经过后来历史的检验，证明他根本不了解越南问题的重要性和复杂性，他的看法是非常荒谬、完全错误的。

这时各部代表相继被指定。凌其翰为外交部代表，邵百昌为军政部代表，朱偰为财政部代表，庄智焕为经济部代表，郑方珩为交通部代表，马灿荣为粮食部代表。

1945年9月15日，国民党行政院召开赴越顾问团会议。当时，邵百昌原为军政部驻昆明办事处主任，已到河内。郑方珩已去昆明，马灿荣没有出席。实际上仅我、朱偰和庄智焕三人出席。会议由徐道邻主持，由行政院参事黎公琰宣读事前油印好的《占领越南军事及行政设施原则十四项》，全文如下：

（1）占领越南军事及行政设施原则十四项

一、占领越南时期依据事实上需要由盟军最高统帅部规定之。

二、占领区内驻防军及过境军数目随时由占领军总部通知法方。

三、行政院对于占领军总部设顾问团由外交军政财政经济交通粮食六部及行政院秘书处各派代表一人组成之，由行政院指定其中一人为召集人。

四、凡占领军总部处理行政部分之一切命令概由顾问团拟定，由占领军总部颁布施行顾问团召集人得为占领军总部之发言人。

顾问团应将处理情形随时报告行政院查核。

五、为明瞭实际情况及整齐步骤起见，顾问团得与占领军总部第五处处长副处长、美军代表及法国代表团之主要负责人员举行会报密切联系，以期一切措施妥善适当。

六、请法方派代表参加受降典礼并指定人员若干名组织一代表团协助占领军总部有关资产接收及物资供应事宜。

七、越南境内一切交通工矿事业责成现有人员继续维持及经营听候占领军总部商洽法方派人接收。但在占领期间内为确保军事安全及部队过境运输便捷计，滇越铁路及一切港口应在占领军总部监督指挥下暂行实施军事管理。

八、日本在越南所设金融机构一律封闭。

九、越南日币流通及占领军使用货币问题由外交、财政两部与法方商妥后另订办法。

十、占领军所需粮食、煤炭及运输工具等，由法国代表团设法责成越南现有机构供应负担，将来由外交部与法方另商清算办法。

十一、政府各部及人民前在越南遗留或被扣留之物资，应由经济财政两部收集，以前调查所得资料，将来由外交部提出向法方交涉，如现在仍有该项遗留物资（如海防河内及沿铁路线各仓库），经查明确实者可先行封存报告行政院，听候处置。

十二、占领区内法方回越行政人员，法国代表团应将全部名单随时通知占领军总部查照，但前对中国政府曾有仇视行为或曾屠杀中国侨民者，占领军总部得拒绝其入境。

十三、除对治安交通、金融、粮食遭受威胁扰乱或破坏之行为，得随时取适当措置外，对法越间一切关系概严守中立态度，不加干预。

十四、我国将来对滇越铁路之权益问题、越南华侨地位问题，在政府未作最后决定以前，应取保留态度，不必表示意见。

在黎参事念完这个"行政设施原则"后，徐道邻接着宣布："根据十四项原则三、四两项规定，行政院指定外交部代表凌其翰为顾问团的召集人兼占领军总部发言人。"因此，我既成了顾问团的召集人，又是占领军总部的发言人。但后来的事实并非完全如此。

翌日，国民党行政院秘书处致外交部公函一件，转送上述行政设施原则的全文，并说明要我当面与卢汉司令联系，令我早日启程。记得当时常务次长刘锴接见我时，说什么"这次你到河内去任行政院顾问团外交部代表兼顾问团召集人，这是短期出差，河内距重庆很近，不算出国，预料不久你将完成使命而回"。刘锴的话，轻描淡写，与徐道邻所说，如出一辙。

就这样在抗日胜利，局势好转，同僚们弹冠相庆，纷纷出国各就美差之时，我无可奈何地接受了食之无味、弃之可惜、人所不屑、我所不欲的使命。

我自受命以后，一直惴惴不安。查阅当时越南情况的材料，使我对上述行政设施原则更加怀疑，实感难以贯彻。因为1940年秋，日军侵入越南，法国海军中将德古以印度支那总督的名义，向日军屈膝投降，从而法国殖民者早已丧失统治地位。1943年3月9日，驻越日军又突然以武力解除法国殖民军的武装，将法军6000人全部拘禁在河内军营里；驻在中越边境的部分法军逃入我国云南境内，法国殖民者在越已无立锥之地。而越南人民，在胡志明主席领导下，创建越南独立同盟（即越盟），在日本投降前夕，于1945年8月举行总起义（即"八月革命"），夺取了行政权，建立了越南民主共和国，成立了临时政府。"宣布完全同法国脱离关系，废除法国与越南签订的一切条约，取消法国在越南的一切特权"[①]。越南形势已发生了根本变化，而国民党行政院逆历史潮流而动，炮制出的所谓"行政设施原则"完全脱离实际，必然要受到各方面的抵制。

我估计这次赴越的任务，决不会像徐道邻、刘锴等所说的那样轻松，在撤军交防问题上必有一番争论，在滇越铁路权益和越南华侨地位等问题上，也不应采取"保留态度，不必表示意见"的做法。尤其是我作为外交部的代表，正是需要利用时机，与法方折冲交涉，讨价还价，尽可能为国争权，为民争利，方不负这次使命。但兰州受"斥"的教训，注定我的幻想要归于破灭。蒋介石为人，一向是顺之者昌、逆之者亡。要想在他手下做官，必须顺着他干，否则必然倒霉。兰州罢官的经验教训务必记取。说也奇怪，在兰州由于我摸不清他的意图，仅仅几个情报电，就遭受他"斥责"、撤职，在河内八个月，连发电报近百个，由于处处顺着他干，摸清了

_____

① 见《胡志明选集》第二卷，第3页，《独立宣言》（1945年9月2日）。

他的意图，就始终投有遭受他的斥责。因此，摸清他的意图，亦步亦趋，不越雷池半步，官职才有保证。这是在蒋介石手下做官的秘诀。

面临这样不平常的任务，又怀着这样复杂的心情，我孑然一身，单枪匹马，前往河内，左右折冲。没有帮手，怎么能行？于是我想起了我青年时期在上海震旦大学预科的同学，后来又在上海邮局同事的洪之玢。他原在国民党驻西贡领事馆工作。日军占领越南期间，被日军拘禁在集中营中达四年之久。日本宣布投降后才获释放，正在河内待命。我征得人事处的同意，暂留他在河内做我的助手。他的工作效率很高，一个人可顶四五人的工作。实际上他后来成为我在河内时期的唯一得力助手①。

临行前，我什么都没准备。国民党外交部指示机要处给我几本密码，到河内如何发报，要我自己设法就地解决。当时我只好央托司令部电台、军统电台台长王之和和中央通讯社电台陈叔同（陈布雷之弟）代我拍发。一切仰人鼻息，早发迟到或漏发丢失，在所难免，不足为奇。

初抵河内

四川号称"天府之国"，但交通不便，素有"蜀道难，难于上青天"之

---

① 1946年4月5日，我离开河内回国后，洪之玢仍留在河内。他先任驻河内总领事馆随习领事，继调驻塔那那利佛领事馆任副领事。1949年10月10日，国民党驻法大使馆和驻巴黎总领事馆全体人员通电起义后，同年12月，驻塔那那利佛领事馆也通电起义。洪之玢是参加起义的积极分子，1950年8月回国，与我同在华北革命大学政治研究院第三期学习。毕业后任江苏省人民政府参事室参事、省政协委员、民革成员。1980年5月8日，我计划写这段时间的回忆录时，驰书动员他也写。不料他正患肺癌。动手术后，于6月30日复函同意我的建议；7月17日又就我提出的问题帮我回忆，给我不少启示。但不久因肺癌扩散，医治无效，不幸于1981年4月11日在南京逝世，终年77岁。

说。国民党统治时期，重庆作为"陪都"，其庞大军政官僚机构的人员来往和物资运输非常频繁，交通经常堵塞，行旅甚为不便。日本投降之后，为了抢夺胜利果实，接收（实际上是"劫收"）大员纷纷出动，致使交通更为艰难。当时重庆只有通往昆明的航线，没有飞至河内的民航飞机，而且每周只开两三班，机票十分紧张。1945年9月15日，赴越接受日军投降的卢汉司令已率部进入越南，要我们顾问团尽早赶赴河内配合工作；尽管我们依仗有国民党行政院的特权，但也只能购到9月19日的机票。19日上午8时，我和财政部代表朱偀、经济部代表庄智焕在重庆珊瑚坝机场会合，同机飞往昆明。

到昆明后，我下榻于报国街28号友人张忠保寓。由他陪同会晤了阔别多年的友人陈修和。陈原系黄埔军校五期出身，与何应钦有师生关系，颇受何的器重。曾任蒋介石的侍从武官，后调国民党兵工署任兵工研究专门委员。抗日战争期间赴越南代表兵工署筹办军火运输事宜，后兼任兵工署驻香港办事处处长。抗日战争胜利前夕，何任国民党陆军总司令时，他任陆军总司令部驻昆明办事处主任，后兼任越南占领军司令部第五处副处长。他对越南问题很有研究，著有《越南古代史及民族文化之研究》一书，对越南革命很表同情，会晤时曾赠我一本。他刚从河内回昆明，对越南情况了解甚详。听他谈了对越南的观感，使我茅塞顿开。他说，整个越南正卷入"八月革命"的风暴中，政治上的情况与事先所想象的迥然不同。越南人民在胡志明主席的领导下已经建立了民主共和国，成立了临时政府，临时政府"坚决反法，不准悬挂法国国旗，受到了越南人民的拥护，如果我们不同他们合作，或让法国军队回去，就会遭到越南人民的反对，发生中越冲突，影响受降[①]。"他为人直爽，说话开门见山。因为与我较熟，见到我就立刻指出国民党外交部对越南种种不妥的措施。我既是国民党外交部的代表，当然成为他责难的靶子。这是不足为怪的。

由于昆明与河内不通民航。我们乘坐昆明空军特意从上海调来的一架

---

① 见陈修和：《抗战胜利后国民党入越受降纪略》。载全国政协：《文史资料选辑》第7辑，第18页。

中国民航飞机，于9月21日上午10时起飞，1时30分到达河内嘉陵机场。

下机后，但见一片荒凉，不禁使我浮想联翩，思绪万千。法国殖民者的长期掠夺，日本侵略者的野蛮蹂躏，竟使越南大好河山变成了废墟，满目疮痍，一片萧条。据说当时越南北部和中部山区发生了非常可怕的饥荒，200万穷苦人民因饥饿而死亡。[①]面对这样严酷的现实，怎能不激起被压迫和被剥削人民的愤怒反抗！

在机场鹄候良久，才见到日本人驾驶的卡车来接。我们乘着大卡车，摇摇晃晃越过杜美大桥（Pont Doumer），进入城内。沿途看见若干彩色牌坊，悬挂中、英、美、苏四国国旗和黄星红底的越南新国旗，独不见法国的三色旗。到处贴着用越、中、英等国文字写的"越南独立万岁"等标语，独不见法文标语。从这里可以隐约感觉到"八月革命"的气氛。可见陈修和言之有据，并非耸人听闻。

我们一行到达河内后，为了解决食宿问题，忙碌了整整两天。至9月22日上午，卢汉司令才派他的副官来到我们的住所，接我们去见他。他住在越南总督府里，就在日本侵越时向日军投降的前法国驻印度支那总督、海军中将德古的办公室里接见我们。这座总督府，是用越南的民脂民膏建立起来的一座三层法式大厦，古朴、宏伟而又豪华。中做塔形，分左右两翼，前为大理石台阶，大厦前广场立旗杆，高悬国民党国旗。办公室内的摆设市置颇为富丽堂皇。而卢汉司令也俨若当时当地的最高统治者，坐在宽大办公桌后的安乐椅上，发布接受日军投降的有关号令。

卢汉（字永衡），云南昭通燕山的彝族人。16岁就跟随龙云外出投军，后同龙云一起被保送入云南陆军讲武堂。长期追随龙云南征北战，击败反对势力，统一云南，帮助龙云当上了云南省府主席，卢即为龙统率云南军队。1945年初，蒋介石把在云南的第一集团军扩编为第一方面军，任命卢汉为总司令。日本投降后，蒋介石为了解除云南后顾之忧，处心积虑地将卢汉派赴越南，接受日本投降。他既是一个久经沙场的老将，又是一个深谙世故的政

---

① 见《胡志明选集》第二卷，越南外文出版社1962年版，第2页。

客。他那精悍老练、沉着冷静的军人风度，虽给我留下了深刻的印象，但当想到他的个人野心将被蒋介石利用的时候，我又为他暗中担心。这时他还被蒋介石蒙在鼓里，正踌躇满志，趾高气扬，以胜利者的姿态，指挥受降。

在我未去越南以前，何应钦主持的陆军总部早已制定几条受降办法。大意是：一、接受日军投降，解除武装，遣送回日；二、组织军政府管理民政；三、驻云南的法军在原地待命，不准入越，如有个人自愿回越者，必须解除武装。[①]这个决定既未把法国人当作交涉对象，也未考虑把越南交还法国，更谈不到同他们合作。卢看到国民党行政院炮制的《占领越南军事及行政设施原则十四项》与他的受降办法迥然不同，卢大为不满，认为这十四项原则完全不切实际，因此气势汹汹地用质问的口气对我说："1943年开罗会议[②]时，小美国总统罗斯福曾对蒋委员长表示，战后决不能把印度支那归还法国，而应置于国际托管之下。蒋委员长对此没有表示异议。为什么现在'变卦'呢？"他认为事关重大，要我立即回重庆向蒋介石请示。

我当即对他说："兹事体大，我一个人单独去请示，恐力不胜任。"其实，我不是谦逊，而是暗中有难以告人的隐衷。1945年初，我在兰州外交特派员任内，曾受蒋介石亲批"斥责"。我深知这个独裁者的脾气，你若一旦受到他的斥责，则以后必会再受他的斥责。这是毫无疑问的。卢汉当即同意由顾问团再派一人同我前往。

经顾问团全体代表协商结果，加推邵百昌与我同行。这一下我就放心了。邵百昌为陆军中将，过去我不认识，这次我才知道他是陈诚系军人，早年留学日本，学习炮兵，辛亥革命时，曾参加武昌起义，原任军政部驻昆州办事处主任。和他同返重庆会见蒋介石，我就不会首当其冲了。

---

① 见《文史资料选辑》第7辑，第16—17页。

② 开罗会议是1943年11月，中、英、美三国首脑在埃及首都开罗召开的一次国际会议。这次会议于同年12月1日发表了中、英、美三国开罗宣言。这个宣言曾刘将台湾等地归还中国作了明确的规定。在会议期间，罗斯福和蒋介石曾谈到战后不把越南归还法国问题，并达成了口头谅解。

1945年9月25日，邵百昌和我同机赴昆明，然后转机飞重庆。27日往访国民党军事委员会办公厅主任兼国民政府参军长商震（字启宇）。由于我在1940年以后曾任国民党外交部简任秘书兼交际科长，主持礼宾工作，所以早就认识他。

邵百昌和我见了商震，立刻说明来意。商震毫不迟疑地对我们说："很不巧，总裁已经离城到山洞，正在那里准备飞西昌。我立刻打电话向他请示吧。"

于是，他摇了一下军用专线电话，向蒋介石报告说："河内卢汉司令派邵百昌、凌其翰来重庆向总裁请示应付越南的方针。"这时我站在电话机旁，就能听到蒋介石的声音。他说："他们两人不必来山洞了，要他们立刻回河内转告卢司令三点指示：一、牢牢掌握老街——河内——海防运输线；二、对越南当局应采取不管态度；三、让法军开入越南，不得予以阻挡。"

从商震的电话机旁，听到蒋介石的宁波国语是如此清楚，以致商震放下电话，再向我们传达时，似乎是有些多余了。

我当时觉得蒋介石的语气是很坚决的，在下达这三点指示时，不加思索，几乎是脱口而出，丝毫也不含糊，好像成竹在胸。足证他的主意绝不是仓促定下来的。

上述蒋介石的三点指示，其重点是第一点，即牢牢掌握老街—河内—海防这条运输线。其真正目的是借口进军越北接受日军投降，以便调出西南可调的军队，假道越南，从海路运往东北，其最终目的在于抢夺东北抗日胜利果实。

三点指示的第二点，对越南当局应采取不管态度，不久就有了补充。卢汉司令曾接到蒋介石来电又指示五点：一、对法越纠纷严守中立；二、越军进入我防区即须解除武装；三、对越党不干涉；四、亦不警戒；五、对法人生命财产尽力保护。

我回到河内，得知此电后，于1945年10月20日，即将这五点指示电告重庆外交部。

河内受降

在我和邵百昌返渝请示期间，陆军第一方面军司令卢汉已于1945年9月28日在河内举行了接受日军投降典礼。因此，我们两人都没有能够参加这一典礼。财政部代表朱偰著的《越南受降日记》^①有较详细记载，特摘录如下：

"9月28日拂晓即起，凭窗而望，即有中国军队千余人结队而过……本日环绕河内各进出街道，以及城内各重要交通孔道皆已由我军布置岗哨，气象颇为森严。9时30分，驱车赴总督府。府前广场上悬大国旗，四角有线斜向地面，缀以万国国旗。总督府正面楼上党国旗交挂，两旁则每一列柱上遍悬中、英、美、苏四国国旗。大礼堂正中，党国旗交叉间，悬总理（指孙中山）遗像。两旁庭间遍悬中、美、英、苏国旗。上首为中国代表第一方面军司令卢汉席，左右坐正副参谋长（马瑛及尹继勋），外向；左为盟军代表席，右为高级将领席，后即来宾席。是日到者五六百人。美英高级将领皆有人参加（美方代表有第一集团军司令官嘉理格少将）。法方代表亚历山德利，因身份不明，仅许其以个人资格观礼，复以要求悬挂法旗，为卢司令官所拒绝（因西贡方面曾因悬法国旗引起冲突），故未参加。越盟党政府则派有高级官员观礼。上午10时整，日军司令土桥勇逸及海空军代表（川国直服师团长、酒井于城参谋长及今井）至，面带忧戚之色，北向立。卢司令官根据日军在南京所签降书，宣读条文，交土桥签字，签毕即退席。卢司令官乃宣读布告，并译成法文和越南文，至是礼成。"

卢汉宣读的布告原文如下：

中国陆军第一方面军司令部布告

本司令官现奉盟军最高统帅命令，统率中国军队，来至越南，接受日本侵略军队之投降，解除其武装，并遣散之。中国军

---

① 见朱偰：《越南受降日记》，1964年10月上海商务印书馆版，第19—21页。

队非为越南之征服者或压迫者，而为越南人民之友人及解放者。

凡越南北纬16度以北地区之一切行政之监督，军事之管理，均归本司令官负责，各级行政机构均一仍旧惯，互相发挥效能，保证和平，维持秩序，凡现有行政人员，亦应各就岗位，安心服务，努力工作。本司令官将依其权力，督率全体人员，以期完成所负之使命，达到共同之目的。

凡任何聚众骚扰，不论其由何人发动，亦不问其具任何理由，均足危害社会之治安，损害人民之生命财产，而于共同目的之完成，尤多妨碍。越南之敌人，或将暗派奸徒煽惑人心，凡善良人民切勿受其蛊惑，发动扰乱，妨碍行政职权之有效施行，或引起流血惨剧。本司令官对于此种破坏秩序之企图及行为，将执法以绳，予以制裁，对于此种奸徒，不论其种族、宗教，均将一律严惩，毫不宽容。

凡从事正当职业，虔诚信奉宗教，及寻求合法权益之善良人民，不论任何国籍，本司令官一律予以爱护，全体人民应服从本司令官所颁布之规章命令，遵守现行法律，并与中国军队切实合作。在日本侵略者尚未完全遣回，和平秩序尚未获得保障之前，本司令官实握越南北纬十六度以北地区之最高权力，如有必要，决不惜使用此最高权力，以期同盟军目的之能达到，本司令官任务之能完成，凡居住境内之军民人等，其各一体知照！此布。

中国陆军上将衔

中国陆军第一方面军司令官

卢　汉

1945年10月1日，何应钦以"中国陆军总司令"的名义，同美国麦克鲁特将军一起飞至河内，名为视察受降情况，实则监视卢汉动静。4日上午10时，何应钦在总督府召开汇报会，当即决定：一、限10月31日前完成接受日军投降并解除武装；二、限11月10日前完成日俘集中；三、我军兵力部署以集中主力占领战略要点为原则；四、占领军司令部设立第五处，由卢汉自兼处长，陈修和为副处长，再由美方加派一副处长；五、由第五处、中统局、军统局、海外部、侨务委员会、三青团等单位组成汉奸罪行调查委员会；六、由中美两方组成一临时调查委员会，调查战争罪犯；七、由行政院顾问团负责调查政府及商民在越南的物资损失；八、将入越游杂部队和特种机关列表呈阅并由司令部处理；九、对于越南临时政府的态度必须审慎，保持友好立场，但不可有正式公文来往，办理交涉最好用无头无尾的备忘录；此外，还有关于占领军的经费和当地交通电讯修复原则，等等。

对于以上九条中的第四条，美方未允加派副处长，于是由宋子文推荐黄强担任。第五条关于汉奸罪行调查委员会虽名义上成立，最终停止执行。第六条中临时调查战争罪犯委员会也没有成立。其余各条均由司令部主持执行，并为第五处工作的指导方针。[①]

这次会议仍未考虑同法国合作的问题。原来国民党陆军总部和卢汉等人对法国殖民军过去的罪行和现在的阴谋早有觉察。日本宣市五条件投降后，盟军总部规定法属印度支那16度以南由英军受降，16度以北由中国受降。法国殖民者对此极不甘心。在日本侵越时期逃到云南的法国殖民军司令亚历山德利，向国民党陆军总部驻昆明办事处主任陈修和提出，要求派法国飞机到河内与日本联系。陈即报告何应钦，认为他的阴谋是想法机一到河内，就可拍出电报，在国际上宣传法军已重回越南，收复河内。陈与何应钦都主张决不允许他们这样做，立即命令昆明空军司令晏玉琮扣留停在机场的法国飞机，以防其潜飞越南。并严令驻在云南境内的法军在我军接受日军投降之前，应驻原地待命，不得进入越境。法机被扣后，驾驶法机的空军军官向陈探询被扣原因，陈把经过告诉他们。他们认为亚历山德利无权指挥法国空军，他这种不适当的活动使别人无辜受累，并要求允许他们飞回法国，保证不飞往越南。陈答复他们说："法国飞机要等待中国军队到达河内以后才能放行。你们个人可以自由行动，

① 见陈修和《抗战胜利后国民党军入越受降纪略》，《文史资料选辑》第7辑，第19、20页。

也可以上飞机查看，但不准起飞。"亚历山德利也极力解释，说他并没有别的意图，完全是出于一种误会，要求把飞机放行。陈推说是何应钦的决定，非待中国军队进到河内不能改变这个命令。于是，他又屡次要求面见何应钦，企图打破陈修和这道难关。陈修和主张何接见亚历山德利，当面揭穿他的阴谋，杜绝以后的破坏活动，并严厉指出他过去在越南阻扰中国军运、扣留中国物资、勾结日军、反对同中国合作等罪行，声明不咎既往，已很宽大，决不允许他捣鬼和干预受降工作。何应钦决定同陈修和一起接见亚历山德利，他随带一名中国译员（是一位姓王的老留法学生）来见。何听了他的报告和要求后，就将事先商定的意见用申斥口吻说了一遍，而他的译员竟不敢如实翻译，只是轻描淡写地译了几句。陈听了很生气，立即质问译员为何不照实翻译。何应钦也勃然大怒，要陈翻译给他听。陈觉得如由他口里说出来，可能使亚历山德利误以为是陈的意想。当即要译员重新翻译，不得丝毫遗漏。亚历山德利听了，面红耳赤，局促不安，只好道歉认罪，不敢再说下去了。

但是，法国方面还不死心，又向重庆活动，竟取得了国民党外交部同意放行被扣飞机的文件。于是，何应钦在陈修和的建议下，立即挂了个长途电话给外交部部长王世杰，指出外交部未经陆军总部同意，也没有同他商量，径自允许法军的要求，发出书面文件，超出了外交部的权力，陆军总部当然拒绝执行。并警告外交部以后要特别注意，以免内部发生纠纷，被法人利用。[1]殊不知这时蒋介石已向戴高乐目送秋波，另有图谋，不仅陈修和，连何应钦也被蒙在鼓里。

所以法国对接受日军受降典礼未挂法国国旗，未让亚历山德利以法国正式代表的资格参加，反应强烈。正如法国驻西贡高级专员达尚礼海军中将致戴高乐的电文所说："我获悉，9月27日（原文如此，应为28日）在河内总督府举行的庆祝日本军队投降大会上只悬中、美、英、苏四国国旗，没有挂法国国旗。法国代表几次向中国当局进行交涉都未获结果。卢汉将军的回

---

① 见陈修和《抗战胜利后国民党军入越受降纪略》，《文史资料选辑》第7辑，第15—16页。

答是：仅挂参加波茨坦公告①国家的国旗。此外，为法国代表亚历山德利将军安排的位置也是令人不能接受的。因此他拒绝参加庆祝仪式……"并说："我当然同意他和被邀请的法国人的态度。我已要求我驻重庆大使向中国政府提出抗议，指出在一个没有任何大国正式否认法国主权的地方举行盟国间的正式仪式上不悬挂法国国旗和不给法国代表位置的不合理。"②

法国方面对于占领军司令部和卢汉司令所采取的态度早已不满，通过其驻重庆大使贝志高向蒋介石控诉。以后，戴高乐在法国巴黎接见宋子文时，又提到卢汉的态度；宋对"亚历山德利在河内遇到的困难"还作了解释（详见后文）。在举行受降典礼后不久，国民党军令部已通知占领军司令部，准予正式接待法国代表团。法国的军用飞机，也可由云南昆明飞往河内了。新组成的法国代表团已到达河内。法国代表团的首席代表圣德尼③为了尽快达到接防的目的，向何应钦极力讨好，乞求合作，他说："中国方面不喜欢法军司令亚历山德利，已另派人接替了。"但是，在何应钦主持召开上述会议时，仍没有考虑同法国合作问题。

---

① 这里是指1945年7月26日苏、美、英三国促令日本投降的波茨坦公告（见《国际条约集》1945—1947，第77—78页）。

② 见戴高乐：《战争回忆录》第三卷《拯救》1944—1946，法文版第570页，世界知识出版社出版的中文版下册566页。

③ 圣德尼（Jean Samteny），原姓罗杰（Roger），1907年生，青年时代初在印度支那，继在法国本国从事银行和保险业。在法国抗德战争中，他是盟国情报系统领袖之一。1945—1947年任法国驻北越专员；1954年作为法国代表团成员，出席日内瓦会议，1954—1958年任法国驻越北总代衷。以后，他对法国旅游业、环保事业均有积极活动。1962年在赛纳省当选为国会议员；1962—1966年任法国退伍军人和战争受害者部部长；1967—1972年任法国民航公司董事长；1971年起任法国环保高级委员会委员。自1954年日内瓦会议后，圣德尼曾一再来我国访问并受到毛主席和周总理接见。他著有《1945—1947年印度支那一次错过的和平史》（1953年版）和《面对胡志明》（1970年版，参阅1973—1974年法国人物志144页）。

综上所述，在国民党统治机构中，中央和地方各自为政，不通声气，使得法国有隙可乘，当他们在云南或河内遇到麻烦时，即在上面通过法国驻华使节向中央抗议或疏通，国民党统治体制的彻底腐朽于此可见！

回越复命

我和邵百昌接到蒋介石从重庆山洞电话中所下的三点指示后，立刻向商震告辞。我们约定9月28日乘中航班机转河内，是日上午7时，我到达珊瑚坝上坡，见邵百昌已先坐在阶梯上等候我来临。他装着鬼脸，挤眉弄眼，轻声对我说："中航班机忽然停航，大概昆明出事了！"我联想到昨日往访蒋介石，商震说他刚离城赴山洞，准备飞西昌……立刻在我的脑海里打出问号，山洞？西昌？昆明？为什么？莫非蒋介石要解决龙云吗？我顿时做了种种联想，便对邵百昌的挤眉弄眼，报以点头微笑，表示心领神会。原来蒋介石蓄意要解决龙云，由来已久，略谙重庆政治的人无不明白。真所谓"司马昭之心，路人皆知"。

蒋介石和龙云虽然同是国民党统治集团的当权人物，但是他们之间的矛盾既深且久，蒋介石要统一他的蒋家大王朝，而龙云要保全他的龙家小王朝，彼此明争暗斗，自龙云在云南起家时开始，已交手多年了。龙云系云南昭通燕山彝族人。1911年离开家乡，同卢汉一起出外投军，以后又一起入云南陆军讲武堂。1914年毕业后，在云南总督唐继尧部任中尉排长，唐听说龙会武术，拳脚上颇有功夫，特调龙为其侍从副官。从此，龙获得信任，逐步得势。至1929年秋，龙在卢汉协助下，先后击败各个反对势力、统一云南，登上云南省政府主席的宝座。[1]以后又经过长期经营，把云南搞成为一个独立的小王朝，一切政治、经济、军事、人事等都形成独立系统，大有尾大不掉之势，成为蒋介石的

---

① 参阅邵献成：《龙云》，载《民国人物传》第3卷，中华书局1981年版，第137—144页。

眼中钉。到抗日战争时期，龙又对汪精卫推崇备至。汪当了汉奸后，仍有密使来往，更为蒋介石所恨。至日本进攻东南亚国家时，国民党军和美国军队为入缅远征，云集云南，供应繁重，龙云解决不力，不执行国民党中央的政令，不仅蒋介石不满，美军也啧有烦言。美方曾提出：中国如不能解决云南的政治问题，美国就无法援助中国抗日得到胜利。因此，蒋介石早就决心利用龙、美矛盾吃掉龙云。加之昆明的民主运动在中国共产党领导下蓬勃开展。龙有意开放一些民主、结交一些民主人士和地下党员，借以自重，更加剧了龙、蒋之间的矛盾。至抗日战争胜利，蒋介石认为解决龙云的条件已成熟。于是，他先命卢汉率领全部云南部队去越南接受日军投降，调虎离山，孤立龙云；又令昆明防守司令杜聿明做好解除龙云武装的准备，伺机下手。1945年9月28日，蒋介石匆忙飞往西昌，就近指挥，同时令陆军总司令何应钦前往河内以视察日军受降为名，监视卢汉动静。一切布置停当，乃令杜聿明于10月2日凌晨出兵包围云南省政府所在地五华山，并以迅雷不及掩耳之势解除龙云在昆明的武装，宣布免除龙云军事委员会云南行营主任、云南省政府主席本兼各职，调往重庆任军事参议院院长，由卢汉继任云南省政府主席。[①]10月2日中航班机复航。当我和邵百昌到达昆明时，龙云被困五华山已三日矣。

与我们同机飞昆明的还有昆明中国银行经理王振芳，他与我较熟，以微语密告，蒋介石正向龙云开刀。他衔有宋子文之命，要与龙云亲自联系。当晚，邵百昌住在自己家中，我则应王振芳之邀，住在中国银行招待所。因城内第二次戒严，就未出门，独自在卧室闭目养神。我将近来所发生的事联系起来一想，恍然大悟，识破蒋介石的诡计。他一方面令卢汉率军入越，借口接受日军投降，实则假道越南，移兵东北，以便发动内战；另一方面施展调虎离山之计，调出滇军一切可以调出的军队，使龙云处于孤立，负隅五华山，遭受杜聿明的围攻，进而束手就缚，以偿他多年以来梦寐以求地解决龙云的夙愿。真正是一石两鸟，用心何其毒也！

① 详见杜聿明著：《蒋介石解决龙云的经过》，载《文史资料选辑》第5辑，第32—48页。

10月4日，我到机场候机。昆明空军司令晏玉琮匆匆奔告："何总司令（指何应钦）刚从河内来，有要事与你面谈。"于是我跟着晏玉琮走到机场另一端，见到了何应钦，他立刻说："我刚从河内来，听到那边的意见很大……"我未等他说完，马上意识到他所指的是什么问题。我就把我奉卢汉之命，返渝请示的经过说了一遍。我提到蒋介石的三点指示时，何应钦顿时沉默下来，立刻变换语调对我说："那么，你就赶往河内，向那里的人解释吧。"我说罢正拟退到机场的另一端时，看见宋子文与何应钦陪着龙云检阅了"仪仗队"，告别了旧亲友，匆忙登上专机。只见龙云面无表情、满怀愤懑、无可奈何地飞往重庆，接受"新职"。这时我回想起王振芳匆匆来昆明，跑上五华山，原来是为蒋向龙劝驾来了。后来听说，王振芳与龙云会谈时，龙云表示必须由行政院院长亲来昆明迎接，并保证他的安全，他才去重庆。[1]蒋介石的目的是剥夺龙云的政权，只要龙云交权，具他一切都可假仁假义地做个顺水人情。因而即派宋子文来昆接驾，而龙云也就顺坡"体面"下台，俯首交出政权，从而结束了他在云南18年的统治。

10月6日，我终于候到法国军用运输机返抵河内。因起飞较晚，到达河内市内已经是夜幕降临、万家灯火了。翌日我往访卢汉复命时，他的态度沉着、冷静，言谈谨慎，与第一次他谈到开罗会议时的那种激昂慷慨的态度作对比，简直是判若两人。为什么卢汉的态度会有这样的剧变呢？原来，10月2日，蒋介石一方面令杜聿明在昆明出兵拔掉他的眼中钉龙云，另一方面派空军副司令王叔铭持蒋给卢汉的亲笔信，直飞河内，当面向卢秘密宣布他继任云南省政府主席，未到任前先由民政厅长李宗黄代理。就这样，卢汉已吞下了蒋介石因解决龙云而为他特制的一丸包着糖衣的苦药丸。[2]随着龙云的下台，卢汉一跃而任云南省政府主席，仍兼第一方面军司令，暂驻越北，准备向法国交防，一切受蒋介石的摆布。尽管他不是心甘情愿、不是没有任何怨言，但从此以后，也就无心过问越南方面的事，采取敷衍了事的态度了。

---

① 杜聿明著：《蒋介石解决龙云的经过》，载全国政协《文史资料选辑》第5辑，第49—50页。

② 参阅邵献成著：《卢汉》，载《民国人物传》第3卷，第148页。

蒋介石"变卦"之谜

在我首次会见卢汉时，他提到在1943年开罗会议时，美国罗斯福总统曾对蒋介石表示，战后决不允许把印度支那交还给法国，而应置于国际托管制度之下。卢汉严肃地质问我说："为什么现在变卦了呢？"我当时无法答复。毫无疑问，这确实是罗斯福的一贯主张。当蒋介石从开罗返回重庆时，罗斯福与蒋介石这段对话成为他们之间的口头谅解，我从蒋介石周围的人嘴里早已听得耳熟了。但为什么后来变卦了，这在当时是个无法解答之谜。现在通过调查研究、联系对比以后，我才恍然大悟。

首先翻阅了一下美国国务院编印的美国对外关系文集《1943年开罗会议和德黑兰会议专集》，其中记载着1943年11月23日，在罗斯福别墅，罗斯福与蒋介石叙餐时的谈话。参加叙餐的人，美国方面有罗斯福、霍普金斯；中国方面有蒋介石、宋美龄、王宠惠。编者还在按语中指出，因美国方面没有罗斯福与蒋介石谈话的正式记录，所以现在编印的是中国驻美大使董显光所提供的谈话纪要（原文中文，译成英文）。其中有关印度支那问题的谈话如下：

"（7）关于朝鲜、印度支那和泰国——罗斯福总统提出这样的意见，中国和美国应就朝鲜、印度支那和其他殖民地以及泰国的未来地位达成一项相互谅解。蒋委员长在表示同意的同时，强调了给朝鲜独立的必要性。他还认为，中国和美国应共同努力帮助印度支那战后取得独立，而泰国则应恢复独立地位。总统表示同意。"[1]

很明显，这段摘记是董显光补记时，把印度支那问题偷梁换柱、轻描淡写地一笔带过了，为蒋介石留下回旋余地。但1943年11月28日下午3时，罗斯福与

---

[1] 见美国对外关系文件集《1943年开罗会议和德黑兰会议专集》，第322—325页。

斯大林在德黑兰苏联大使馆的谈话却有美国方面查尔斯·波伦的详细记录：

"斯大林元帅不厌其详地批评了法国统治阶级，他说按照他的意见，由于过去他们与德国勾结的记录，他们无权享受和平的好处。

"总统说，丘吉尔认为法国将很快恢复强国的地位，但他个人不同意这个看法。他认为在法国复兴以后，还需要过多少年才能恢复强国地位。他说法国人，不仅法国政府，而且法国人民，首先必须成为诚实的公民。

"斯大林元帅表示同意并申述他不愿向盟国建议在印度支那恢复旧法国的殖民主义统治……他一再提到法国不得收复印度支那并且法国必须对勾结德国的罪行付出代价。

"总统说，他百分之百地同意斯大林元帅的意见，并且强调法国统治印度支那已达一百年之久，那里居民的处境比开始受统治以前更坏了。他说蒋介石对他说，中国对印度支那没有任何意图，但印度支那人民还没有独立的准备。对此他回答说，一俟对日战争结束，菲律宾将无条件地享受独立。他进一步与蒋介石讨论把印度支那置于托管制度之下的可能性，其任务在使那里的人民在二三十年内取得独立。

斯大林对此项意见表示完全同意。"[①]

为什么在《开罗会议文件集》中没有美国的正式记录，而在《德黑兰会议文件集》中反而有罗斯福和蒋介石谈话的内容呢？这里有两个原因：

第一个原因是我从查尔斯·波伦（Charles Bohlen）所著《历史的见证》（1929—1969）[《Witness To History》（1929—1969）]一书中找到了答案。

查尔斯·波伦是美国的苏联问题专家，当时任美国国务院欧洲司俄国处处长。他在《历史的见证》一书中写道："……在罗斯福、丘吉尔、蒋介石商谈亚洲战争时，我漫游了开罗市。"

他还在同书中写道："我发现美国政府没有准备人员在会议上作记录，感到很吃惊。最后，由美国军营中派来四名熟谙速写技术的士兵，他们不能参加会议，由我根据笔记口授，他们写成会议记录（指德黑兰会议）。"

---

① 见美国对外关系文件集《1943年开罗会议和德黑兰会议专集》，第485页。

查尔斯·波伦在谈到罗斯福的工作方法时写道："对于将要讨论的问题，罗斯福并没有介绍情况的文件，这是我第一次接触到罗斯福的这种不拘形式的工作方法。他不愿意受任何条条框框或者规章制度的束缚，他宁可根据临时想到的念头而不愿按计划办事。"①

第二个原因是由于当时苏联尚受1941年苏日中立条约的约束，为了麻痹日本，斯大林避免与蒋介石坐在一起开国际会议。因此一个主题，两个会议。从而使罗斯福在开罗会议上同蒋介石讲过的话，在德黑兰会议上他不得不向斯大林再重复一遍。所以董显光所提供的那个《谈话纪要》中的偷梁换柱的拙劣手法未能奏效。

尽管这样，罗斯福反对战后把印度支那交还给法国这一点确是他的一贯主张（有十几种回忆录提到这一主张），但已如上述，他和蒋介石对有关印度支那问题的谈话始终没有正式记录，更谈不上具有约束性的外交文件了。因此，随着美、蒋矛盾的发展，罗、蒋在开罗会议上就印度支那问题所取得的口头谅解是随时可以变卦的。

要了解变化之谜，还得从美、蒋矛盾谈起。当时美、蒋矛盾的发展，集中反映在罗斯福强迫蒋介石授权史迪威②指挥中国全部军队对付日本的问题

---

① 见查尔斯·波伦著：《历史的见证》（Witness to History）1929—1969年英文版，第135—136页。

② 史迪威青年时代毕业于美国"西点军官学校"。第一次世界大战后来中国，在驻北京的美国军队中服务，学习中文。后入"步兵专门学校"及"军事学院"深造。后又来天津任美军第十五团营长（当时马歇尔任团长）和美驻华大使馆武官。第二次世界大战爆发后回国，历任准将，旅长、少将、师长。调任中国战区参谋长时升为中将，后又升为四星上将。在中国战区解职后，曾任美国第十军军长，1946年患肝癌逝世。

史迪威先后在华十年，粗通中文，自称美国之中国通。但对中国人情世故、政治军事的演变颇多误解。在抗日战争期间，尤视中国为极落后的殖民地。藐视国民党高级将领，背地称蒋介石为"花生"（peanut），称其他将领如何应钦，陈诚等为"一篮子花生"。

上。1941年12月8日，日本袭击珍珠港，爆发太平洋战争。蒋介石闻讯大喜，决定向美国建议缔结中、美、英、荷、澳五国军事同盟，当即获得罗斯福同意。1942年元旦，罗斯福与丘吉尔发表联合国宣言后，罗即电蒋，建议组织中国战区，并推蒋为中国战区的统帅，指挥中、越、泰、缅军事。在统帅部内设联合参谋处，由中、美、英三国派员担任参谋。蒋介石担任中国战区统帅后，为进一步勾结美国，特电罗斯福，请指派美国高级将领一人来华为中国战区参谋长。于是，美国于3月初指派史迪威（Stilwell）来华就任中国战区参谋长。史迪威来华后，以美国总统的代表自居，态度傲慢，为蒋不悦。

史迪威来到重庆不久，蒋介石即派他到缅甸指挥中国作战，以打通滇缅公路，保证大后方的交通运输。据说，史去后独断专行，英军不听号令先撤，蒋军大败；他见归路被截断，竟丢下军队，徒步逃往印度，既不与蒋联络，也不报告军情，反而在6月返回重庆，指责蒋的部下无能，不听指挥，造成缅甸失败。他要蒋撤去杜聿明军长职务，让孙立人、廖耀湘接替。蒋甚为不满，拒绝史的要求。蒋、史矛盾遂趋尖锐。

蒋介石要求美国派高级军官担任中国战区参谋长的目的，是为了多得租借物资，装备他的部队，这样既可以防止日寇进攻，更可以在战后消灭共产党。而史迪威则以租借物资卡压蒋介石，将大部租借物资给了入缅作战部队，补充蒋军国内部队的为数极少。蒋更为愤恨。1943年12月，日军攻占湘西门户——常德重镇，威胁到美国空军基地，罗斯福召史迪威去开罗询问蒋军抗日能力如何，史迪威在罗斯福面前大讲国民党之腐败，蒋介石之无能。罗斯福听后说，国民党既然如此，可与其他党派联系，改变国民党一党统治的局面。史迪威得此指示后，于1944年初秋，要求与何应钦、商震会谈。在会谈时，史迪威从缅甸作战兵力不足，说到东战场之挫败，都是由于蒋军保存实力，不肯积极作战的结果。并认为这是想把击败日本的全部担子，放在美国肩上，等待美国击败日本后，用保存下来的实力打内战。密令胡宗南统领40万大军围困中共于陕北，而不参加对日作战，就是铁证。要求蒋军改变这种谋略。接着还说，共产党统率的第十八集团军能吃苦耐劳，骁勇善战，能领导人民进行游击战，只是缺乏武器。他建议为了使同盟国在中国战区早日击败共同的敌人，应即撤出封锁陕北的部队，邀请第十八集团军出来抗日。美国愿与共产党合作，愿将租借军用物资直接装备共产党的军队。何应钦等将会谈情况报告蒋介石后，蒋乘美国副总统华莱士访问重庆时，将史迪威的言行告华莱士转达罗斯福，要求调回史迪威。谁知华莱士返美后，不仅未将史迪威调回，罗斯福反而一再来电谓，日军进攻平汉路，形势危急，拟晋升史迪威为陆军上将，请蒋介石同意，在蒋直辖之下统率在中国战区之全部部队。史迪威急不可待，多次催蒋交权，蒋对史迪威更是深恶痛绝。其实史迪威要装备第十八集团军是假，实质是借此压蒋，胁迫蒋介石把中国战区全部指挥实权交给美国人。蒋介石岂能同意！于是，美、蒋矛盾更加尖锐了。①

正是在美、蒋矛盾空前尖锐的时候，蒋介石突然于1944年10月10日秘密接见刚由国民党政府承认的、由戴高乐领导的法国政府代表贝志高将军，②并进行了长时间的谈话，这绝不是偶然的。

贝志高在与蒋介石会见后，翌日即将详细情况密电法国政府。电文中写道："会谈历一小时以上，非常融洽。委员长毫不拘束地说明了他所

---

① 见杜建时著：《抗日战争时期蒋美勾结与矛盾》，载《文史资料选辑》第57辑，第188—210页。

② 齐诺维·贝志高（Zinovief Pechkoff或译贝契柯夫）生于1884年，原籍俄国，苏联文豪高尔基的养子。1914年加入法国外籍志愿军团，在前线战斗中受伤，切断了右臂；1925年在黑夫（摩洛哥）前线战斗中受重伤，左足跛，从此以后成为独臂、跛足将军。自1917年以后，一再前往中国、日本、西伯利亚、高加索、南非、西非等地，担负法国外交部的临时使命。因此他既是将军，又是外交家。1941年加入"自由法国"，1943—1945年任驻重庆大使，后任驻日大使，1949年退休。1964年1月中法建交前，戴高乐曾派他为特使，偕同法国武官吉业马前往台湾安抚过蒋介石（详见1965—1966年《法国人物志》第2154—2155页）。

十分关心的有关法中关系的各个方面。"首先他"特别强调加强法中政治联系的重要意义……希望从此把我们的传统地位肯定下来"。其次他说，"经济联系也不应该忽略。特别是法国人的思想比盎格鲁撒克逊人（不管英国人还是美国人）更接近中国人。委员长希望法国继续培养中国所需要的专家。"后来他主动地谈到印度支那问题。这段话非常重要，谨将他的原话引述如下：'我要再一次向您肯定'，'不论对于印度支那或者印度支那的领土，我们都没有任何企图。在这个问题上，我的主张是坚定不移的。如果我们能够帮助贵国在该殖民地建立法国政权，我们是乐意的。请您亲自把我这个意愿正式转达给戴高乐将军'。"并说，"贵国驻印度支那的军队如果受到日本的压力而不得不退到中国时，将会受到兄弟般的接待。"最后他表示"非常赞赏戴高乐将军的智慧和能力，并请我把他亲手签名的照片转赠给戴高乐将军"。

必须指出，蒋介石是在美蒋矛盾发展到空前尖锐的时刻，才召见法国大使贝志高将军的。最令人惊奇的是，蒋介石与贝志高关于印度支那问题的一席谈话适与1943年开罗会议时罗斯福与蒋介石的会谈形成鲜明的对照。1943年开罗会议时，罗斯福对蒋介石说，战后决不允许把印度支那还给法国；而1944年蒋介石对贝志高说，"如果我们能够帮助贵国在该殖民地建立法国政权，我们是乐意的。"

蒋介石接见贝志高的翌日，美国大使赫尔利急电罗斯福要求迅速将史迪威撤回，史迪威于10月19日收到调回的正式命令，终于20日返美。[1]美蒋矛盾这场风波才告一段落。当时我在兰州适有事前往重庆一行，偶遇民社党领袖张君劢。他同我聊天时说："蒋先生真了不起！罗斯福干涉中国内政，蔑视中国主权，他居然敢于抗美，甚至叫嚷不惜与美绝交！"他这番话曾使我对蒋介石抱有幻想。认为他敢抗美，还不失为有民族骨气的人物。现在真相大白，原来如此！

---

① 见杜建时著《抗日战争时期蒋美勾结与矛盾》，载《文史资料选辑》第57辑，第220页。

由此可见，蒋介石违反罗斯福在开罗所达成的关于印度支那问题的口头谅解，不是在抗日胜利以后，而是在 1944 年 10 月抗日战争尚未结束之时，不是在罗斯福逝世以后，而是在 1945 年 4 月 12 日罗斯福在佐治亚温泉逝世之前。

罗斯福逝世后，继任总统杜鲁门再也不提罗斯福生前所坚持的决不允许把印度支那还给法国的一贯主张了。恰恰相反，1945 年 5 月 8 日，在柏林参加德国军队投降仪式的盟国代表名单中就有法国代表塔西尼将军。[①]也不再听到 1943 年德黑兰会议时，斯大林强烈批评法国统治阶级，"由于他们过去与德国勾结的记录，他们无权享受和平的好处"等论调了。原来国际形势起了变化，由于 1944 年 12 月 10 日法苏互助条约的签订，法苏关系已确立了共同对德作战的同盟基础。[②]在 1945 年日军投降、英军接管越南南方后，法军在英、美的庇护下，已偷偷地溜进了越南。1945 年 9 月 2 日，在东京湾米苏里号军舰上，参加日本投降仪式的盟国代表中就有法国代表勒克莱将军。也就是他，率领法军进入越北，从国民党军队手中接管了越南防务。

从上述情况看来，1944 年 10 月 10 日确是关键性的日子，就在那一天，蒋介石突然秘密接见法国大使贝志高，通过他向戴高乐做出愿在战后帮助法国卷土重来、在印度支那恢复殖民政权的保证。这就是我们在河内一时无法解答的谜底！

---

① 《国际条约集》1945—1947 年，第 27 页。

② 《国际条约集》1934—1944 年，第 452—454 页。

宋子文献媚法国

自1944年10月10日蒋介石在重庆接见法国大使贝志高，向戴高乐暗送秋波之后，法国即派威廉·乔治·皮科[①]来渝访问。宋子文作为外交部部长，当然不甘落后，紧步蒋介石的后尘，做出十分友好的姿态，热情接待了法国代表皮科。并乘他访渝返法之便，于1944年12月15日，以外交部部长名义给戴高乐写信一封，交皮科面呈。信中表示要恢复中法两国在战前建立的真诚友谊，圆满解决两国间悬而未决的问题。宋子文对蒋介石的意旨心领神会，给戴高乐的信也写得情深意切。兹摘抄如下：

"本人一向是法国的朋友。兹乘乔治·皮科先生返回巴黎之便，谨向阁下为自己祖国做出的一切功绩深致敬意。

"此次战争结束以后，如果我们两国不承担其所应负的维护持久和平的责任，持久和平将是很难想象的。

"为了完成这项任务，即为了维护我们的共同利益，中国和法国今后必须进一步增进我们两国间在战前建立的真诚友谊。

"本人已向贵国大使保证，我们准备以最诚恳的态度解决中国和法国间的一切悬而未决的问题。我确信您必然也有同样的良好愿望，我认为根

---

① 威廉·乔治·皮科（George Prcot），1898年生，1924年起入法国外交界，曾任驻苏、中、墨等国大使馆一等秘书，驻突尼斯总督公署秘书长、驻美大使馆参赞等职。1942年加入"自由法国"，任法国驻美代表处民政组组长，1944年访问中国，1946年起任驻阿尔巴尼亚公使，继任驻委内瑞拉和阿根廷等国大使。1952年起任联合国副秘书长。1959年退休，转入工商界。新中国成立后，他曾一再来我国访问并于1964年在北京举办法国技术展览会。（参阅1973—1974《法国人物志》第754页。）

据这些条件，我们之间任何问题都是可以圆满解决的。

　　请接受我最崇高的敬意。"①

　　戴高乐收到宋子文的信后，自然是"十分感动"，认为是求之不得的机会，因而于1945年2月17日即给宋子文复信说："您在12月15日的来信中所说的话，使我十分感动。我非常重视您对法国的友谊。

　　"我和您一样认为，战后中国和法国必须联合努力，以便为维护持久和平做出贡献。

　　"法国代表在贵国所受到的欢迎使我确信：为了我们两国的非常密切的传统友谊和最大利益，我们已把法中关系推进到一个新的阶段。

　　"我特别重视您向法国大使保证的关于处理中法间悬而未决的问题的诚意。在我们方面，您也会看到同样的诚意。

　　"顺此谨向阁下表示我对中国即将取得的胜利的祝贺，中国的胜利也就是盟国的胜利。请您接受我最崇高的敬意。"②

　　经过宋子文与戴高乐书信往返，双方一拍即合。正如戴高乐所说："我们已把法中关系推进到一个新的阶段。"双方对当时所谓"最重要和最迫切的问题进行讨论"自然是水到渠成的共同需求了。所以在1945年9月19日，我们作为国民党行政院顾问团成员，刚从重庆出发，尚未抵达河内的时候，宋子文以行政院院长身份访问巴黎，已经与戴高乐总统谈上了。

　　据法国总统府秘书处整理的谈话纪要记载，戴高乐于1945年9月19日接见了宋子文。陪同宋子文被接见的有驻巴黎大使钱泰。

　　会谈开始时，戴高乐对宋子文说，中华民国行政院院长来巴黎访问，使他有机会就法国政府在当前情况下认为最重要和迫切的问题进行讨论，他感到非常高兴。

　　接着他就提出越南问题，说法属印度支那的形势，特别是东京（即河

―――――――――

　　①　见戴高乐著《战争回忆录》第三卷《拯救》1944—1946下，世界知识出版社出版，第397页。

　　②　同上，第411页。

内）地区的形势，目前显得十分混乱。在这些地区存在着形形色色临时出现的组织，它们都自称为越南政府。这些组织都是由在日本投降前与日本有联系的人和在战争结束后（这一点在这一地区同在其他地方一样）跑到最前列去的共产党人组成。这些组织表现出无能力应付由于当局的疏忽、由于交通组织的破坏以及由于占领和军事行动所造成的非常困难的经济状况。今天，由于卢汉和中国占领军所采取的态度，这种情况变得复杂化了。这种态度与法国政府根据宋子文在华盛顿向戴高乐所做的保证，以及蒋介石在重庆向贝志高所做的保证而理解的中国政策是不相符的。

宋子文解释说，他完全同意戴高乐的看法。中国人是言而有信的，向法国政府所做的保证将会受到尊重。宋子文还把他在伦敦从报纸上了解到亚历山德利所遇到的一些麻烦报告蒋介石后所获得的复电念了一遍，并向戴高乐重申国民党政府的正式保证："中国政府不以任何方式反对法国对印度支那所享有的权利。"宋还说，蒋介石认为，卢汉推迟法国部队进入印度支那，大概是由于卢汉所属部队作战地区的交通受到破坏，发生梗塞所致。他已命令参谋长进行调查，从速具报。

在会谈中，宋子文多次重申这些保证，着重声明中国希望法国仍然是中国在亚洲的邻邦。他认为，他回重庆后就可以看到按法国政府所期望的那样妥善解决的局面。如果出现相反的情况，他将亲自出马处理这些问题，以便满足法国的愿望。

戴高乐对宋子文的明确声明表示感谢，并问宋子文在国际政治问题方面是否要特别了解一下法国政府的立场。宋子文即说，他希望知道戴高乐对共产主义的看法。

戴高乐答复说，法国政府迁回法国后，鉴于战争还没有结束，法国的领土上还有外国军队，所以认为成立一个容纳法国一切政党都参加的政府是适当的。从那时起，就必须剥夺共产党乘国土解放时机取得的过多地区，必须把它安置在它自己应有的地位上。在法国，共产党人在国家的地位只不过是与其他政党有着同样名义与同样条件的地位而已。在选举问题上，任何预测都是危险的赌注。但是，戴高乐甘愿冒着风险，预测共产党在将来的议会选举中是不会得到多数的。

宋子文听了感到很满意，并表示中国希望同它的直接邻邦俄国实现睦邻政策；但国民党政府坚决要使中国共产党保留在他原来的地位上。

戴高乐谈到他在莫斯科的访问，还谈到从那时以后又发生了许多事情。他特别提到针对德国所缔结的法苏条约，虽然德国现在已暂时被打垮，但是这个条约作为反对日耳曼主义卷土重来的一个预防或镇压工具仍完全有效。一方面，在东欧受到压制的那一部分土地上，已经成立一些在某种程度上依附俄国的国家集团。另一方面，美国在政治、经济甚至在军事上都保有第一流的力量。最后，中国也已构成一支具有巨大蕴藏资源的力量。法国方面很愿看到在西欧成立一个联合体，这个组织在任何方面都绝不是侵略性的"集团"，而是要在世界的这一部分，实现更大的团结合作，主要是在经济问题上团结合作，非洲的大部领土当然参加到这个联合组织里来。戴高乐表示，他很乐意知道国民党政府是否重视这种发展，特别是中国在这里面是否能找到经济方面的某些方便条件。

宋子文回答说，中国政府还不能过多地注意欧洲的困难问题。中国政府所关心的是中国经济的发展问题。为此，中国政府对于与法国政府重新建立过去曾经十分受信任的经济关系，感到特别高兴。法国政府在日本入侵以后，同中国合作修建广西铁路一事，说明法国政府对于经济合作的思想是非常坚定的。

戴高乐即问宋子文，在这方面是否要提出比较明确的建议。并说在他本人看来，这并不是私人集团之间（例如银行集团之间）的合同，而是两国政府间经济合作的全面协定。在这种协定的范围内，上面所提的那些私人性质的合同是很容易办到的。

宋子文回答说，戴高乐的设想同他的设想完全一致，并相信可以毫无困难地把实际可行的措施拟订出来。只要法国驻重庆大使或者是法国政府指定的任何有资格的其他人士尽早前来进行这方面的谈判就行了。

宋子文还说，他希望知道法国参谋部是否了解德国军队最近在无座力野战炮方面获得的新技术成就，并希望知道法国工业是否已经能够利用这种技术成就。如果法国已经掌握了这种武器，他希望法国司令部能够向中国军队介绍他们的经验。中国军队急需机动性很强的炮兵。

戴高乐答复说，法国司令部将在这方面给中国军队以一切援助。但是，他不认为宋子文所说的新技术实际上已经使用。总之，法国的军火工业还没有做到这一点。

据说这次会谈是在非常亲切地就两国的政治、经济、军事等方面的合作广泛交换了意见以后结束的。[1]

上述1944年12月和1945年2月宋子文与戴高乐的通信，以及1945年9月宋子文与戴高乐的会谈充分表明，宋子文紧跟蒋介石，亦步亦趋，一唱一和，配合搭档，恰到好处。特别是宋子文同戴高乐的会谈内容极为广泛，远远超出越南问题的范围。宋子文在会谈中说："中国希望法国仍然是中国在亚洲的邻邦。"这与蒋介石请法国驻重庆大使贝志高向戴高乐转达他乐于帮助法国恢复印度支那的统治权，可算是异曲同工，配合得紧密极了。他们完全忘记了一百多年来法国殖民者侵略我国、统治越南的罪恶历史，也完全忘记了蒋介石同罗斯福在开罗会议上谈话的谅解。为了运兵东北，发动内战，不惜献媚法国，乞求援助，讨教对付共产党的办法。

然而，河内一方面军司令部和顾问团，自卢汉起，包括我在内，对以上一切都蒙在鼓里，茫然不知！

初步探索

1945年10月6日，我从昆明返抵河内。这次往返十余天，我取得了蒋介石给卢汉关于应付越南问题的三点指示；又在昆明亲眼看见宋子文、何应钦赔着笑脸陪同龙云登上飞往重庆的专机，他们装模作样、恰到好处地

---

① 见戴高乐著《战争回忆录》第三卷《拯救》1944—1946年，世界知识出版社出版，第561—563页。

表演完蒋介石亲自导演的解决龙云这场闹剧。这次事件确实打开了我的眼界，增添了我的见识，从而摸清了蒋介石的意图，看穿了他的阴谋诡计。而这时，陈修和还没有清醒过来，他在何应钦的敦促下，重新回到河内任第五处副处长（处长由卢汉兼任），对国民党外交部有关越南的种种措施仍然表示不满。宋子文为了贯彻他的意图，经蒋介石批准，又派来一名副处长，名叫黄强。他是保定军官，曾留学法国；1932年在上海"一·二八"抗日战役中，曾任第十九路军参谋长。陈怕他里通法人，存有戒心，重要公文不给他看，重要公事不通过他办，因此，黄强纯属挂名。我是外交部的代表，尽管我接任之前并不在重庆工作，而在兰州任外交特派员，对这一段中法间的交涉情况毫不知情，但陈却把他对外交部的怨气向我发泄，因而经常受到他的谴责。记得有两次受到他严厉批评。

一次是国民党的国庆——双十节，卢汉在一方面军司令部（越南总督府大厅）举行简单的招待会，招待中、美、英、法各方面的人员。卢汉致简短的祝酒词后，突然要我翻译成外文。他的周围明明有英文和法文译员，却没有让他们翻译，偏偏突如其来要我译，我毫无准备，又不好推辞，就临时译为法文。由于英文是我涉猎不深的第二外国语，在一般外交活动中，我用半瓶醋的英文还可以应酬对付，作为正式场合，我怎能当场丢丑，于是我省却了英文。谁料陈修和大为不满，质问我为什么不译成英文。对此，我只有付之一笑而未予置理。

另一次是在记者招待会上。卢汉根据行政院十四项指示，要我作为发言人，出席陈修和主持的记者招待会。出席的有中、越、英、美、法各国记者。我按照国际惯例，对各记者所提出的问题，都心平气和地一一予以解答。法国记者耿士普曾发出了一条歪曲事实的报道，会前经我驳斥后，他已向我道歉。既然他是盟国记者，在会上我自应给以盟国记者的待遇。这本来是理所当然的事，但他又认为我对法国记者太客气了。我也未予置理。

经过这两次几乎是公开的冲突以后，我对他就存有戒心，尽量避免和他交锋。好在外交工作是单线领导下的工作，在外交前线活动的人员，必须听从中央外交部的指挥，一切活动都须经过请示报告。我自己只有在这一框框内运用我的智慧去活动，所谓"将在外，君命有所不受"之说，对于外交人员是不适用的，当时我在河内工作就是从这一指导思想出发，我行我素，决不受他人影响。加以河内工作环境恶劣，军统、中统、三青团、海外部、侨务委员会等等所派人员比比皆是，情况复杂，我要时刻提高警惕，谨防他们的干扰。除了我的助手洪之珩之外，我不让别人插手。这就是我在这一时期进行对外活动的坚定方针。

1945年10月，第一方面军司令部已收到重庆军令部的电报，准备正式接待法国代表团。于是司令部定期邀请法国代表团与我顾问团正式会晤。从此我便有机会随时与法方人员个别往来接触。当时同我接触较多的是团长让·圣德尼、副团长莱昂·皮农。[①]在接触中我坦率地向他们提出了下列几个问题：

一、我们对越南人民的解放运动表示同情，试问法国政府将怎样满足他们的正当要求？

二、我国在抗战初期阶段，曾借越南假道转口。日本南侵期间，由于维希当局（指以贝当为首向纳粹投降的法国政府）实行不抵抗政策，以致我国物资损失浩大，法国将怎样给予补偿？

三、华侨在越南有数十万人，他们与越南人民和睦相处，享受的权益有悠久的历史和古老的传统。但过去法国殖民政府多方予以压制，今后应如何给予保障？

圣德尼告诉我，他将委托皮农给我答复。那时他们急欲尽快接管越北，不久皮农就给我答复，大意如下：

一、关于今后法国对越南的政策问题。他说1943年的布拉柴维尔会议是戴高乐亲自主持召开的。在这个会上提出了"法兰西联盟"的设想，它主要是为法属非洲而设计的，但印度支那也包括在内。越南分南圻、中圻和北圻，是印度支那的一部分，同时越南、老挝和柬埔寨又构成"印度支

---

① 莱昂·皮农（Lieon Pignon），1908年生，法国殖民部高级官员，1945—1946年任法国驻越北专员公署政治顾问，1944—1954年任法出席联合国托管委员会代表等，1949年曾一度任驻印度支那高级专员。

那联邦"。印度支那三国，特别是越南，将在"法兰西联盟"的范围内和"印度支那联邦"的范围内享有自由（这里所谓"自由"其实等于"自治"）。尽管越南闹"八月革命"，法国方面与越盟实力派，特别是与胡志明、武元甲等暗中仍有往来，以后肯定有对话的可能，并且可以把上述"法兰西联盟"和"印度支那联邦"的设想提出来讨论。

二、中国西南即云南、广西边境由铁路和公路假道越南河内、海防的过境问题，类似内陆国假道沿海国的过境问题，国际上不乏先例可寻。假道运输应予便利，海防可划出一个自由区，内设仓库、堆栈，不受当地海关检查，火车从中国边境起运，可将车皮铅封，通过越南时也不受检查。这点可由中法两国在条约上予以明文规定。

三、至于日本南侵期间，中国因假道越南所遭受的物资损失，可由中国提前赎回法国公司投资建筑的滇越铁路滇段。

四、关于华侨权益问题，他表示法方将尊重华侨历史性的、传统的权利和特权。

11月7日，皮农介绍法国滇越铁路公司总经理博登来我寓访问，向我提出了提前赎回滇越铁路滇段的具体办法，即由法国政府发行一项特种国库券，给该铁路公司各股东收回股票，以抵偿战争期间中国西南假道越南输入或输出物资所遭受的损失。

经过同法国代表、副代表的接触，对中法间存在问题初步交换了意见。我把同法方谈话概要向外交部陆续作了报告，后来成为中法正式谈判的基础。

1945年11月8日，重庆外交部部长王世杰来电要我回渝一行。我于10日到达重庆，见了王世杰。他告诉我，中国必须及时从越北撤军，其理由是：

这次他到莫斯科签订中苏友好同盟条约时，[①]就遇到要求苏联在我东北作战后的撤军问题。原来中苏谈判实际上是由宋子文以行政院长兼外交

———————

① 1945年8月14日在莫斯科签订。条约规定了中苏两国人民之间的同盟的睦邻关系，两国政府承担义务要对日本作战到底，决不容许日本在战后再进行侵略和破坏。

部部长的身份，自1945年7月初起，在莫斯科亲自与斯大林和莫洛托夫谈判的。内容多处涉及中国主权问题，宋子文感到棘手，就于7月中旬回到重庆与蒋介石商量。结果决定免去宋子文外交部部长兼职，由王世杰继任，于是王世杰以外长身份作为名义上的全权代表，同宋子文一起到莫斯科于8月7日继续与苏方谈判。谈到宋子文在7月11日要求苏联规定撤军期限问题，斯大林无论如何不肯在条约内做出具有约束力的规定，但允在《关于此次共同对日作战苏联军队进入中国东三省后苏联军队总司令与中国行政当局关系之协定》下，列入一项未经双方全权代表正式签署，但由双方草签的附件。商谈结果将王世杰与莫洛托夫于8月14日草签的双方谈话记录作为附件。其中对苏联撤军问题说道："斯大林统帅不愿在苏联军队进入东三省之协定内，加入在日本战败后三个月内将苏联军队撤退一节，但斯大林统帅声明在日本投降以后，苏联军队当于三星期内开始撤退。""宋院长询及撤退完毕需要若干时间。斯大林谓最多三个月是为完成撤退之期。"[1]

这个《记录》虽不具有与协定本身同等的约束力，却暴露了代表蒋介石利益的宋子文希望进入东北的苏军早日撤退的急迫心情。中苏签约的翌日，日本就宣布无条件投降。王世杰匆匆回国。不久就遇到法国要求国民党入越军队定期撤退的问题。他感慨地对我说："我们要求苏军在东北早日撤退，其心情如此迫切；而法国对我入越军队提出撤退的要求，我反而等闲视之，将何以自圆其说？中国口口声声要求苏军早日从东北撤退，而中国自己却赖在越南不走，试问国际信义何在？"并说："我们应把注意的重点放在东北，不应把自己的力量分散在越南，以致陷在越南，从而牵动大局。"

王世杰接着对我说："我已接见了贝志高大使，他要求早日开始中法谈判，我同意他的要求，并说明将派你与法国大使馆方面交换意见。你可把你在河内同法方交换的意见先与欧洲司司长吴南如，条约司司长王化成共同研究后再与法国大使馆方面会谈。"

于是我按照王世杰的指示，与吴南如、王化成共同商讨后，前往法国

---

① 见《中外旧约章汇编》第3册，第1340页。

驻重庆大使馆，与大使贝志高、参赞戴立堂（Taridan）、秘书雅克·鲁（Jaeque Roux）进行了两次会谈。第二次会谈毕，贝志高大使留我便餐。会谈内容以我在河内与圣德尼、皮农会谈的结果为基础。此外，英美两国分别同中国于1943年1月11日签订放弃在华治外法权及其有关特权条约，中法之间早已拟订类似的条约草案，但尚未签订。双方同意趁两国对中越关系作出规定的机会同时签订。

至1899年11月16日中法关于广州湾租界条约[①]（广州湾即今之湛江港）规定租期为99年，法方摆出友好姿态，表示愿意提前交还，就于1945年8月18日，即日本投降前半个月，由法国驻重庆大使馆参赞戴立堂与重庆外交部政务次长吴国桢签订了关于交收广州湾租借地专约，把交还期提前了50年。由于当时广州湾尚未开发，法国乐得顺水推舟，做个人情。这是戴高乐从当时战略考虑，施行丢卒保车之计，其最终目的在保全法国在远东的最大殖民地。所以对于越南，法国坚决不放手。而这次中法会谈的对象就是指越南。

这次中法会谈的主要问题共分五部分：

第一是关于在越华侨的待遇问题。我国在越南的华侨约50万人，他们在越南享有历史悠久的、各种传统的权利，有的同越南人相同，有的仅华侨能享有。例如华侨有权设立教学汉文的小学和中学，商业簿记用汉文缮写等，但这些权利过去辄受当地政府的阻挠。中国方面一向认为这些权利是华侨历史性的、传统的权利，不容更变；而在抗日战争前，越南华侨却为此经常与法国殖民政权发生争议，成为悬案。所以在这次谈判时，我首先提出，华侨应继续享有此种历史性的、传统的权利。同时提出，关于旅行、居住及经营工商业、购置动产和不动产等方面华侨应享有不低于最惠国人民所享有的待遇。其次，是税收问题，特别是身份税，俗称"人头税"。在抗日战争前，法国殖民政权采取歧视政策，对华侨横征暴敛，华侨为此怨声载道，纷纷向中国领事馆要求交涉。故在这次会谈中，我特提出，华侨在税收上应享有与越南人民同等的待遇。再次，过去法国殖民政权视华侨若土著人民，给予华

---

① 全文见《中外旧约章汇编》第1册，第929页。

侨以当地越民所受的司法待遇。当时越南是法国的殖民地，法国殖民者把越南人民视为土著人民，其待遇与法国人是不平等的。

战后，中国以战胜者自居，要与法国人平起平坐，因此说这与战后华侨的地位是不相称的。因而我方力争在法律手续和司法案件的处理上，应享有与法国人民同样的待遇。

法方允予考虑。此外，法方，特别是格拉腊克，曾在河内提到混血儿成年时以选择权确定其国籍的问题，我方认为中国习惯于保持双重国籍，同时国籍问题复杂，因此在这次谈判中，不予讨论。

第二是国际交通运输问题。在抗日战争时期，中国沿海各省地区相继沦陷，中国陷于半封锁状态。国民党军队所需军用物资只能从越南海防港输入，经过滇越铁路和桂越公路运入云南、广西两省，然后转运内地。谁料1940年日本南侵，连这条过境运输线也被破坏，中国遭受的物资损失极为浩大。法国方面建议，把中国从滇桂两省输入或输出假道越南的过境贸易，形成类似内陆国和沿海国的关系，使这种过境贸易成为条约规定的制度。并在海防划出一个自由区，作为专供此项过境贸易吞吐的港口，规定特种的海关制度。

这一条文是法方首先提出的，我表示同意。

第三是中越通商贸易问题。

法方建议：中越间的贸易另订商约，以最惠国待遇为依据。

我方同意。

第四是关于滇越铁路问题。

法方提出，把法人投资修建的滇越铁路滇段由中国提前无偿赎回，以赔偿日本南侵期间中国假道越南遭受的物资损失。赎回办法即该铁路公司总经理博登在河内向我提出的，由法国政府发行一项特种国库券，发给股东，作为收回该公司股票的垫款。

我方原则上表示同意。但我提出，倘若法国政府为收回滇越铁路公司股票的垫款总额尚不敷抵偿中国方面所受损失时，应如何补救。

法方表示，那只有以越南北纬16度以北日本财产清算之所得，作为此项损失之补偿。

中国方面同意法国方面的建议，并写成记录，作为协定的附件。

两次会谈取得一致意见以后，法国方面终于提出了他们的迫切要求，说此项协定的签订必须以中国同意撤军交防为前提。我答以中国撤军在原则上早已同意。但越南独立运动正在高涨，在法越纠纷未能解决之前，中国不仅有保护侨民的义务，作为接受日本投降的盟国，也有保护法侨，维持管辖区域秩序的义务。因此最后关键仍在法越纠纷的解决。

这时，法国贝志高大使、戴立堂参赞，雅克·鲁秘书都异口同声作了答复，其口径与圣德尼、皮农在河内所说几乎相同。尽管越南闹独立运动，法、越两方谈判之门始终没有关闭，法、越之间暗中仍有联系。只要中国方面推动一下，催促越南与法方早日谈判，法越谈判肯定是有可能的。

谈完以后，我把两次会谈结果写成报告，面交王世杰，由他交给吴南如、王化成与法国大使馆根据会谈结果商拟协定条文。王世杰还对我说，他将把这两次会谈纪要签呈蒋介石核批。并嘱我仍回河内继续帮助卢汉工作。王世杰对如何促成法、越谈判颇感兴趣，要我注意法越之间有否斡旋之可能。

临行时，王世杰对我说，一俟中法正式谈判有期，当电令我再回重庆。于是，我于11月25日飞离重庆，30日从昆明飞回河内。这就是中法谈判就越南问题初步探索的经过。

货币战争

我于11月25日离渝飞昆，30日自昆明飞抵河内，适值河内掀起金融风潮。考其原因，乃由法国拒绝兑换关金券（国民党所发货币）引起。原来第一方面军进入越南北方，大量关金券随之流入，充塞越北市面。与此同时，国民党军方还要求法方按月用越币供应军费。第一方面军司令部拟下令今后一切租税及规费，皆许以关金和法币缴纳，照关金1元合越币1.5元折收。为与法国金融势力对抗，越盟临时政府亦表同意。卢汉认为这些问题不可能在河内解决，乃派财政部朱偰返渝，请政府与法方交涉解决法币与越币汇率、法方供应越币军费、中央和中国银行开设分行等问题，并嘱速去速回，有始有终。

1945年10月12日，朱偰会同重庆外交部王化成、吴南如两司长等与法国财政部派驻重庆大使馆的财务专员及大使馆经济参赞会谈。中方提出，定一临时计算标准，以便关金与越币可以互相兑换，由法方按月供给越币9000万元，供当地驻军费用。法方认为，数目过大，当允向巴黎请示。但迄至月底仍无答复。11月1日重庆行政院遂决定，在中法交涉未获协议之前，授权卢汉司令责令法国东方汇理银行每月商借越币4000万元，以应急需，将来由两国政府清算；同时，重庆财政部亦电告卢汉，责令东方汇理银行和中法银行，按照关金1元折合越币1.5元比率兑换，代中国政府收兑关金，将来由中法两国政府清算。朱偰回到河内，于11月14日请代理司令尹继勋出面与法国代表团团长圣德尼、东方汇理银行总经理罗朗和河内分行经理白兰会谈，以命令方式宣读中方上述要求，并说此系中国中央政府命令，凡越南北纬16度以北地区，由我负责接收，不问越人法人，皆须听我命令，不容再有拖延。法方迫不得已，表示愿意接受命令。11月17日朱向记者宣布于20日开始兑换。是日天降大雨，但挤兑者甚多。忽中法银行经理报告，法国代表团不准兑换，而且圣德尼说，即使中国军队占领银行，亦不许合作。朱见法方反复无常，态度恶劣，甚为气愤。乃调中国银行人员至中法银行强行兑换。至11月26日，兑换一周，共收进关金968850元，兑出越币1453275元。

正当我方开始兑换关金的时候，关金市价正趋上涨。法方忽于11月18日在西贡发布命令，停止500元越币券流通，实行通货紧缩，以图提高越币价格，压低关金价格。20日法代表团圣德尼更曲解法令，宣布在北纬16度以北也实行西贡命令；同日东方汇理银行亦宣布停兑500元钞。于是金融市场大起波动，关金市价受越币紧缩影响，不能上扬，反趋下降。我方据理力争，并由第一方面军司令部发出布告，500元越币照旧行使，仍照预定计划兑换关金。因此，金融市面顿趋紧张，货币战争开始激烈。[①]

所谓500元越币，即每张票面价值为500元的越南钞票，当时流通额达

---

① 见朱偰著：《越南受降日记》，商务印书馆版，第27—58页。

62700万元，其中法国印制的2亿元，日本强迫银行发行的25000万元，在越南印制而由银行发行的17700万元。据华侨估计，在我国商民手中的约占三分之一。西贡宣布500元票停止流通的表面理由是对付日本人，使日本人强迫银行发行之钞票通归无效。但对以前法人自己发行的也只作七折行使。并要求所有500元票于命令颁布一周内，去银行登记，然后由银行按号码宣布或者作废，或者按七折行使。逾期不登记者无效。法方的真正目的不是紧缩通货、压低物价、改善币制，而是没收人民的财产，抽越人和华侨持票者之租税，以增加其政府之剥削收入。其结果使西贡金融市场根本摧毁。

11月22日，顾问团开会决定，一面电行政院报告近日货币战争情况，并建议限制关金券流入越南，每人每次携带不得超过一千关金；一面向法方提抗议，指出东方汇理银行否认自己发行的钞票，自毁信用，在银行史上无此恶例；若系对付日本人当公布日人发行钞票号码，使持票人存入银行，将来再向日人清算，不得使群众遭受损失，而法国政府却独受其利。且目前政局尚不安定，法越关系又很紧张，法方此举，不但扰乱金融，而且影响治安。越人反对强烈，中国军队不能为保护少数银行无理之人，而以武力压迫多数有理之人。法方圣德尼表示，事态严重，决定亲自去西贡请示。我方限于26日正午以前答复，否则将撤出警卫，不再负保护之责。

11月26日，越南群众举行游行示威，要求兑换500元越币券，并包围东方汇理银行。至下午4时，银行仍拒绝兑换，因而发生冲突，法人从窗口向外开枪，群众还击，一时枪声大作，继有手榴弹爆炸，至傍晚枪声方逐渐停止，造成多人死伤。当晚全城戒严，11月27日银行停业。圣德尼因26日被示威群众所阻，未能会见，27日特来总督府答复他赴西贡请示结果：一、每月垫借军费4000万元继续照付；二、兑换关金问题法国不愿超过规定数目，如中国军队于4000万元外另需款项，可加拨1500万元，由中国自行支配；三、500元钞票停止流通，系法国政府既定政策，目的在紧缩通货，压低物价，既经公布，碍难变更。我方答复，如法方能照中国政府提出每月垫借9587万元，则一切问题均可迎刃而解，兑换关金亦可不提。圣德尼表示他所得指示以加借1500万元为限，过此范围无权决定。我方又告以如法方不能照借，中国车队须仍用关金，则兑换关金仍须继续，势将强制执行。500元钞停兑，影响恶劣，必须纠正。如法方坚持不改，一切后果由其自负。中国军队为正义而战，决不能以武力压迫合理的群众。圣德尼允转达政府。并表示法军在云南残部，月需国币6亿元，希望国民党政府垫借。我方允为转达请示。

11月28日，财政部代表朱楔令人前往东方汇理银行，提取法方允许加拨的1500万元。银行说须由圣德尼通知银行，方可提取。朱乃致函圣德尼转饬东方汇理银行，交拨昨日商谈的1500万元。谁知圣德尼11月29日回信故意将每月加拨的1500万元与要求国民党政府借给滇境法军6亿国币作为交换条件，并须等我方允借后始能照付。法人反复无常，激怒我方代表，因即去函驳斥，并限即日下午4时前将款交出。

当时越人反法，日趋积极，商店罢市，工厂罢工，饮食行业更拒绝供应法人食物，金融问题已严重影响社会治安。11月29日下午，正当行政院顾问团开会商讨对策之时，圣德尼复函仍坚持交换条件之说，并拒绝当日下午交出加拨之款。顾问团的代表均以法方出尔反尔，不讲信用，不可理喻；同时，兑换500元越钞问题，已到非解决不可的地步。于是决定采取强硬手段，以贯彻命令，维持治安。下午4时，朱俟代表亲率宪兵赴东方汇理银行召见总经理罗朗和河内分行经理白兰，转达我方命令：立即复业兑换500元票；立即履行交拨1500万元的诺言。罗朗和白兰借口未得法国代表团同意，公然拒绝命令。于是朱即宣布他们扰乱金融，危害治安罪行，令宪兵将他们逮捕，送宪兵营看管，并交出库房钥匙。勒令明日照常复业，兑换500元票，以安人心。[①]

11月30日，第一方面军副参谋长尹继勋和军政部特派员邵百昌传讯了罗朗和白兰。他们要求圣德尼来面谈，并予保释，我方允其所请。圣德尼先是拒绝到会，后又表示让步，亲自前来保释，并请美国军事代表嘉理格（Galigher）出面调停，约定双方于12月1日，在剑湖旁的美军办事处会商。

我于11月25日离渝飞昆，30日飞抵河内，即闻金融风潮之事。我作为顾问团成员，又为外交部代表，即赶往参加美国军事代表嘉理格于12月1

---

① 《越南受降日记》，第59—66页。

日召开的中法会谈。中国方面出席的有尹继勋、邵百昌、陈修和、朱偰和我；法方代表团几乎全体出席，还有罗朗、白兰列席。

先讨论500元越币问题。我方认为，银行事先未得占领军许可，骤然宣布500元票停止流通，以致引起纠纷，影响治安，法方应负全责。因此，我方要求：一、银行必须复业，二、必须十足兑换500元票。圣德尼表示，西贡方面将派财政代表与我协商，但在会商期间，银行无法开门。会商结果，不得要领。嘉理格于是提出他的观察意见：

一、中国占领军有权发行任何命令，并有实权过问一切足以妨害治安之举动。

二、法方宣布500元越币失效，不问其经济立场如何，实对当地治安秩序有重大影响。

三、目前系军事占领时期，因此不问银行家对这事看法如何，这一问题的解决，不能离开军事立场。

四、中国占领军在占领区域内，对于任何影响治安事件，均有权过问，对这件事自亦有权过问。

五、500元越币停止流通，事前未经巴黎与重庆政府商讨，即付实施，美方深表关切。

六、500元越币停止流通结果，影响当地治安，美方深表遗憾。

七、当地中国占领军既未接到重庆政府任何指示，足以证明中法政府事前未经商讨。

八、我们当前的亟务，在讨论一有效办法，以解决目前困难。

九、这事未事先通知中国占领军即付实施，以致引起纠纷，圣德尼应负责任。

嘉理格的谈话义正词严，在下最后结论时，会场目光均集中在圣德尼身上，弄得他面红耳赤，局促不安。嘉理格还自告奋勇，由他出面向胡志明主席要求停止抵制运动，供给法人食物，以示人道。

以后讨论财政问题。我方先责圣德尼失信，声明法方允加借1500万元并未附有条件。圣德尼则称上次谈话时中方曾允转达重庆政府，每月拨借国币6亿元给滇境法军，以表示互助。经我方驳斥，代为转达，并非允其所请，全出于善意，不能曲解为交换条件。圣德尼不得已乃承认本月加借的1500万元照付。

我认为这一情况很重要，于12月5日把会议经过电告重庆政府，并附告，我驻越军队因军粮缺乏，乃派员赴西贡购米，殊不知法方竟要挟我方必须撤军，先从老挝开始，否则不允购买大米。我认为以上各点，显系法方故意为难，但朱代表措施过于激烈，似亦不宜。

12月3日，圣德尼偕法方西贡派来的代表格拉腊克和财政顾问布洛克·雷耐与我方继续会商，几经折冲和美国嘉理格居间调停，至5日始达成协议如下：

一、西贡禁止五百元越币大票流通之令，不适用于越北。

二、举办普通兑换，12月及明年1月兑换额暂定1500万元。其中华侨600万元，法人200万元，越人700万元。1946年2月份兑换额至1月底再开会商定。

三、中国部队和机关兑换，由第一方面军司令部和军政部特派员分别审核，备函证明，始得兑换（因国民党腐败，军政人员投机牟利者不少，故有此规定）。

四、存款提存办法，持有5000元以上的大票者可缴存东方汇理银行；自1946年1月起，存款在1万元以内的按月提取20%，1万元以上的超过部分每月提取15%。①

上述协议由卢汉和法国驻西贡海军司令达尚礼换文实施，并由东方汇理银行发出通告，公布兑换办法和地点，于12月7日开始兑换。至此，500元越币问题完全解决，货币战争告一段落，中法关系开始融洽，华侨利益也受到了保护。我于12月6、7两日将会谈情况和结果连续向重庆政府电告，了却此案。

---

① 《越南受降日记》，第69—75页。

河内动乱

　　金融风潮虽暂告平息，而法越矛盾更为尖锐。法国急欲回到越北以恢复殖民统治。而越南民族独立运动又有进一步发展。为了巩固革命政权，1945 年 11 月 25 日，越南劳动党发出"抗战建国"指示，指出越南全党、全民的紧急任务是，"巩固政权，反对法国殖民侵略者，排除内患，改善人民生活。"①因此，决定于 1946 年 1 月 6 日进行普选，选举新国会，成立正式政府。

　　1946 年 1 月 6 日，越南全国各地进行了普选，首次选出了各级人民议会，并由议会选出了正式的人民委员会，取代了在起义初期成立的临时政府。②

　　这次普选是在越南阶级斗争和民族斗争的大风大浪中进行的，因而斗争异常激烈、复杂。

　　当时，在越南南方，法国军队已尾随英国占领军进入南越，并在英国的支持和庇护下，重新占据南越，发动浸略战争，疯狂镇压革命，破坏越南普选，杀害越南干部群众，虐待无辜华侨，引起越南人民的强烈反抗。

　　在越南北方，越盟阵线内部各派貌合神离，很不巩固。以胡志明主席为首的越南劳动党，坚决反对法国殖民统治，实现民族独立，掌握越南武装力量，是越盟的领导核心。以阮海臣为首的越南革命同盟和以武鸿卿为首的越南国民党则是蒋介石豢养的走狗，战时避居中国柳州，战后随中国

---

　　①　见越南劳动党中央党史研究委员会编写的《党的四十年活动》河内真理出版社出版的单行本第 24 页。

　　②　1946 年 1 月 6 日，越南民主共和国临时政府宣布改组后，胡志明任主席兼外交部长，阮海臣任副主席，武元甲任内政部长兼国防部副部长。朱文进任国防部长。

军队返越，幻想建立蒋介石的傀儡政权而逊位的保大（日本扶植的"安南帝国"傀儡皇帝）阮永瑞还妄想复辟。因此，斗争十分激烈。

同时，中国国民党内部对越态度也有分歧。一方面除吴铁城领导的特工肖文专门联络阮海臣、武鸿卿外，以海外部特派员名义来越南并由郑介畏推荐为行政院顾问团成员的刑森洲，尽管始终未与顾问团联系，却单独行动，利用河内大剧院欢迎他的大会，悬挂万国国旗，其中有法国的三色旗。自从八月革命以来，这是冒天下之大不韪，引起了越南群众的公愤，包围大剧院，势将发生武斗，幸司令部及时派员制止并令将法旗扯下，但刑森洲本人却大摇大摆，走出会场，反而厉声质问为什么不能挂法旗，经司令部当场申斥，越南群众为之鼓掌欢呼。另一方面陆军总部和第一方面军的大多数将领主张拒绝法军回越，培植亲国民党的政权，统治越南。卢汉开始主张长期占领，中国托管，援助越南独立，后来由于实际情况变化，也同意军方意见。蒋介石原想让其豢养的越南国民党回越建立傀儡政权，后来由于一心反共，发动内战，从而决定将越南交还法国殖民者。

由于上述种种原因，越南当时的形势十分混乱，斗争甚为尖锐复杂。越南人对法国人充满仇视和敌对情绪。大有风声鹤唳、草木皆兵之势。

河内局势月趋紧张，一波未平，一波又起，金融风潮甫告平息，暗杀案件屡有发生。据萨朗的回忆录记载，自当年圣诞节前后开始，时有法人被杀事件发生。仅1945年12月25日，就有六个在大湖旁散步的法国士官，被越南国民党人绑架，继而全部被杀。[1]尤以1月8日东方汇理银行河内分行经理白兰（Baylin）被刺身死一案，更令人震惊。

1946年1月8日下午6时，白兰由东方汇理银行下班回家，途中被越人狙击，身中三枪，伤及要害，不久毙命。案件发生，轰动河内。

白兰长期住在越南，能讲华语，与我方交往还算融洽。他在被杀前三日，曾在途中遇一越籍退职行员警告他说，一二日内将有生命之虞。被杀后又散发了越法两种文字的传单，大意说此人为帝国主义分子，曾用经

---

① 见《萨朗回忆录》第一卷，第256页。

济侵略手段，榨取越南，故置之于死地，以为其他帝国主义分子的"榜样"。署名为越南一分子。在白兰受到银行退职行员警告时，法方曾非正式向第一方面军司令部要求准其随带自卫手枪，司令部认为如允许法人带枪，使法人获得武装，势必引起法越械斗，影响更坏。乃劝白兰暂避家中，不要外出。因此，卢汉对此颇为慎重。而法方乘机活动，极表关注。重庆外交部闻讯，也有点惊慌，特来电询问白兰被刺真相。

经我调查了解，乃于1946年1月18日和25日两次复电重庆外交部并转军令部，大意是：白兰为人看来还和蔼，能华语，与华方酬应往返甚融洽。此次被杀，据报去年8、9月北圻（指北越）行政经费共计越币1500万元，悉由汇理银行陆续照付越盟，11月起奉圣德尼令止付，越盟以为白兰所为，成为结怨原因之一。加之500元越币大票法国银行奉令停止流通北圻，虽经我方交涉，改行逐步兑换办法，越方所受损失非浅，越人亦认为白兰所为，此为结怨原因之二……警察局为治安基层，迄今在越盟手中，法方指为"恐怖"大本营，曾屡次望我占领，我未同意。至于谁是凶手，众说纷纭，而负责河内防务的五十三军周军长福成面称："1月8日暗杀案据确报，匪徒系坐胡志明车，且由胡志明司机驾驶，迭次暗杀似均系越盟所为，胡实有发动并组织暗杀之绝大嫌疑，现正四处追寻胡车。但为正本清源，要维持河内治安，应解除城内越盟武装；或仿照海防先例，令越盟退出河内。"但一方面军参谋长马瑛极力反对，认为"解除河内越盟武装，势将逼使越盟政府解体，兹事体大，必须请示，仍应先从追究凶犯着手"。

但据萨朗回忆录所述，他一再提到河内暗杀案的主谋者为武鸿卿领导的越南国民党，而不是越盟。我至今认为仍是疑案。

与此同时，西贡法军虐待华侨，迫害华人，发生堤岸事件，虐杀华侨多人，引起侨胞共愤。越北华侨群起声援华侨团体开展反法运动，华侨和越人对法人的报复行动层出不穷。这些报复活动危及北越治安，殊非华侨之福。一方面军参谋长马瑛乃于1月10日召集华侨团体代表开会，劝阻侨胞停止反法行动，以维护社会治安。意在制止反法暴行，避免法方提出要求恢复武装的要挟。

北越法人早有武装要求，名为自卫，实则企图在交防前释放拘留于兵营中的4000名法军，成为武装干部，以便为他们接管北越奠定基础。因此，当法人被杀事件发生，法国专员圣德尼即乘机要挟，向一方面军司令部请求准许法人武装自卫。如果照准，则法越之间将造成互相残杀局面，更难收拾。卢汉对此极为慎重，当然不允。圣德尼又向我方建议，组织中法联合警政，共同维持治安，由我司令部主持指挥。我谓如此将更会引起越民反感，认为不妥。圣德尼又欲利用英、美压力，造成有利空气，俾法方得以早日参与警政，争取武装，以便在我军撤走之前，假我之手接管警政。因而又建议召集治安联席会议，邀请英、美人员参加。我早已识破他的企图，答称："此间英、美人员仅系联络官性质，无权参与我占领区的警政讨论。法方如有治安问题尽可与我军方直接商讨。"经我驳斥，他虽未再提此事；但我预料法方还将通过其他途径或方式向我方提出，甚至利用英、美宣传，诬我维持治安不力，且有故意放纵越盟之嫌。因此我在上电中特向重庆外交部建议："管见与其让法方武装，坐视法越械斗，无宁解除越盟武装，以杜法方借口。况且越盟由越共操纵，胡志明对我避免流血之昭示，不仅未予接受，反变本加厉，制造恐怖。万一法方军政重要人员亦被暗杀，则我更将穷于应付，长此猖獗，殊属隐患。如何恳密陈主席鉴核为祷。"我明知解除越盟武装之议很不妥当，乃以"鉴核为祷"一推了之。然而法国方面仍不罢休，又派军政要员继续与我纠缠。其中比较重要的有马克斯·安德烈。

1946年1月23日，皮农介绍马克斯·安德烈（Marx Andre）来访，又就法越纠纷和解决越南问题交换看法。安德烈是法国三大政党之一的人民共和运动（Mouvement Republicun Populaire简称MRP）的党员。他的好友法国外长皮杜尔为该党领袖，他本人则为该党执行委员之一。这次奉命来越考察，自西贡来河内，即来我寓访问，先询问我军在越北情况。我概述了四个月来此间的情形，并就中法谈判协定争执之军费及民政移交问题，经济协定争执之滇越铁路滇段归我所牵涉的赔偿问题，说明我方观点。后谈及法越纠纷，我取中立态度，并希望法越间能直接谈判，和平解决。最后他对越北最近法侨所受威胁提出质询，谓法侨在徒手无力抵抗的情况下，坐视暗杀抢劫，无法制止，加之华侨也有排法运动，不仅有违中方中立原则，抑且不能卸脱治安之责。我理直气壮地对他说："从治安观点而言，正是为了治安，何应钦总司令才不准法侨武装，由我军尽力保护法侨生命财产，结果大体良好。否则今日越北情形更不可想象。至于华侨排法实因西贡华侨惨祸激起之反应，现西贡情形既渐改善，此间愤慨自可逐渐平息。"安德烈对我的坦率叙述，甚为注意；而我对法越纠纷所采光明态度，使彼尤为动容，并询问我法越谈判应如何着手？我说："法方所许自治范围太狭，应尽量放宽；越方要求即时独立，似亦须让步，则双方谈判可望接近。如双方邀我斡旋，我亦愿协助。"安德烈同我谈话之后不久赴西贡即返巴黎报告，我也将上述谈话情况电告重庆外交部。

据说，安德烈在越北同我会谈后也曾与胡志明秘密会晤两次。继1946年3月6日法越初步协定签字以后，4月19日至5月13日在大叻召开的法越会议和同年7月6日至31日在巴黎枫丹白露召开的法越会议，法国代表团团长始终是这个马克斯·安德烈。

蒋介石给胡志明的口信

胡志明主席原名阮爱国，早就同中国共产党建立了革命联系。他在筹建越南劳动党以前就曾在中国进行过革命活动。1924年他来到中国，1925年组织了"东亚被压迫民族联合会"，与当时在中国的越南革命组织"心心社"建立了联系，后来又成立"越南青年革命同志会"，并在广州黄埔军校举办训练班，吸收一些到中国的越南青年学习。中国革命的影响，特别是1927年广州工人建立的广州公社的影响波及越南后，大大鼓舞了越南工人阶级的斗争。"越南青年革命同志会"迅速发展起来，逐渐成为国内最有影响的革命组织。以后，在越南青年革命同志会中，相继形成印度支那共产党和安南共产党两个共产主义组织。1929年，新越革命党也改组成印度支那共产主义联盟。于是，在越南出现了三个共产主义组织。1930年2月3日，胡志明以共产国际代表身份，召集各共产主义组织代表，在中国香港附近的九龙举行会议，把各个共产主义小组统一成为越南共产党，并通过了胡志明起草的党的纲领、简要策略，以后这些均成为指导越南革命的基本路线。1942年8月29日，胡又到中国进行革命活动，被蒋介石逮捕，直到1943年9月6日才得到释放。释放后，他即与"越盟"在中国云南省的组织——"解放会"和在中国广西省公开活动的"越南革命同盟会"联系，并从此改名胡志明。在这期间，蒋介石密令吴铁城派遣萧文监视他。1944年冬，他从中国返回越南，1945年组织"八月革命"，建立临时政府，就任主席。①

自1945年"双十节"以后，一方面军司令部和顾问团与越南政府及各党派之间酬酢来往逐渐增多，我也有幸得与胡志明主席接触。我曾去坐落在东方汇理银行对面的越南临时政府主席府谒见胡志明主席，他也曾偕武元甲到费利克斯·富尔街45号我寓回防。至于越南其他党派，如越南革命同盟的阮海臣、越南国民党的武鸿卿、越南临时政府高级顾问阮永瑞（即逊皇保大）等则都是越盟的统战对象；表面上他们与越盟合作，并且在越南临时政府中也有一定的名位，所以同我们也经常酬酢往来。胡志明曾率先设小规模的宴会招待我们顾问团的邵百昌、朱偰、庄智焕、郑方珩和我，以及第一方面军司令部第五处正副处长陈修和、黄强等，由阮永瑞作陪。陈修和对胡志明特别尊敬，庄智焕则对举止潇洒，生活浪漫的阮永瑞很感兴趣。席散后，庄智焕对我们说："我喜欢保大，一旦他出来组织政府，我愿意当他的顾问。"大家听了，为之莞尔。我缄默不语，暗中却有自己的看法。

当时，我尚对胡志明主席存有成见。我认为，保大是个花花公子，成不了大事，而胡志明主席虽然平易近人，沉着老练，但觉得他有些深沉隐晦。不过，有一次他却给我留下了不可磨灭的印象，从而改变了我的一些

① 参见越南中央党史研究委员会编辑出版的《越南劳动党的三十年斗争》和《党的四十年活动》，河内真理出版社出版。

荒谬看法，至今我对此记忆犹新。有一天（我记不起确切日期了），一方面军司令部各将领在新亚大酒家设宴款待越南各党派，我也出席作陪。当客人正陆续到来时，忽然从新亚二楼窗外传来一片欢呼声，我俯视窗外，见无数群众自发地涌上街头，把胡志明包围得水泄不通，"胡伯伯，胡伯伯"之声不绝于耳。胡志明从容自然，步行在群众之中，好不容易才走到新亚大门口。他在门门侧身挥手向群众致意，然后从容缓步上楼……我亲眼看见胡志明主席受到群众拥戴的热烈场面，顿时想起"得民心者王天下"的古谚，不禁肃然起敬。

1945年12月21日，国民党军政部特派员邵百昌向我密告，最近圣德尼曾与胡志明秘密会晤二次，法越之间似有妥协迹象。我即将此情况电告重庆王世杰，并谓："法越双方似均感觉我将撤军，万一法越直接妥协将使我处于被动地位，于我不利，翰曾建议斡旋，恳请中央速予考虑，密示方针，俾资遵循。"

1945年12月30日，我忽然接到重庆外交部机密电报称，"胡志明上书委员长，要求援助越南独立，委座答复如下：'中国对于越南民族之独立运动，具有充沛之同情，但希望越南人民能以不流血之手段与渐进之方法，实现独立之愿望，放盼胡志明主席与法谈判，在上述原则之下，我政府必予协助。又法越双方如希望中国出面斡旋，中国政府亦愿调停。'"要我以蒋介石的口信形式，亲自向胡志明主席传达，并将传达情况电复。我不大清楚胡志明托谁给蒋介石带去的信。但我记得，有一次，第五处副处长黄强要回重庆，我去看他，适胡主席从黄寓告辞出来；因此，估计可能是由黄强把信带给蒋介石的。

我接到此电，不禁沾沾自喜。因为国民党军队必须撤出越南早已是蒋介石既定的方针，但撤退前后，如地方治安秩序不能维持，以致造成很大混乱，反将打乱撤退的计划。故仅为国民党政府本身打算，也必须做到"安全撤退"四个字，并且华侨定居越南为时已久，一旦法越之间爆发战争，他们首当其冲，必遭池鱼之殃。因此，为国民党自身的利害，抑为当地华侨的安全，促成法越谈判，造成妥协局面，即使暂时的妥协局面也是好的。上述蒋介石的口信，其主要意图就在于利用胡志明向蒋介石的求援信，促进法越谈判。这恰恰是我在重庆与王世杰商量考虑而求之不得的机会。因此，我很敏感，立刻嘱洪之珩往见胡志明主席，请他约定时间接见，并请他邀请其他党派领袖列席。

1946年1月4日上午10时，我按照预先约定的时间偕洪之珩同往越南临时政府主席府谒见胡志明主席，陪同胡志明主席接见的有越南革命同盟领袖阮海臣、国民党领袖武鸿卿。胡志明借此表示各党派已经团结合作。我郑重地向胡志明主席说："此次来访是带来蒋介石委员长给您的口信。您给蒋委员长的信，他已收到，这口信是对您去信的答复。这个口信太重要了，我特抄了下来。"说时，我拿出预先抄好的口信全文，照本宣读了一遍，并送给胡志明主席。胡志明、阮海臣、武鸿卿等听后，由胡志明发言。首先，他对蒋介石的口信表示感谢，他说，这足以说明蒋委员长对越南独立运动非常关注。其次，他提到阮海臣、武鸿卿等都是越盟外的其他党派的领袖，指出越南不分党派，都一致要求独立，毫无例外。他说到此时，阮海臣、武鸿卿等在旁都点头表示同意。他又说，越南人民与中国人民的友谊有悠久的历史，越南人民的独立运动，无论通过谈判或通过战争，都热烈希望中国政府和中国人民的支援。如果各党振放弃独立的要求，势必为全民所唾弃。他对蒋介石信中所说"法越双方如希望中国出面斡旋，中国政府亦愿调停"一节，表示"万一调停失败，将有失中国威望"。实际上是以婉转的口气，谢绝中国斡旋的建议。他直言不讳法越之间暗中确有接触，现仍不断有所联系。待接触告一段落，当相机奉告。谈后，我希望胡志明写一封亲笔信给蒋介石，他表示同意。并于当日下午4时派一副官来我寓面交给我。

我同胡志明等谈完以后，即将谈话内容于1946年1月8日电告重庆外交部说："……电奉悉。4日上午10时，翰约越盟领袖胡志明、革命同盟领袖阮海臣、国民党领袖武鸿卿秘密会晤，当以委座昭示，郑重宣告。三领袖甫告合作，聆听之下，深为感动。由胡志明作答，大意如下：

一、戴高乐迄未放弃殖民政策，仅允越南人民自治，与独立目标相距太远。

二、法越谈判，越方坚决要求法方须派全权代表并须以承认独立为先决条件。

三、达尚礼自上月以来一再声明愿意谈判，态度忽硬忽软；越南各党之主张完全一致，一旦放弃独立，势将为全民唾弃。

四、圣德尼于上月曾三次与胡会晤，深盼和平解决：唯胡一再声明须派全权代表，并始终坚持须以承认独立为先决条件，故无结果。

五、如法越开始谈判，越方极愿与中国密切联络，随时奉告谈判情况。无论成败，等告一段落，那时中国以公证资格参加。若越方请中国调停，万一失败，有失中国威望，婉谢中国斡旋建议。

胡态度似甚坚决，询阮、武二人意见，亦均不甚反对。胡有亲笔密函给委座，另呈。"

这次会见，是我为促成法越谈判所做的一项重要工作。而胡志明主席的谈话，坦率诚恳、义正词和、雍容大方、神采不凡，加深了我对他的印象。

萨朗访渝

法国殖民者急欲重返越北，恢复殖民统治。1945年11月1日，经法国驻远东军总司令勒克莱上将推荐，法国驻印度支那高级专员达尚礼海军中将任命拉乌尔·萨朗（Raoul Salan）为法国驻越北军队司令。此即圣德尼向何应钦讨好时说的"中国方面不喜欢法军司令亚历山德利，已派人接替"的法方司令。同年12月12日，一方面军参谋长马瑛奉卢汉之命，往访萨朗；马瑛特约我同往，我们会见萨朗并邀请他夫妇出席14日卢汉的午宴。我也参加了这次午宴。从此以后，我同他经常接触。他是我在河内所接触的法国人中给我印象最深的一个。

拉乌尔·萨朗生于1899年，1917年8月在第一次大战时服兵役，1924年往印度支那，以后又数次驻越，他是在越南发迹起家的军人，是戴高乐派中最顽固的极右人物。以拥护戴高乐始，以反叛戴高乐终。他外表潇洒，而内心非常狡诈，善于刺探情报，是个典型的法国殖民主义军官，也是法越战争的主要败将之一。萨朗著有回忆录四卷（1971年在巴黎出版，书名《一个帝国的末日》前二卷述印度支那，后二卷述阿尔及利亚。）对于国民党军队在越北受降，特别是他在重庆的活动在前二卷中有较为详细的回忆。

萨朗任驻越北部队司令之时，法国新派来的部队尚未登陆，原来的法国殖民军大部分被关在日本军营中还未释放，小部逃往我国云南的败军也未被放回，他不过是一位光杆司令。所以他一到河内就积极活动，四处奔走，要求一方面军司令部允许在云南避难的法军重返越南，释放并重新武装拘禁在军营的法军，以便恢复法国对越北的统治。他在河内四处碰壁之后，又欲利用国民党内部军、政之间以及地方、中央之间的分歧，赴重庆活动。终于获得重庆政府批准，允其赴渝商洽交接防务问题。他于1946年1月5日从河内飞昆明，7日转乘中航班机飞抵重庆。

萨朗到达重庆时，由法国驻重庆大使馆武官陆军少校吉业马（Gulllermaz）到机场迎接。这时，贝志高大使已经离任（1945年12月贝志高向蒋介石辞行时，蒋又再次保证，国民党军队不久即从越北撤走）。新任大使梅理霭尚未呈递国书。梅理霭利用他递交国书的机会，把萨朗介绍给蒋介石。据萨朗回忆，1月7日，梅理霭向蒋介石递交国书，他同大使馆参赞、秘书和武官一起参加递交国书典礼。梅理霭首先把他介绍给蒋介石，蒋介石同他握手并报以微笑。典礼完毕，在蒋介石和宋美龄举行的招待会上，参军长商震对他特别亲热，还主动约他于当日下午5时单独会见。会晤时，商震郑重地向他说："你们接防晚不了，我们的部队必须开往东北，无法在越南久留，魏德迈将军已通知我们，即将给正待开拔到东北去的六十军、五十三军施种牛痘，进行防疫措施。"作为蒋介石左右的亲密大员、参军长商震竟任意透露军机，真使萨朗不禁又惊又喜！

萨朗继而由大使馆武官吉业马陪同与军令部二厅厅长郑介民会晤，萨朗迫不及待地提出几个越北急需解决的问题。对败退滇边的法军要求返越问题，郑介民只允许他们走老挝的路线，先去老挝。对困居在河内军营的6000名法军迫切要求恢复武装问题，郑介民只答应考虑，而不作肯定的答复。这使萨朗感到特别焦急。郑介民仅见萨朗一次，以后据说郑介民出差，由副厅长龚愚接见，但每次接谈总是不得要领，未满足法方要求的唯一理由就是在中国军队撤走前，避免法越之间的武装冲突，维护华侨利益不受损害。

另一方面，萨朗在重庆外交使团中的活动，收获却很丰硕。特别是1946年1月8日，荷兰大使罗芬克同他的长时间谈话，使他颇受启发。荷兰大使说，他刚从南京来，他看到那里的日本人趾高气扬，丝毫没有战败国垂头丧气的样子，坐在漂亮的汽车，驰骋来往，旁若无人，根本不像低声下气、哀求投降的模样。中国人要为他们的长官腾出日本人所占领的海军大楼，日本人竟悍然留难。在上海，大学生到处游行示威，高喊"美国佬，滚出去！"这简直是在发疯，只要一些小摩擦，就可以掀起反欧的浪潮。法国的三色旗曾被他们拉下……中国沉浸在排外风潮的旋涡之中，近来又有反美的运动。经过八年抗日战争，而中国对联合国胜利所带给他们的果实，竟无法利用。

这位大使还对萨朗说，中国共产党的问题已达到空前严重的程度。共产党的领导都是高尚的，他们的风纪、传统都是很中国式的。毛泽东是农民的儿子，生于湖南长沙附近，年轻时就是坚强的共产党人。周恩来是知识分子革命家，黄埔军校政治部主任。朱德是云南军校出身、留学过德国的军人。这三位中共领袖都把"长征"这副艰巨的重担，挑在自己结实的肩上。他们是中国的真正代表。共产党的军官大多数是学生、职员、军人，对国民党的腐败莫不表示痛心疾首。北方分到大地主土地的大批农民大大地壮大了共产党的队伍。

这位大使还说，共产党能使用的军队实数约120万人。战争的结束使他们获得很大的益处。在正踏上消亡道路的中国国民党政府面前，分散在各地的共产党人就成为一种伟大的力量。这就是为什么马歇尔主持的国共和谈实际上毫无结果的原因——事实上毛泽东、周恩来仅在几个点上做了些让步，但实际仍坚守他们的阵地。正是由于他们的真抗战，才导致日本的失败。

这位大使最后说："战争一结束，摆在国民党中央政府面前的，是数不清的困难。造反浪潮此起彼伏，有什么办法呢？我实在看不出来！"

萨朗对荷兰大使这一全面、清楚和精辟的阐述表示十分感谢。他从荷兰大使的阐述中获得很大启示。他在回忆录中写道："我从中取得了我在行将继续谈判时所需要利用的东西。"①

萨朗还见到了苏联大使馆武官罗申。②罗申对他说："蒋介石的命运不会太长了！他们不懂得处理欧洲人的事务，他们念念不忘的无非是怎样恢复祖先的边界，这就是目前排外浪潮的由来。"

最不能使萨朗忘怀的是英国首相丘吉尔的私人代表卡尔登·德·维亚尔将军对他的支援。早在1月8日，在吉业马的宴会上，他就认识了英国武官卡普曼·瓦克上校。通过他，1月11日上午10时30分，萨朗往访这位英国首相代表——残废将军卡尔登·德·维亚尔。他对萨朗说："如遇到困难，这是可预料到的，望你从速通知我，以便向蒋委员长讲。"1月18日维亚尔又邀萨朗谈话，他说，1月21日他要往新加坡去会见蒙巴顿元帅。1月17日，他见到了蒋介石。他问蒋介石："你的军队将于何时从越南撤退？"蒋介石答："将在四五个星期以后。"他又问蒋："你对印度支那有什么想法？"蒋答："没有。"维亚尔说："我认为蒋本人是善意的，但下级人员未必能照着命令去执行。"

1月21日，军令部大摆宴席，款待萨朗。在大大小小各级参谋将校中就有参军长商震、军令部次长秦德纯。秦德纯对被困居在河内的法军迫切要求恢复武装问题很表同情。在觥筹交错之际，他们异口同声地对萨朗说："交防以后，站在你们面前的是越南共产党人。我们知道这些人将要制造种种困难。我们北方的事情也远不能解决，仅山东一省，四分之三已变成

---

① 《萨朗回忆录》，第一卷，第258—282页。

② 罗申是新中国成立后，首任苏联驻华大使。

红色了。萨朗说他始终只有一个相同的回答："我们在意识形态方面面对着共同的敌人，你们就应该允许我们在河内拥有必要的手段来进行战斗，你们能准许我们武装吗？法国正像中国一样，希望越北能维持秩序。你们既要撤退，就应该配合这些形势来安排撤退啊！"

最后，萨朗终于收到了二厅代厅长龚愚给他的书面照会，主要有两点答复：一、在滇边受庇护的法军3600人可即的返回老挝；二、河内军营手无寸铁的法军6000人在原则上准予恢复武装，但须等候交防协议的签订。

萨朗这次到重庆，收获不小，可算是不虚此行。他于2月2日离重庆到昆明。在昆明接到霍揆彰将军转达蒋介石的电报通知："准许暂驻滇边的法军即日启程返老挝，并命令中国沿途军警给予友好的照顾。"

值得顺便一提的是，1月19日萨朗与大使梅理霭和参赞戴立堂的一段谈话。萨朗说："目前必须抓紧时间，在我们的书面照会或口头谈话中，务必使用模棱两可的措辞，切忌向中国人暴露我们要重返越北的坚强决心。"大使表示同意。他继续说："他们缺点太大了，以致他们无法解决从过去日本战靴下收复各省的艰巨工作……我们要竭尽力之所及，利用他们的弱点，返回越北，重建旧业。冲突是会有的，宣战则不可能！"[1]

这就是萨朗重庆之行的总结。

卢汉诤言

对于蒋介石违反1943年在开罗会议上同罗斯福所达成的谅解，卢汉一开始反应就很强烈（见第二节《初会卢汉》），虽然他吞下了蒋介石为他特制的包着糖衣的苦药丸（见第四节《卢汉转变》），但他还是喷有怨言、耿耿于怀的。他目睹法国殖民者奔走于河内与重庆之间上下穿梭，迫切要求接管越北，心中早不平静。在获悉英国军队助纣为虐、武装法军为

---

① 见《萨朗回忆录》第一卷，第275页。

乱南越之后，心中更为不安。尤其是听了蒋介石亲口所说重庆英大使向蒋告密：法国准备若干军舰、飞机、坦克、大炮向北越进攻，要将中国军队赶出去；如果我们不撤退，被人赶走，反而丢脸①等话之后，卢心中大为烦躁。于是他把英国人的威胁转达第一方面军驻河内的将领和陈修和等人。后来英军派遣八架飞机，飞越16°以北，在顺化附近土伦机场降落，对我占领军示威，卢即指令其万保邦部予以扣留。迫使英方向重庆交涉，得到允许，才予释放，击退了英军的挑衅。

但是，英国人仍不甘心，其驻河内代表威尔逊中校经常来第一方面军司令部替法国人讲话。一天，他对陈修和说："中国方面过于偏向越人，对待法越间的纠纷没有采取公平和有力的措施。"他举出海防附近鸿基煤矿越南工人罢工事件，希望司令部出面干涉，使越人复工，恢复生产。陈修和答复他说："这是法越间的劳资纠纷，应由他们自己合理协商解决。"他说："中国用武力逮捕几个人，或者枪毙罢工首领就可以解决了。"陈听了很不高兴，质问他说："我到过英国，你们英国的矿工罢工是不是由政府枪毙几个工人来解决？"他直言不讳地说："这是殖民地，不能同英国比。"陈很生气地答复他："我们现在是在一个刚诞生的独立国家里，不再是殖民地了，你要弄清楚。"他连忙认错，并声明这不是代表英政府的意见，而是他个人的意见，请我方原谅。英国殖民者已够顽固了，而法国殖民者更凶恶而愚蠢得多。②当我们已听到英国宣称允许印度、缅甸独立的消息后，告诉萨朗这位法国司令时，他还坚决不信，说"这决不可能"。这些情况，激起了国民党驻越军队的很多将士不满。

----

① 指1885年2月，法国进攻中国镇南关（即今之友谊关）时，被我守军冯子材等打得大败，狼狈溃逃。正当中国军队联合越南准备把法军逐出越南之时，昏庸腐朽的清朝统治者下令停战撤军，派卖国贼李鸿章于当年6月在天津与法国签订中法条约，正式承队法国侵占越南。

② 指抗日战争时期，日军进攻我国西南时，法国殖民者屈膝投降，配合日军破坏我交通运输，攻击我西南后方的罪行。

　　1946年初，越南选举正在进行，中法谈判交还越南的消息传到河内。陈修和等考虑前途危险，甚为忧虑，遂电告何应钦说："越南正在举行大选，改组胡志明政府，迫切要求援助，保障独立。法人由中法战争取得越南，①日法合作，②我国抗战曾受严重损害，万不可以区区经济利益，尽忘前仇，弃友援敌，自拆藩篱。……今若竟让法军重回越土，越人失望之余，必将群情愤激，以怨法者怨我，中越冲突，势难避免，虽欲安然撤军，恐亦不能如愿。务恳俯念国军安危，友邦存亡，准予保留三个军驻越，协助越人防守，以免重蹈历史覆辙，遗子孙后世之患。"这个电报已由何应钦转呈蒋介石。复电仅谓："电悉，已转呈委座核示矣。"陈的建议表达了卢汉的一贯主张，显然是获得卢汉赞许的。因为这一建议虽然不可能阻止重庆政府交出越南的罪恶勾当，但蒋介石得知这些情况后，不能不考虑中越关系和安全撤退问题。③

　　河内情况已如上述，西贡情况更加不妙。适一方面军司令部参议袁子健被派赴西贡，办理战俘事宜。袁子健是我的震旦大学同学，留法获格勒诺布尔大学法学博士学位，归国后在国民党外交部工作。在我任国际司帮办时任领事科科长，继任驻智利大使馆一秘，日本投降前调往中国陆军总司令部，随何应钦入越，由何推荐，任一方面军参议。他在西贡逗留一月，目睹西贡法军劫杀华侨，情况惨重，特向卢汉报告，主张暂勿与法方签订任何协定。卢汉认为，袁的条呈"颇有见地"。当他获悉重庆正在进行中法谈判之后，特于1946年2月6日，将袁的报告电致重庆外交部部长王世杰，借申本人主张。原电如下：

---

　　①　详见陈修和著：《抗战胜利后国民党军入越受降纪略》，《文史资料选辑》第七辑，第21页。

　　②　同上，第七辑，第24页。

　　③　《文史资料选辑》第7辑，第25页。

"重庆外交部部长王：据本部派赴西贡办理战俘事宜之袁参议子健呈称：

"一、西贡法军劫杀华侨案件，据领馆调查，已达两千件以上，现尚继续发生，仍未停止。究其原因由于军纪堕落，长官纵容，不加严厉处分之故。按来越法军大部分为志愿军，系暂时招募之流氓，未经教练，纪律荡然，战斗力亦极薄弱。英美人员均不满法军暴行，且有以中国尚未向法政府正式抗议为异者。即法方负责官员亦不抵赖，直认无法约束，仅以业已采取严厉处置，聊作搪塞，但奸淫劫掠，不少事实仍在继续发生中。

"二、我国在越北驻军维持治安得力，即或以前间有暗杀案件，亦属西贡及老挝法人残杀越民之反响，与一般治安及军风纪无关，较诸南圻法军高出远甚，此层迭为盟军所赞佩。窃按法军暴行既为各方所共弃，法国欲以武力重新征服越南之野心无论大部同情与否，而越南人民则抗力愈坚。即法之实力虽不详，短期征服亦右，未及。我国在越南各地侨民50余万，日受荼毒，正无已时。目前应恳转请充分运用在越已联络之实力及道义优势，向法国政府严重抗议，要求停止一切暴行并惩凶赔偿。

"三、现闻法拟派员在渝商签协定，窃以法军惨杀华侨，虽不认其有意排华，但迄今对已否惩办肇事员兵一点，尚未正式通知我方，实有故意纵容之嫌，至少亦系法方一种不友谊行为。故在惨案未解决之前，敬恳恻念南圻惨死侨胞及顾虑北圻各地华侨之将续遭其祸，似宜严重交涉并暂勿签订任何协定。现在法国对于越局束手无策，我国占举足轻重之势，侨民反受任人宰割之痛，似非事理之平，敬祈鉴核等情。

"查该员留贡月余，目击实情，所陈各节，颇有见地，足供对法交涉参考。谨电请鉴核办理为祷。"

实际上卢汉转呈袁子健视察西贡的报告含有向重庆外交部作最后诤言

的深意。

这个电报到达重庆之日，距2月28日签订中法协定之日仅11天，何况卫世杰对宋子文是亦步亦趋、对蒋介石更是唯命是从的，对这位非蒋嫡系的边疆大员的建议没有蒋、宋的指示，王岂能照办？当然无动于衷。但亦不能置之高阁，只得以"应向法方提出书面抗议与要求"一句空话来搪塞过去，真所谓"不了了之"。总之，要不顾一切地从越北撤军，以尽快移兵东北，抢夺抗日胜利果实，做好发动内战准备，达到"剿灭"中共军队的最终目的。在这一点上，王世杰窥测蒋介石的意图是颇为准确的。

所以，自始至终卢汉对中法谈判交还越南，内心是很不满意的。

中法协定

1945年11月25日我离重庆前，王世杰曾对我说，一旦中法正式谈判有期，当来电令我再回重庆。同年11月30日我返回河内后，正逢金融风潮进入高峰。西贡法国高级专员公署派其外交顾问格拉腊克多次来河内协助圣德尼处理金融问题。格拉腊克曾于1944年任法国维希政府驻渝大使馆代办，回国后参加戴高乐领导的法兰西共和国临时政府，我和他并不陌生。所以，在他此次来河内期间我曾与他多次会谈，并将会谈经过陆续报告重庆外交部。格拉腊克曾对我表示，他将参加中法谈判。果然不久，重庆外交部来电说，如格拉腊克来渝，我可同行。于是，我和格拉腊克于1946年1月29日同机飞往昆明，31日转乘中航班机飞抵重庆。

这时重庆外交部已组成中国谈判代表团，由常务次长刘锴任团长，欧洲司司长吴南如、条约司司长王化成和我为团员。法国代表团以大使梅理霭为团长，参赞戴立堂、一秘雅克·鲁和西贡外交顾问格拉腊克为团员。

中法两国代表团只会谈了两次。第一项议程是《关于法国放弃在华治外法权及其有关特权条约》。这个条约草案是条约司根据英、美等国所签订的同样条约为蓝本拟订的，早就与法方达成协议，毋庸谈判，只等正式签订。因此，这次会谈的主要议题是《中法关于中越关系之协定》草案，这个草案的内容即以1945年11月中旬，我奉王世杰之命与法国前任大使贝志高等两次会谈的纪要为基础，经法国大使馆与重庆外交部欧洲司一个多月往返商讨而拟成条文的。准备工作大体上已经就绪，不用再作详细讨论，只待核对条文的中法文字工作了。会议于是决定，中方推荐我，法方推荐雅克·鲁两人在会后相互作核对文字的技术性工作。

此外，《关于中国驻越北军队由法国军队接防之换文》则是根据国民党军令部次长秦德纯、二厅副厅长龚愚与法国大使馆少校武官吉业马和法国驻远东军司令部上校参谋克雷本（萨朗的副手）之间的谈判拟定的。还有《关于法国供给中国驻越北军队越币之换文》，则是由法国大使馆财政专员布洛克·雷内以河内金融风潮中达成的协议为基础与重庆外交部欧洲司商定的。因此，整个议程重点是商谈有关交防撤军的军事部署问题。二厅副厅长龚愚作为谈判一方，首当其冲，很感吃力，因他没有看到问题的症结所在，更无视越南革命的潜力。我对他说："越盟的军力未必好惹！"他轻蔑地对我说："越盟军队是乌合之众，不堪一击。"他的注意力仅在不要使法军进越的部署妨碍国民党军队的安全撤出和转移这一点上，其他问题他都不予考虑。

1946年2月中旬，中法协定全部文件陆续校完装订。经中法双方代表团长商定，2月28日在重庆两浮支路外交部官舍举行了签字仪式。

中国方面的签字代表是外交部部长王世杰，列席代表是外交部次长甘乃光、军令部次长秦德纯、外交部欧洲司司长吴南如、条法司司长王化成、礼宾司司长李骏和我。法国方面的签字代表为驻重庆大使梅理霭，列席代表是参事戴立堂、一秘雅克·鲁、西贡高级专员公署外交顾问格拉腊克。下午4时双方代表及法大使馆秘书、武官等先后到达，相互握手问好之后，签字仪式开始。仪式完毕后，王世杰与法大使等共饮香槟酒，互祝中法间若干重要悬案的解决，互祝两国间传统友谊的增强。

这次签订的文件计有：

一、《关于法国放弃在华治外法权及其有关特权条约》。其内容与中美、中英所签新约大致相仿。因条约草案两国早经商定，此次仅完成签字手续①。还有《交收广州湾租借地专约》②。

二、《中法关于中越关系之协定》，包括附件换文和会谈记录，其中主要规定是：

（1）关于华侨待遇。在越南的中国人民应继续享有其在越南历来享有之各种权利，其所纳之税不得重于越南人民所纳之税；关于法律手续及司法事件，应享有与法国人民同样之待遇。

（2）关于国际运输。法国政府同意于海防港给中国货物之通运以一切必要之便利；凡取道滇越铁路的中国货物，自中越边界至海防，免纳关税，自由通运；中国货物路经越南铁路免纳一切过境税。

（3）关于滇越铁路。1903年之滇越铁路协定自本协定签字之日起废止，法国将该路在中国境内之一段，即自昆明至河口一段所有权，完全移交中国政府，由中国政府赎回；赎回之款由法国政府垫付，借以补偿1940年中国政府及人民因日本干涉而致滇越铁路停运以及海防港被封锁所受之物资损失；此项垫款法国可向日本要求付给。又，关于中越间铁路交通之改进，法方声明于最近之将来提出一具体计划。③

三、《关于中国驻越北军队由法国军队接防之换文》。法国声明准备担负管理越北之日本战俘，维持地方秩序，保护华侨方面的完全责任。因此，中国政府决定，中国军队将于本年3月31日以前交防完毕，并即撤退。④

四、《关于法国供给中国驻越北军队越币之换文》。规定：法国政府允自1945年9月1日至12月31日，垫付中国政府每月越币6000万元，作为中国军队驻越之用，自1946年1月起，此项垫款按中国军队的实际需要由双方代

①　见《中外旧约章汇编》第3册，第1362—1367页。

②　见《中外旧约章汇编》第3册，第1341—1343页。

③　全文见《中外旧约章汇编》第3册，第1367—1371页。

④　同上书，第1371—1373页。

表商议核定。法国政府所垫付越币，将来由日本负担。①

中法两国签订上述各项协定的第二天，1946年3月1日，重庆国民党的喉舌——《中央日报》即在头版头条，以"中法新约昨签字"的大字标题公布了所签文件的要点。

中法协定签字后，国民党外交部部长王世杰和法国大使梅理霭发表谈话，吹捧中法协定，摘抄如下：

《中央社讯》："昨日中法两国签订各项协定后，外交部部长王世杰发表谈话如下：

"越南北部系在中国战区范围以内，故中国政府依盟军最高统帅之请，派军入越接受日本投降。现在解除日本武装事宜业已完毕。法国当局既已准备在该区域内对于运日俘返国，维持地方治安秩序及保护华侨各事，担负完全责任，故中国政府决定将其入越军队予以撤退。

"当中国军队驻在越南北部之过去6个月期间，中国政府对于越南内部之纷争，始终维持不干预政策，因此在中国军队驻扎之区域内，从未发生严重骚扰情事，此本人所引以深慰者。但中国人民对于越南民族运动，表示同情，亦属无可讳言。越南有关方面之纷争，如能获得公允之解决，实为中国政府诚挚之期望；而我人所尤期望者，为各方能避免流血而获得解决。此种公允和平之解决，如获实现，将不仅对于越南人民裨益甚多，即于世界其他各地类似事件之解决，亦必有极良好之影响。"②

王世杰的这番谈话貌似公允，实则把越南出卖了。他们既妄想把越北交给法国殖民者，而又口口声声对越南民族运动表示"同情"，既表示对有关方面之纷争"不干预"，而又期望避免流血解决，这何异于帮助法国人和平恢复在越北的统治！

又据《中央社讯》："中法新约于昨日签订后，本社记者造访法大使梅理霭氏，承梅氏发表谈话如次：

---

① 全文见《中外旧约章汇编》第3册，第1373—1275页。

② 见1946年3月1日重庆《中央日报》。

"这些条约清算了以往的某些现象和某些困难，设计了其他尚待签订的各协定，而其本身也是新协定的萌芽。本人深愿在最近期间，能有幸与中国政府商订这些互尊主权与合乎现代同际公法原则的协定，以促进两国在文化、科学、艺术、工商及劳动各方面的密切合作。

"此次谈判期间，双方所表现的互谅精神，实为我人在大战后重建本国经济过程中所期待的中法两国人民衷心合作之最佳保证，同时对未来的成就，也带来一个光明的预兆。"③

值得注意的是法国大使梅理霭的谈话，明明当时交涉的重点是越南的接防问题，而他在谈话中竟只字未提，岂不怪哉！回顾上文萨朗的建议不难明白，这位大使是"用模棱两可的措辞"，掩盖其"要重返越北的坚强决心"。

其实，中法两国所签订的四项文件中，最重要的莫过于第三项。在蒋介石方面，一俟交防和撤军，就可移兵东北，发动内战；在法国方面，则可借口接防，以实现其卷土重来，再次征服越南的野心。蒋介石的愿望如此，戴高乐的愿望如彼，两厢情愿，问题的实质就是这样！

3月1日，即中法协定签订的第二天，王世杰约我谈话说，中法协定已经签定，越南问题终算告一段落。但由于越南目前还未获得独立，我国和越南的关系依旧像战前那样是领事关系，战前原任驻西贡领事尹凤藻已于今年1月间回任（尹凤藻途经河内，适西贡法国高级专员公署外交顾问格拉腊克来河内，我曾为尹介绍相见）。一俟国民党军队全部撤退后，河内自当恢复原有的总领事馆，但它的政治地位比战前更重要，总领事应升格为简任总领事，其待遇与公使相等。王世杰的意思要我担任，特征求我的意见，我连忙婉言谢绝。王见我意志坚决，就转而要我推荐一人。我早已成竹在胸，当场推荐袁子健。我说，他是我在上海震旦大学预科时的同学，后来他留学法国，获得格勒诺布尔大学法学博士学位，归国后与我同在外交部工作，曾任驻智利公使馆一秘，抗日战争胜利时暂调中国陆军总司令部工作。1945年10

---

③ 见1946年3月1日重庆《中央日报》。

月随何应钦到河内，任一方面军司令部参议，颇受卢汉的器重。除了他的学历和经历外，我还举出他办事认真，头脑冷静，有分析问题的能力等优点。王世杰听了，点了点头说："让我考虑吧。"果然不久以后，重庆外交部就任命袁子健为驻河内简任总领事。1946年底，法越之间终于爆发战争，他周旋于法越之间，煞费苦心，两面不讨好。此系后话，恕不赘述。

最后，王世杰嘱咐我再回河内，办理结束工作，然后赴西贡访问法国高级专员达尚礼海军中将，并会同回任不久的尹领事慰问南越侨胞，解释一下新条约的精神，抓紧时间，速去速回。我欣然接受了这个任务。

适卢汉为了出席国民党六届二中全会，也于2月28日来到重庆，特约我谈话。他说，军令部派遣二厅处长唐君铂、上校李济欧、中校陈宗芳前往河内，协助司令部办理撤军事宜。他们准备乘美国魏德迈将军专机前往上海，转飞河内。他已和军令部洽妥，为我安排好一个飞机座位，让我同去。接着他说，他有一个儿子（名字是"国梁"还是"国成"我记不得了）现在上海，准备前往美国，托我带一封信给他的儿子，并且郑重嘱咐要亲自面交。于是，我于3月8日同唐君铂、李济欧等一起乘魏德迈的专机飞到上海。这时已发生海防中法军队冲突事件。我到达上海，住美军招待所。在完成卢汉托我带信这件私事返回招待所时，唐、李等人已不在了，顿时失去联系，又因气候恶劣，只得单独于3月13日飞广州，16日才从广州飞河内。卢汉参加国民党六届二中全会之后，已于13日从昆明抵河内，反而比我早到三天。

海防冲突

1946年2月28日，中法协定在重庆签字后，蒋介石的心中只想尽快从越南撤走军队，以便早日发动内战。因此迫不及待地命令一方面军司令部向法军从速交出越北防务。既不考虑中国军方的意见，也未详察越南的复杂形势。因此，当时指责重庆政府出卖越南的空气弥漫河内，中越关系忽趋紧张。越南反法之愤，转为怨华之情，一面疏散，一面布防，准备武力抗拒法军接防。而法军则欲马上进军河内，一雪去年3月9日被日军缴械之耻，并直接威胁法越谈判，促越订城下之盟，签丧权之约。3月6日，法军竟在海防强行登陆，中国驻军被迫反击，以致发生海防中法军队冲突事件。这时我尚在返越途中，而重庆外交部查询电报已到河内。

兹将这一事件的本末缕述如下：

中法协定签订后，法军驻越北司令萨朗一再催促中国驻军交防。一方面军司令部便于3月4日下午8时召开中法军队代表会议，商谈接交防务问题。会议由参谋长马瑛主持，双方共有30余人参加。法方要求于3月6日在海防登陆，并称这个日期是重庆中法参谋会议商妥的，并出示法文证件。中方以未奉重庆命令和法越谈判尚未成功为由，不同意法方要求。法方亦承认法越正在淡判，说如中国方面同意法军接防，可以促进谈判早日成功。中方坚不同意。双方争执不下，法方使用拖延战术，拉长会议时间，企图使中方人员失去耐心，马马虎虎答应他们的要求。但为一方面军司令部第五处副处长陈修和识破，当时他提出警告说："中国驻军只能将防务交予法越联合组织的部队，法越谈判没有成功以前，我们不能让你们单方面接防。如你们强迫进军，法越间发生冲突，中国的军官和士兵肯定将站在越南方面同你们作战。但是，我们目前是同盟国，不希望发生这种流血惨剧，请你们慎重考虑。"[1]一个法国军官也说不希望发生这样的情况。会议延长到翌日凌晨3点多仍未达成协议，无结果而散。

散会时，陈修和忽听两个法国军官私下说："糟了，来不及了！"引起了陈的警觉。因为一方面军屡次得到西贡发来情报说，法国人在西贡公开宣称：中国军队没有坦克、大炮、飞机、军舰，装备很差，战斗力薄弱，决定集中远东所有海陆军力量，将中国军队赶出越北。预料法军已师行在途，不能停止，必将向我军挑衅，企图打垮中国军队，压服越人。陈回到寓所，即

---

[1]　见陈修和著：《抗战胜利后国民党入越受降纪略》，载全国政协《文史资料选辑》第7辑，第27页。

告同他住在一起的第六十军军长曾泽生①说："中法军事冲突无法避免，你全军驻在海防，待船开赴东北，如法军登陆，坐视不理，最后挨打，被老蒋（指蒋介石）知道，说你在外国丢脸，还是逃不了处分，不如迎头痛击，先打他一顿。即使闯出祸来，但由于我们是奉盟军总部命令来越受降，法军未得许可，强迫接防，必将受到国际上的谴责。有这些理由，不怕老蒋不支持我们。"并说："一切责任司令部和你我大家负担，不要顾虑。"曾泽生完全赞成，立即乘小车赴海防布置（由河内至海防1小时可达）。当时负责河内和海防防务的五十三军副军长赵镇藩（军长周福成去重庆未归）和顾问团都反对交防，拒绝法军登陆。军事行动则由五十三军负责布置。

会上未获允许，法方又在海防提出交涉。3月5日上午10时30分，法国驻海防联络官罗珍偕翻译潘丽田（华人）到一方面军一三〇师师部会见王理寰师长说："中法协定已签字，法国军队6日早8时在海防登陆，中国军队应让防。"王师长回答说："本师未奉到此项命令，贵国军队不能登陆。"罗珍辞去。同日午后5时20分，罗珍又偕翻译复来师部说："中法协定是实，应谈判登陆事项。"并交协定中法文各一份，又说"法舰队已至近海。"王师长仍说："在未奉到命令以前，任何登陆事项不能协议，贵国军队亦不能登陆。希望你从速通知贵国军队，不能前进。"罗珍又辞去。至5日午后1时，罗珍偕翻译又来师部说："法方在河内已得中国方面许可，于6日8时在海防登陆，现舰队已到金发口。"问王师长已否得到命令或通知。王答："任何命令和通知均未接到，请你火速制止法舰前进，否则发生误会，当由法国负完全责任。"罗珍当时神色大变，并说："可以通知舰队停止前进，但恐怕无效。"再辞去。至午后6时罗珍又来，神色张皇地说："电台与兵舰上不通，无法制止，请王师长原谅。"王当即质问："电报不通，你怎么知道法军已到近海呢？"他无言答对。王察言观色，知法军将强行登陆，一面命令守备部队严加防范，一面向六十军军长曾泽生报告夜间经过情况。曾告以严加戒备。

---

① 曾泽生移兵东北后，于1948年10月17日在长春率部起义。

这时法越谈判也接近完成。3月5日晚上，法驻越北司令萨朗，获知胡志明对法越谈判的建议后，曾给卢汉照会说："为了中国指挥部拥有充分时间转达命令起见，法国部队将于7日上午登陆。"但在6日晨3时许，王师长刚抵师部，即接电话报告，有法兵舰九艘已过本市发电厂，守军摇旗呼停无效，直向市内海关码头驶来，电话未毕，法军已迫近码头，并向岸上开炮。轰然一声，火光冲天，中国军队的弹药仓库被击燃烧。王即令守备部队迎击，双方发生激战。守军以机枪射击，未能制止法军前进，乃以火箭筒向法舰发射，六发皆中，一舰击沉，二舰受伤，法舰当即悬挂白旗，仓皇溃退。

6日下午1时，法方代表沙华德少将来师部向王师长道歉，表示愿负责赔偿损失，并签字保证说："法军保证从现在（6日13时）起，永不发炮及进行任何射击，以便恢复交通。"下午4时，法国驻远东海军司令阿巴努率败将八员来师部与王师长谈判，双方协议如下：

法海军远东舰队司令阿巴努从现在（3月6日20时）起将禁门之舰队退至南朝门约离海防10海里，彼还下令法国舰队不再向中国军队及中国仓库攻击。

中国陆军一三〇师师长王理寰令所属部队不再向法舰队射击，并继续保证海防法侨之生命财产。[①]

据说，这次冲突，不仅在战斗中把法国殖民军打得落花流水，威信扫地；而且在谈判中也使法国殖民者出尽洋相，贻笑大方。先是法舰既被击沉，法方驻远东舰队司令阿巴努亲率败将八员来中国陆军一三〇师师部谈判。来时法方要求以中国国旗与白旗交悬进岸。中方联络官告以中国国旗向不与白旗交悬，如以法旗与白旗交悬则可。结果，法方果然将法旗与白旗插在小艇上驶入海防港。后谈及交火情况，阿巴努惊魂未定，盛赞中国军队射击准确。王师长则得意扬扬，答称中国军队抗战八年向来如此别

① 见王理寰著：《抗战胜利后海防痛击法军纪实》，载《文史资料选辑》第十二辑，第148—153页。

击。最后在谈判停火条件时，法方又在"不再开炮"的"再"字上进行争执。法方为逃避责任，不肯加"再"字，我方坚持非加不可。法方拒绝签字，即拟退出。王师长说如不肯签字，即系敌对行为。法方代表一出中方警戒线，则不能负责保证其生命安全。阿巴努吓得脸色苍白，态度马上软化，即行签字。

海防冲突开始，越南人民奔走欢呼，支持中国军队行动。至击退法军登陆，既丧法人之胆，并一转越人视听。6日下午2时，海防越南市民游行拥护中国，高举中国国旗，欢呼万岁，越南人民怨华之情乃释。而法国殖民者眼看投有别的出路，只好赶快进行法越谈判。

法军在海防被击败后，故伎重演，又在重庆提出要挟。法国驻重庆大使馆竟照会国民党外交部说，法舰原系插着白旗，奉令接防，并未开炮。诬海防冲突系中国驻军海岸炮先开火引起，并虚报打死法军20人、伤40人，反而要求追查责任，赔偿损失。因此，国民党外交部数次来电查询。卢汉为避免事态扩大，触怒蒋介石，特急发长电申明理由，以明责任。复电所陈理由如下：

"一、海防法军登陆日期，双方约定于3月7日，并由法军代表萨朗少将3月5日晚来函声称：为使中国指挥部有充分时间传达命令起见，法国部队仅于7日上午开始登陆。但法军竟要于6日晨开始登陆，则海防冲突事件全由法军违约，不守时间及信义所造成，至为明显。

"二、7日我允法军在海防登陆后，曾约定法军应在指定范围内静候区处，但法军于8日午后3时，突以载重汽车30辆载兵二百余、炮十五六门，事前并未通知我方，强行通过检查哨，向河内方面急驶。经我方通知，法联络官方很认真，亲自前往追回，又足证法军之不守约也。

"三、法军炮击之目标非我仓库，即军事机关，法方所持地图均有标示。且法越正开谈判，其违约目的，显示威胁法越6日之谈判及争取主动，并有歼灭我军之企图。

"四、法军明知其登陆日期未到，且在我方尚未允其登陆之时，即以军舰前导大量发炮，强行登陆，实蓄意造成不幸事件，借此破坏我方大量接收之战利品。

"五、6日13时，法舰司令官沙华德少将与王师长会谈时，当面道歉并书面保证不再开炮及任何扫射，此种态度足证法军先行开炮错误态度，内心有愧，表现于外也。

"六、钧座……电开，法外交都所称各节不实：（1）法舰上插有白旗，实于法军被痛击引退后，方行出现；（2）法军死20人，伤40人，查河内法军事代表萨朗3月6日致本部函称，法军死1人，重伤5人，与法大使馆所称事实不符；（3）海防事件我海岸炮先开火一语，查我军并无海岸炮，而击毁法兵舰地点仅离海防码头40余公尺，系火箭炮所击中，足证法方真实强迫登陆，及虚伪宣传得手以后，先行开炮之拙伎。

"以上各项尽属事实，唐处长尚未到，越详情及损失容续呈报，谨电鉴核。"

随后卢汉又电王世杰续告法方企图与中方损失。电文如下：

"查法军此举纯为有计划行动，其目的在占领海防，以策应河内法越6日正午之谈判顺利，不顾我方之通知，即行强迫驶舰于海防登陆。经我阻止，击毁兵舰1艘，伤2艘，始转软化态度。但将我接收日本之待运物资完全破坏，炮击之点，非我仓库，即军事机关，法方所持地图均预有标示，一切责任均应由法方负担。职为待命交防计及保障全海防市待运物资计，当令还击，而物资终未保全，深感遗憾。第一方面军派尹副参谋长持司令官命令，准法军登陆，现在实施中……查职部在河内与法方协商系7日，而发生事件系6日晨刻。谨电鉴核。"

经卢汉长电报告了海防中法军队冲突事件经过以后，王世杰又来电说，海防事件移向外交途径处理，交防任务仍不变更。

海防事件既交外交途径处理，卢汉乃于3月28日再给王世杰一电，以表明心迹，了结此案。电文大意如下：

"重庆外交部部长王（衔略）：职奉到……电后，即已遵照电令意旨，逐次办理实施。前法军违背3月7日登陆协议，竟于6日晨强迫登陆，造成海防冲突事件，均须呈奉有案。嗣奉钧部……电令：海防事件移向外交途径处理，交防任务仍不变更，亦经遵办。刻已逐次交防，尚无问题发生，谨电释念。惟法军纪律不良，将领狡猾，有无违信、背约及变态可能，则不敢预测。职部此次奉令交防，实系凛遵委员长蒋意旨办理，已将以前数月逐次电呈对越意见具申之成见一律免除，仰遵国策，逐渐敬谨遵办。惟实施当中，此间议论纷纷，且意见各殊，对职部之建议、批评，则更复杂。其主张大略如下：一、不准法军登陆。二、海防突变后应借此拒绝登陆，不予交防，以造成推翻协定之外交。三、迟延交防，同时故意利用法军对华侨生命财产确有危害之事实，即借武力以解决其武装，就此使中法协定被破坏。四、交防后，应将海防事件解决后方能撤兵，以便护侨……其主张之出发点实系爱护国家，关心侨胞，与对法军之不应来而来及不守信义之所致。本应接受建议与批评，以为适应局部环境之处置。然职份属军人，素以服从为唯一之天职，在未奉令之前，越北法人初来准许其武装；奉令交防以后，又不敢有违电令所限之日期；不宜以局部之纠纷，使之扩大，以违背既定之国策。职责所在，难满群情，用敢不嫌繁复，特为钧座一再呈之。除分报外，谨电鉴核。"

卢汉洗心电报发出，海防事件就此了结。但我的反应仍未平息。我由广州飞返河内后，于3月18日出席一方面军司令部召开的汇报会时，又遭到攻击。国民党军令部二厅二处处长唐君铂即席报告与法方参谋会议商谈交防经过，话里话外，动辄指责外交部态度软弱，坐视法方得寸进尺，好像海防事件的发生最后应归咎于外交部。当时我对唐君铂的发言，反感殊深，但仍抑制感情，起立辩解说："这次中法谈判分政治和军事两部分：政治部分由外交部负责，军事部分由军令部负责。在这次有关交接防务的换文中，交防的条件，例如管理日俘，维持地方治安，保护华侨生命财产是政治性的，应由外交部决定。而交防日期，接防部署、方式和方法则由军令部决定，拟订的条文由外交部和军令部会签呈蒋委员长批准（说到这里，我故意提高嗓门，意味着谁敢批评蒋介石呢！），凡属军事性的条款应由军令部与法方参谋会议决定，外交部不能越俎代庖。"

"此次海防冲突事件纯系法方玩弄欺骗讹诈伎俩所引起，3月5日萨朗给卢汉的信就是铁证，这难道也可归咎于外交部吗？"

我发言后，唐君铂无可再驳，当晚我将这一情况电告重庆外交部说："18日司令部召集联合会商时，军令部代表对外交部指摘甚多，翰以不卑不亢态度，详述接防换文交涉内幕，申明外交部立场，该代表未能再驳，司令部决遵照8日签订的参谋协议办理交防。勒克莱总司令本日抵河内，下午4时谒卢司令。军令部即将会同美军代表前往详查，英驻渝军事代表[①]致蒋夫人函及萨朗将军允7日登陆函件均可证明，借以明了责任。"

回想到1945年9月，我奉令入越之前，行政院政务处徐道邻对我说过的话："你此行很简单，这仅仅是日军向我军投降，我军向法军交防，不消两三个月，你就完成使命，没有什么了不起的事。"实践充分证明，他的话是何等荒谬啊！

---

① 即英首相丘吉尔驻重庆的私人代表卡尔登·德·维亚尔将军。

法越谈判

　　我返重庆参加中法谈判期间，最关心的事莫过于法越谈判。因为中法协定的重点在撤军，而撤军必须具备安全的环境，使法越双方暂时妥协，侨胞利益可保无虞，越北治安有所保证，然后才能逐步集中军队于海防，分批搭乘美国提供的所谓"自由轮"，移兵东北，以便抢夺抗战胜利的果实。因此，中法协定的实施，关键在法越谈判的成功，一环扣一环，而法越谈判能否成功，则是最后一环。

　　有鉴于此，我在离河内之前做了一些准备和布置。在顾问团中，仅邵百昌与胡志明接触较多，但他不谙法语，我特推荐我的得力助手洪之珩协助他推动法越谈判，在与法方人员联系时可以充当翻译。同时，我嘱咐洪之珩随时把法越谈判的进展情况，择要用电报告我。果然，在短短的一个月中，他连续发了三次电报。虽仅收到两次，却使我及时了解了一些重要情况。

　　越南在这一阶段的历史发展表明，法越谈判的过程也就是越南各党派剧烈分化的过程。关于当时越南各党派的情况，已在上文中略为述及。越盟全称为越南独立同盟会，实际上是印度支那共产党的外围组织，而胡志明、武元甲则是印度支那共产党的中心人物，这是众所周知的事实。但印度支那共产党的情况，特别是八月革命以后和国民党军队入越受降时期的情况究竟怎样，河内一方面军司令部、第五处、顾问团以及军统、中统、三青团、海外部等国民党驻越机构均是一知半解，知之不多。这次我为了写回忆录，找旁证材料，无意中找到一份有关印度支那共产党的重要文件，这就是1945年11月11日印度支那共产党中央委员会公报。这个公报曾由河内广播电台于12日上午7时30分用法文广播，18日又在河内法文报纸《共和国》上发表。这个公报宣称：

"一、考虑到国际国内特定的历史情况，对越南来讲，现在正是重新夺回统一独立的绝好时机；

"二、考虑到在这个伟大的越南人民解放运动中，为了完成党的任务，一个不分阶级、党派的民族联盟是不可缺少的要素；

"三、希望证明共产党人，作为越南人民的先锋战士，总是准备为了民族解放做出最大的牺牲，总是准备把国家利益置于阶级利益之上，并为了越南人民的利益，而放弃党的利益；

"四、为了消除足以妨碍我国解放的国内外一切误解，印度支那共产党中央执行委员会在1945年11月11日召开的会议上，决定自动解散印度支那共产党。

"那些愿意继续进行理论研究的共产主义拥护者将加入印度支那马克思主义研究协会。"[1]

这一重大变化，正是印度支那共产党利用矛盾，采取灵活巧妙的策略，以战胜其面临的国内外敌人所造成的重重困难的时期。当时，胡志明主席把军事斗争与政治谈判结合起来，"时而同蒋介石暂时缓和，以便腾出手来对付法国殖民者；时而同法国暂时缓和以便赶走蒋介石军队，肃清蒋介石的反动走狗集团，争取时间，巩固力量……为准备进行抗击法国殖民主义侵略者的全国抗战"。[2]

而以阮海臣为首的越南革命同盟和以武鸿卿为首的越南国民党都是中国国民党培养的所谓"亲华"党派，独阮永瑞（即逊皇保大）富有亲法色彩。这些党派的共同特点就是反共。以武鸿卿为首的越南国民党拥有若干武力，跟随卢汉率领的第一方面军进驻越北之后，活动于老街和越溪之

---

① 译自卡默隆编《越南危机》，美国康东尔大学出版社1971年版，第66—67页。

② 见黎笋著：《为了独立,自由，为了社会主义，在党的光辉旗帜下，夺取新胜利》，1970年2月14日越南《人民报》。

间。当时越共不能不对这些反共党派虚与委蛇。在1946年1月6日组成的联合政府中，阮海臣任副主席。我于1月4日向胡志明转达蒋介石的口信时，胡志明还邀阮海臣和武鸿卿一同出席接见。签订法越初步协定前夕，即3月2日，联合政府改组，确定在政府成员中，越盟（越南独立同盟）占十席，越南国民党占四席，越南革命同盟占二席，无党派人士占二席，南圻（即南越）占二席，总共20席。任命胡志明为主席、阮海臣为副主席、潘英为国防部长、阮祥三为外交部部长。另由九人组成抗战委员会，任命武元甲为委员长，武鸿卿为副委员长。①因此，在签订法越初步协定时，除胡志明署名外，武鸿卿以部长会议特派代表名义副署。

我在重庆参加中法谈判时，曾电告洪之珩，中法谈判已告完成阶段，希望邵百昌从速推动法越谈判。2月23日，洪之珩从河内来电说："来电已转邵特派员。据告阮海臣派以胡与法方妥协为题，列队游行，呼'打倒胡志明'口号，散发传单，鼓动罢市、罢工、罢课，胡请我军制止。届时幸未发生事故。邵特派员曾暗示胡从速进行谈判，唯因胡等内部斗争甚烈，且圣德尼去贡未回，无谈判对象。"

越南党派的分化，实际上是从越南革命同盟的这次游行开始的。革命同盟既无实力，独立同盟本可无所顾忌，但为敷衍中国，故于上述3月2日政府改组名单中仍保留副主席阮海臣的名义，实际上革命同盟已名存实亡了。

其次轮到保大逊皇。洪之珩上述来电还说："邵特派员数日前邀保大与胡志明晤谈，建议保大既是最高顾问，似可召集忠实干练旧臣，组织顾问团，从事调和党争工作，又曾询保大是否能出任首领。胡同时亦询，如由胡出面拥护，愿否重新出山。保大答谓需加考虑，然如此为有益于国家民族，彼亦愿牺牲互助。"

从洪之珩来电看来，保大的态度显然消极、暧昧，对法越谈判毫无兴趣。果然法越初步协议签订后，保大态度更趋消沉。至于国民党的武鸿卿和革命同盟的阮海臣等则于大叻会谈后就无影无踪了。

---

① 见《萨朗回忆录》第一卷，第336—337页。

历史的发展证明，法越谈判的三部曲：河内—大叨—巴黎，这一过程正是越南各党派剧烈分化的过程，同时，也是越盟扫清越南反革命垃圾的过程。

经过邵百昌多次撮合，圣德尼于1946年2月16日晚密访胡志明，询胡愿否谈判，除独立外，是否另有其他途径可循。胡答如予越方建立越南人的政府，并拥有军事、财政、经济、外交等项权利，可用另一方式进行谈判，双方认为须要明确拟定：一、法方在越南所需何项权利，二、法方能给越方以何项权利；三、如巴黎方面有诚意，可正式开始谈判，双方即停止冲突。翌日，胡志明将这次法越晤谈情况密告邵百昌。2月19日，洪之珩即从河内来电告我，并谓，圣德尼已于2月17日飞法向巴黎报告请示去了。

我接到此电后，甚感兴趣，因为这个电报实际上已描画出法越初步协定的轮廓。

3月5日，胡志明主席提出了越方给法方的建议，并交邵百昌转达法方。于是邵百昌即嘱卢汉的秘书陈常于晚9时往访萨朗，并由陈把胡的建议（中文）当场译为法文，内容如下：

"我深怕被强硬的法国当局所欺骗，如果我签订法越协定，盟国代表必须到场。我认为，中国方面对我也咄咄逼人。我同意明日中午与法方恢复谈判。我的建议如下：

协议必须包括以下主要各点，并不排除在法国军队到达时我可能冒一定的风险。但无论如何，我将继续斗争。即使在谈判时，我仍将继续不懈地进行准备。

一、我要求法国政府承认越南是一个自由国家，有它的政府、国会、财政、军队。一切在印度支那联邦范围以内。

二、法国政府要求越南政府接纳一支法国军队（由法军15000名和越南军队10000名，后者由越南政府提供），军队总数25000名。

三、交址支那（即南圻）地位应由越南人民投票决定。

四、法国当局应主动要求在法越之间签订暂时停战协议。

五、一切其他（次要）问题应在正式谈判中予以讨论和解决。

　　萨朗听了胡志明的建议之后，连忙对陈常说："我同意胡志明建议的全部措辞，我立刻去看圣德尼……"

　　在当法越谈判接近完成之际，发生了前一章所述的海防中法军事冲突。原来，萨朗的顶头上司勒克莱在1946年2月25日自西贡给萨朗的信中千叮万嘱说："我们在越北所要求的不是接防，而是法国军队重返越北，这完全是两码事"。①萨朗奉命如谨，迫不及待地对一方面军司令部和海防守军一三〇师大耍两面三刀、讹诈欺骗之手段，妄图让法军强行登陆，进军河内，赶走中国军队，要挟越盟谈判。终于在3月6日清晨，发生了海防中法军事冲突。冲突历时数小时，结果法军举白旗投降，不仅没有能威风凛凛，卷土重来，反要向一三〇师赔礼道歉，既丢尽了法国的颜面，也不得不接受了越盟的谈判条件。

　　1946年3月6日，海防冲突既告平息，中午即恢复了法越谈判，下午4时30分，就在东方汇理银行举行了法越初步协定的签字典礼。由于谈判是仓促完成的，签字仪式也较简单。协定文本放在一张小桌上。在肃穆、沉默的气氛中，先朗诵法文本，再朗诵越文本；其后先由胡志明签署，继由武鸿卿以部长会议特派代表名义副署于胡志明名下，最后由圣德尼签字于右方。下午5时正，签字典礼即告完成。

　　参加典礼人员：

　　越南方面有：胡志明、武鸿卿、阮祥三和黄明鉴；

　　法国方面有：圣德尼、皮农、萨朗、索瓦尼亚和路易·卡普；

　　盟国方面为：中国陈修和少将、美国伯克利少校、英国威尔逊中校。

　　盟国代表作为公证参加，是胡志明一再坚持和力争的结果，早在我转达蒋介石的口信时，胡志明就曾表示："法越开始谈判，越方极愿与中国密切联络，随时奉告……谈判告一段落，那时请中国以公证资格参加。"胡志明向邵百昌再次表示，为了不受法国当局欺骗，签字时盟国代表务必到场。所以中、英、美等国代表都以公证资格参加了典礼。

　　————————

　　① 见《萨朗回忆录》第一卷，第303页。

这次签订的协定，分法越初步协定和附约两部分。在初步协定中，双方议定的主要条款是：

"一、法兰西政府承认越南共和国为一个自由的国家，有它的政府、国会、军队和财政，并为印度支那联邦和法兰西联盟的分子。关于三'圻'合并问题，用人民表决方式征询人民意见，法兰西政府约定承认经过上述方式后人民所采取的决定。"

"二、越南政府声明对于依照国际协定接防中国军队之法兰西军队，准备予以友谊的接待，接防行动的进行方式另由附在本初步协定内的附属协定规定之。"

"三、上述各条之规定，一经双方签字后立即发生效力。缔约双方应各采取一切必要措施，立刻停止敌对行动，各保持军队于原有阵地，并造成一种必要的有利气氛，以便即行召开友好和诚意的谈判。谈判的主要内容如下：

"（甲）越南和外国的外交关系。

（乙）印度支那未来的地位。

（丙）法国在越南的经济和文化利益。

河内、西贡或巴黎得被选为会议地点。"

法越初步协定附约是关于法越军队的规定，主要规定如下：

"一、接防部队的组成如下：

"（甲）越南军事当局管辖下的越南部队，包括越南干部在内，计10000人。

"（乙）法国部队，包括目前已在北纬十六度以北越南境内的法国部队在内，计15000人。上述法国部队应由纯属法国本土的法国部队所组成，负责看守日本停虏的部队在外。

"上述部队统由法国高级司令部在越南代表的协助下，予以指挥。此项部队的进程、驻扎和使用，应由双方司令部一俟法国部队登陆，即举行参谋会议予以规定。

"各梯队应成立混合委员会,以便保证法国部队和越南部队之间在友好合作精神下的联系。

"二、法国接防部队应分为三类:

(甲)负责看守日本战俘之部队。此项部队一俟日俘撤退、任务完成时,至多10个月,即须返回本国。

(乙)负责维持越南领土治安的部队应每年交防五分之一,由越南部队接防。此项防务之交接应于5年之内实际完成。

(丙)负责防守海、空基地的部队。此项部队所担任的任务,其期间应由随后的会议予以规定。

"三、在法国和越南部队扎营的地点,界限经划清楚的地区,应分配给上述各部队。

四、法国政府保证决不使用日俘于军事目的。"

对于法越初步协定的签订,萨朗在其回忆录中写道:"这个协定的签字首先要归功于勒克莱中将坚韧不拔的精神,其次要归功于邵百昌将军,归功于法国专员公署的同人们,最后要归功于胡志明领袖的机智,因为他懂得,为了他的祖国的利益,已经到了使中国军队从此消失的时候了。"[1]

签订法越初步协定,确是胡志明主席的英明决策,通过法越谈判和签订协定,越盟利用国内外敌对势力的矛盾,摆脱了"千钧一发"的困境。使蒋介石很快撤走中国军队,使越盟逐步清除反共党派,使越南人民赢得宝贵时间以准备力量,集中打击法国殖民者。3月6日,法越初步协定签订后,经过越南人民的不懈斗争,继大叨会议之后,又于7月6日,在法国枫丹白露开始了法越正式谈判,并于9月14日,在胡志明离法回国前又同法国政府签订了临时协定,为以后的长期抗法战争争取了更多的准备时间。

法越初步协定签字以后,保大的态度更趋消沉。3月21日,武鸿卿突来我寓密告,现任越南政府外交次长严继祖偕越盟党二人随逊皇保大即日飞

---

① 见《萨朗回忆录》第一卷,第330页。

昆转渝，要去晋谒蒋介石。我即将武鸿卿的密告电告重庆外交部。

保大到了重庆，住嘉陵宾馆，由国民党中央秘书长吴铁城派秘书汪公纪担任接待。嘉陵宾馆虽每晚举行舞会，可供消遣，但保大仍不过瘾。原来他过惯西方腐朽没落、纸醉金迷、骄奢淫逸的生活，觉得重庆远逊于巴黎、戛纳、蒙特卡洛，生活太单调、枯燥无味了。蒋介石接见保大后对他也没有好感，向左右言"保大望之不似人君"。保大要求赴香港，蒋介石立即同意，并饬卢汉俟他回河内后为他办理由昆明赴香港的护照签证。4月7日保大回河内即赴一方面军司令部谒卢汉。卢即嘱秘书陈常（原任国民党外交部驻滇特派员公署秘书）为他办理由昆明赴香港的护照签证。从此保大不再担任越南民主共和国临时政府的高级顾问，转而是要重新粉墨登场，扮演复辟丑剧中的傀儡皇帝了。如果说保大好比笼中之鸟，那么是蒋介石把他放出牢笼，通过香港，转送给法国的。

在3月21日我给重庆外交部的密电中还说：萨朗已答复越南临时政府，同意越南政府即派代表前往巴黎，开始法越正式谈判。并闻胡志明将亲往出席，武鸿卿亦偕往。我同意为武鸿卿写介绍信致驻法大使钱泰。

但到我4月5日离河内回国时，武鸿卿始终没有来取我给钱泰大使的介绍信。4月，法越间举行大叨会议，号称巴黎会议预备会；法国代表团团长即1946年1月来越南考察的法外长皮杜尔的好友马克斯·安德烈（见第九章）；越盟代表团团长为武元甲，团员中还有武鸿卿的同党、当时越南外交部部长阮祥三。7月，法越间在巴黎附近枫丹白露举行正式谈判，法国代表团团长仍是马克斯·安德烈，越南代表团团长为范文同。胡志明也去了，但未列入谈判代表团。自此以后，越南国民党的武鸿卿、阮祥三和越南革命同盟的阮海臣等人就无影无踪了。这次谈判结果，仅由胡志明主席为一方，法国殖民部长马里尤斯·莫戴为另一方，于1946年9月14日在巴黎签订了一项临时协定[①]。1946年12月，法国发动了对越南的全面武装进攻，越南人民抗法战争就爆发了。

---

① 《国际条约集》（1945—1947），第270—273页。

交防活动

中法协定既已签订，法越初步协议亦已达成，卢汉遵照重庆政府"海防事件移向外交途径处理，交防任务仍不变更"的既定方针，按照重庆军令部的通知开始向法军移交防务，交防地点先海防，后河内，次及其他地方。同时，根据法越初步协定，越南政府与法国军队组织参谋会议，成立联络处，并按中国驻军方面的要求，凡属接受中国驻军防务事宜都由法越双方会同办理。被中国驻军击退、停留海防港外法国军舰上的法军，在法越初步协定签字的次日，允其登陆，在指定地区驻扎。经中法越三方商定，同意法军于3月18日开赴河内。是日首批法军1000余人由海防开抵河内。上午11时，法远东军总司令勒克莱乘机飞河内，法国侨民纷纷出动，手执三色法国国旗，鹄候道旁，欢迎法军。法军一到，欢呼不止，颇为得意。法军所有装备皆美国供应，有装甲车及坦克车，上架机枪，法军高踞其上，骄傲之色，溢于外表，而法侨气焰，亦顿觉逼人。与两三个月前，到处受人揶揄、摇尾乞怜之相，相去何远！

当日下午4时30分，卢汉司令在越南总督府会客室接见了法国远东军总司令勒克莱中将，萨朗少将陪同在侧。一方面军司令部参谋长马锳、副参谋长尹继勋、五十三军军长周福成、秘书陈常等也在座，并由陈常担任翻译。会见场面似甚隆重，但谈话却很简单。勒克莱说，这次来到北越，很感荣幸；对卢汉将军的合作精神，表示感谢。卢汉答称，我只是执行了委员长的命令，不必感谢。寒暄了几句，就结束了这次礼节性的拜访。

3月22日下午7时，卢汉司令设宴于总督府餐厅，宴请法越军政要员和盟国代表。

越南方面出席的有：胡志明主席和武元甲、武鸿卿、阮祥三、黄叔沆、吕搏子等；

法国方面出席的有：勒克莱中将、萨朗少将、圣德尼专员、皮农顾问；

美国方面出席的有：伯克利少校、费利斯上尉等；

英国方面出席的有：威尔逊中校等；

中国方面出席作陪的有：参谋长马锳、副参谋长尹继勋、五十三军军长周福成、第五处处长陈修和、副处长黄强、参议袁子健、秘书陈常、空军上校宁明阶、顾问团代表凌其翰（外交）、邵百昌（军政）、庄智焕（经济）、郑方珩（交通）。

进餐时，卢汉司令首先起立致辞祝酒，秘书陈常翻译毕，胡志明主席即起立致答词，他用一口流利的法语致辞，根本不用手稿，脱口而出。临时邀请我翻成中文。他的答词全文我记不起来了，我只记得其大意是：中国人民和越南人民的关系是兄弟民族的关系，今天中国军队来越南接受日本投降的使命已告完成，正待交防回国。我代表越南人民向兄弟的中国人民致敬。法国军队以盟国地位来越北接防，我代表越南人民欢迎法军与越军联合接防……胡志明主席的致辞是很得体的。

胡志明主席致答词后，勒克莱将军也起立致答词，也邀请我译成中文。他的答词很短，我记得他是套用法国十七世纪二元论哲学家笛卡尔的著名公式"Je pense, donc je suis."（我思故我在）说"Je viens, donc je suis."我打了好几个转，方译出"我来故我在。"仅仅这一句短语，译成中文，念起来虽别扭，却透露了法帝国主义者卷土重来的野心！

这次宴会虽简短，却是历史性的宴会。我把桌面上的菜单取过来，在进餐时传请赴宴人士一一签名于菜单上，以作纪念。时隔40余年，这张菜单居然还保存完好。

早在1945年12月22日，萨朗和皮农二人由西贡回到河内，同来向我说，达尚礼海军中将对最近中法在越关系表示欣慰，拟乘军舰黎塞留号出巡，顺便驶至北圻海面，与卢汉司令作友谊会晤，未识可否？当时，我答复他说："一、事关军事，恐此间司令部无权洽办；二、友谊访问可另采方式，不必在军舰上举行；三、此时作友谊访问尚非其时，最好俟中法协定签订以后……"会见以后，我将此事电告重庆外交部，他们也同意我的意见。

当时卢汉不在河内，萨朗于同月26日又改向一方面军参谋长马锳发出同样的邀请，马锳答道："卢汉司令不在河内，我是代理，不能擅离职守，越出河内以外地区。"于是达尚礼的邀请，只好暂时作罢。

现在中法协定签订了，法越初步协定也签订了。虽有海防冲突事件，但卢汉已遵照蒋介石的指示，开始交防。卢汉乃应达尚礼的邀请，于3月25日赴法军旗舰作友谊会晤。此举也正符合我在三月前的设想。

1946年3月24日，法国驻印度支那高级专员达尚礼中将率领的法国舰队驶入亚龙湾。当日，在他的旗舰爱弥尔·贝尔坦巡洋舰上会见了胡志明、武元甲、阮祥三、黄明鉴等越南政府代表。[①]

3月25日，卢汉司令应达尚礼的邀请，由法国驻越北专员圣德尼、政治顾问皮农等陪同，登上巡洋舰爱弥尔·贝尔坦号。达尚礼海军中将亲往甲板上欢迎，并举行了隆重的海军礼仪。达尚礼引卢汉司令同进午餐后，在海防附近红河口风景如画的亚龙湾，参观法国舰队举行的海上演习。卢汉和达尚礼在午餐时，还互相举杯祝中法友谊万岁！[②]

圣德尼在其回忆录中，对当时会见情况，作了如下记载：

"翌日，即3月25日专程接待卢汉将军。达尚礼海军中将也愿会晤中国占领军总司令，并利用他在亚龙湾的机会，在飘扬他的旗帜的巡洋舰上接见卢汉将军。"

"卢汉将军对访问爱弥尔·贝尔坦巡洋舰之举表示欣赏，并对鸣放欢迎他的礼炮表示极大的兴趣。高级专员为了加强他和云南首领所取得的联系，邀请卢汉访问西贡，并拨法国巡洋舰一只，供他访问交址支那之用。这个计划毫无疑问没有得到重庆的同意，因为几天以后，原已欣然同意的卢汉忽然对我表示显然诚挚的遗憾，不得不婉言谢绝达尚礼海军中将的邀

---

① 见《萨朗回忆录》第一卷，第349页。

② 见《法国政治年鉴》1946年，第359页。

请，并取消他的西贡之行。"①

不料，巴黎《世界报》于3月26日报道卢汉与达尚礼在法国军舰上会晤的消息中，加上了歪曲事实真相的评论，连法国外交部也有强烈的反应。国民党驻法大使钱泰特于3月29日致电重庆外交部，报告事情经过情况如下：

> 目前法办官方《世界报》登载卢汉登法军舰会晤达尚礼消息，并加评论称，中国前清疆吏为民父母，历来不听中央指挥，民国以后，此风更甚。中法交涉超越封疆大吏，而以中央为对象恐非上策，现与野心勃勃之卢汉直接交涉，殊可欣慰。中国政府遇事辄以面子为重，卢汉能争面子，则中央亦可满意等语。顷据法外交部亚洲司长面告，渠见报后异常愤慨，外长皮杜尔亲嘱应有表示。故渠一面向本馆表示歉意，一面嘱情报司长再向该报警告等语。查法外交部此项表示系出自动，对于越南撤兵各种摩擦，报纸虽有微词，但法外交部始终认定军人操切，须赖双方政府镇静处理，以维友谊。就此了事。

此外，3月26日下午6时半，胡志明主席的宴请，3月28日越南外交部部长阮祥三的宴请，由于我忙于结束工作，都没有参加，但请柬至今尚存。

交防工作陆续进行，虽未如期交完，但进展尚称顺利，总算达到蒋介石所要求的完全撤退的目的。4月内交接完毕，5月国民党军队完全撤出越南，开赴东北，打内战去了。

---

① 见《让·圣德尼回忆录》（印度支那1945—1947）《一次错过的和平史》。

西贡之行

在中法军队交防期间，我一面参加中法越三方的酬酢活动，一面办完河内结束工作，我在越南的最后日程便是西贡之行了。

早在1946年1月15日，圣德尼就邀请我访问西贡。他说："堤岸（西贡华侨聚居区域）情况确趋平静，极盼您能赴西贡一行，法国驻印度支那高级专员达尚礼很愿与您会晤，并可实地视察华侨情况。我在西贡获悉，戴高乐将军已拟订中法未来的友好合作的种种计划，中法在渝谈判也正在顺利进行。君如决定赴贡，我愿陪同前往。我答称，本人极愿赴贡一行，唯此举须请示政府批准。1月19日，我特电向重庆外交部请示。

3月1日，即中法协定签订的翌日，王世杰与我谈话时，曾嘱我再回河内办理结束工作，然后赴西贡访问法国高级专员达尚礼，并会同驻西贡总领事尹凤藻（也是我青年时代的震旦同学）慰问侨胞，并解释中法新约精神，略事徘徊，即行归国。

现在受降交防任务业已完成，我即通知法方，拟去西贡访问。3月29日我在河内乘法机飞往西贡。

初到西贡，顿感气候酷热，与越南北方比较，大不相同。3月30日黄昏以后，在法国驻印度支那高级专员公署外交顾问格拉腊克陪同下，我访问了达尚礼海军上将。我和格拉腊克二人进入接待大厅（既是客厅，又是餐厅）时，达尚礼正同一位柬埔寨的亲王谈话。看见我到来时，立即示意这位亲王结束谈话，并与他握手告别。

这位法国驻印度支那的高级专员参加过两次世界大战，也两度出家披上袈裟，以殖民主义战争起家，又以殖民主义战争的失败而告终。一生颇为奇特，兹简介如下：

乔治·蒂埃里·达尚礼海军上将1889年生于布雷斯特，自幼酷爱海洋生活。他的父亲是法国海军军官，乃以其父为典范，1906年进入海军学院。1911年任海军中尉，自1912年2月至1914年1月，在迪叶拉号巡洋舰上服役，参加了殖民主义的摩洛哥战争，屡次见到利奥太元帅。1917年参加反潜艇巡逻队参谋班后，升任海军上尉，任都尔特雷勒号巡逻舰舰长，并以抢救阿布达军队的运输而闻名。

第一次大战休战时，法国土伦港海军提督拉卡兹海军上将聘他为参谋。1920年他受宗教信仰的感召，放弃海军生涯，遁入加尔默罗会为修士，后晋升为圣三会路易神甫。12年后，他又升为巴黎加尔默罗会教区修道院院长。

1939年第二次世界大战爆发，他卸下袈裟，重披戎装，被派至瑟堡区海军参谋部，继而担任一艘战舰的指挥员。1940年6月，他奋勇保卫瑟堡兵工厂，以致被德军俘虏。但在运俘舰前往德国途中脱逃，并成功地回到法国。

1940年7月1日，戴高乐将军创建自由法兰西海军，1943年达尚礼在戴高乐将军领导下，成为自由法兰西海军的领袖。1940年8月30日他企图号召原法属西非各地归顺戴高乐领导的法兰西民族解放委员会。当时法国吉罗将军在美军的支持下，与戴高乐对立，吉罗控制着塞内加尔的达喀尔港，坚决不肯归顺。达尚礼于9月23日试图与达喀尔港当局接触，当他乘坐巡逻艇前往时，要塞司令布瓦松竟开火以对，达尚礼因而受了重伤。

他伤势渐愈又以矛头转向加蓬。他在萨伏尔让·特·布拉柴号舰上指挥海战与勒克莱上校率领的地面部队协同作战，在水陆夹攻下，终于占领了利伯维尔和让蒂尔港。继而他作为自由法兰西舰队指挥员，对维希政府在各港内所封锁的商船重新进行装备。

1941年1月，戴高乐任命达尚礼为帝国海军委员会委员，并派他访问加拿大。7月任命他为法国驻太平洋高级专员，并赋予文武全权。1942年他出访华盛顿，1944年回到巴黎任戴高乐的副参谋总长和北海海军上将。1945年他任海军高级委员会副委员长和海军总监。1945年4月14日，他作为法国代表之一，出席旧金山会议。1945年8月，日本投降时，他拥有高级专员兼总司令的头衔来到印度支那，妄图恢复法兰西殖民统治。

1947年3月，他返回法国，重新脱下海军上将戎装，再度披上袈裟，遁入阿佛隆的加尔默罗会修道院。他放下屠刀，虽未成佛，但也落得个善终。1964年9月，达尚礼在阿佛隆逝世，终年75岁，戴高乐曾亲往参加他的葬礼，并为他执绋。[1]

正在达尚礼重温法帝国主义的美梦，俨然以印度支那总督自居的时候，我来到西贡访问。一俟那位柬埔寨亲王辞出之后，他即笑逐颜开地引我和格拉腊克坐在一起谈话。谈到这次中法协定的签订，他们两人异口同声地赞扬我为中法友谊出了力。我当然谦虚一番。提到海防事件，双方都不约而同地引以为憾，但达尚礼却脱口而出地指出："据报，一切障碍都来自何应钦将军"（据萨朗回忆录所述，萨朗重庆之行，由勒克莱的参谋克雷本上校陪同随往，萨朗回越后，克雷本仍留重庆同法国大使馆武官吉业马少校一起继续办理有关接防交涉，并利用法国大使馆无线电讯系统直接向西贡拍发情报。该回忆录第376页上即有克雷本获悉设置种种障碍的是何应钦的记载，可见达尚礼的据报，就是指克雷本的情报而说的）。当时，我听了暗暗吃了一惊，因为众所周知，陈修和是何应钦的学生和老部下。但我仍佯装糊涂地说："对此，我却毫无所闻。"我反过来直率地指出："海防事件的酿成，主要是萨朗将军似乎太急躁了些！"达尚礼听了微微点头。谁想我这句话却无意中打中了要害，谈到点子上了。原来，达尚礼确实向巴黎告了萨朗一状，表面上派萨朗作为他的军事代表，先陪同武元甲到大叻，继陪同胡志明到巴黎会谈，实际上是悄悄把萨朗调回巴黎，借以保留萨朗的面子。[2]

谈到这里，达尚礼留我进便餐，格拉腊克作陪。进餐时，达尚礼说他将要赴大叻主持一次法越会议。他说："大叻会议是继河内法越初步协定以后，为法越正式谈判（即枫丹白露会谈）作准备的中间会议。这一系列会议都是在法兰西联盟范围内和印度支那联邦范围内进行的。"他这样说

---

[1]　译自《1954—1955年法国当代人名录》，第295页。

[2]　详见《萨朗回忆录》第一卷，第352页。

是想表明，这是法国的国内会议，而不是国际会议。以后达尚礼把谈锋转向大叨的风景。他说："大叨是海拔达1925公尺的高地，那里有气候疗养院，有印度支那总督的别墅，是风景幽美、气候凉爽的避暑胜地。"言下之意，似乎说他自己实际上就是印度支那总督，他主宰着这里的一切。他的灵魂深处仍在重温法帝国主义恢复远东最大殖民地的美梦！

餐罢不久，我就告辞。格拉腊克仍陪我同车，送我回到旅邸。

访问达尚礼海军上将是我西贡之行的主要任务，完成后原拟按照王世杰的指示，前往华侨聚居之地——堤岸去慰问侨胞。但河内刚由一方面军交防，河内一西贡航线亦刚开始恢复通航，而法国控制的军用运输机则很少，不能天天有班机。再者，由于我来得仓促，尹总领事未能事先联系堤岸侨胞筹备一次欢迎大会，加以西贡入晚到处冷枪声，远不如河内安全。于是，尹总领事就向我建议召集侨领二十余人，开了一个座谈会，由我解释中法协定的精神。至于华侨遭受法军劫杀案件，尹总领事已准备好表格，就嘱各侨领转知受害侨胞——填表汇送重庆，以便向法方提出交涉。至于日军南侵期间汉奸勾结日军为非作歹事件，重庆国民党中央已决定停止调查，我将重庆给尹总领事的公函交给了他，由他向各侨领宣读，座谈会就告结束。

1946年4月2日，我从西贡乘法军用运输机飞返河内，3日向卢汉司令辞行。临别时，卢汉赠我日本军官佩刀一柄，此刀柄上镌有花三朵，系上尉级士官佩刀，日本崇尚武士道，剖腹自杀，即用此种刀。

访卢汉时，得悉美方有军用运输机于4月5日由河内飞往广州，我就乘此机离开河内。

越南之行就此结束。

返宁善后

1946年4月5日，我从河内乘美机飞抵广州。在那里待了三天，因没有便机飞往上海，只得转赴香港，嘱国民党外交部驻港联络站代购船票，准备乘船赴上海，并电重庆外交部告我行踪。

至于何日离香港，乘的是什么船，我都记不得了。只记得送我到香港码头，向我挥手告别的两位友人：一位是在日本空军滥炸重庆山城期间，我在南岸汪山认识的著名电影演员金焰，另一位是30年代才回国的留比同学华兴鼎。

大约4月下旬，终于到达我的故乡——上海。3月8日，我曾自渝飞沪，转机飞河内，因纯系路过，未得逗留。这次我的家属也已从重庆飞回到上海，自当团聚数日。1937年7月7日全面抗战爆发后，"八一三"上海抗日战役失利，国民党军队节节败退，上海南市大东门一带遭受大火灾。我老家自明末起世居于此，全部家产连同我收藏的中外书籍，统统化为灰烬。那时我坚持抗日，追随国民党政府先退武汉，继退重庆，顾不及老家遭受浩劫，未返家乡已达九年。如今返沪，我便率领全家到老家旧址，凭吊故居于废墟之上、瓦砾之间，触景生情，不胜凄凉。在沪期间，探亲会友，略叙阔别之情，几番流连忘返……

我回南京后，外交部礼宾司长李骏告我，正当国民党军队开始从越北交防的时候，法国政府派参谋总长朱安将军为访华特使，于4月15日到达重庆，蒋介石设酒会欢迎，中法互授勋章。在法方授勋名单中有卢汉和我。李骏说到这里就把勋章证书一卷和宝星一匣交给了我。法国政府授予我的勋章名称是"领绶荣誉军团司令勋章"。

我返回南京后，满以为从此可以摆脱令人头痛的越南问题，搞些别的工作。谁知王世杰偏偏要我仍在部内协助他处理越南问题的善后工作，我内心的苦闷是可想而知的。

所谓善后工作，实际上只有两个内容：一是怎样实施中法协定，二是怎样应付越南反动党派。

1946年2月28日签订的中法协定于当年6月8日在南京互换了批准书。大约1947年1月，法国派来以法国外交部主管经济技术合作的司长亨利·莫为首的法国代表团；国民党行政院也组织了外交、交通、铁道、财政、经济五部组成的代表团，并指定我为代表团团长，同法方讨论怎样实施中法协定的问题。

会谈是在国民党外交部内举行的。法方提出两个具体方案：

一、按照中法协止第三部分的规定，提出中越商约草案；

二、按照中法协定附件换文的规定，提出滇越铁路滇段和越段的经济技术合作计划。

这时，蒋介石一手发动的内战正转入一个新的阶段，他对解放区的全面进攻已被粉碎。仅在1946年7月至1947年1月的七个月中，国民党军队就被共产党的人民解放军歼灭了56个旅，平均每月被歼八个旅。[1]蒋军的有生力量大量被歼，兵力大为减少，士气日益低落。加上经济危机的加深和政治欺骗的破产，国民党统治区的人民民主运动蓬勃兴起，蒋介石已面临日暮途穷的境地。再则法越战争自从1946年12月中旬爆发以来，越南人民的抗法斗争日益高涨，星星之火，已成燎原之势。鉴于上述形势，我和亨利·莫一致认为，这个实施中法关于中越关系协定的会谈，无法再继续下去，因而于1947年3月26日签订了"关于实施1946年2月28日中法协定的中法会谈纪要"，双方各执一份，借此了案。就这样，我亲自参加谈判和亲眼看到签字的中法协定，在墨迹未干之时，就已成为一文不值的废纸，还谈什么实施！

自中法协定和法越初步协定签订以后，中国驻军逐步交防，撤出越南，国民党豢养的一批走狗和越南的反动派，眼看大势已去，纷纷来到中国。王世杰嘱我代为应付。记得当时我替王世杰代见越南各派的头头计有：

1947年1月30日，越南革命同盟领导人阮海臣和越南国民党领导人阮祥三来见，说他们先后被越盟逐出，特来中国要求援助。我按照王世杰"撒手不管"的方针，向他们敷衍一番，搪塞过去。

1947年2月18日，越南国民党领导人陈天前来告密，说保大自从1946年4月赴香港后，正在同法国天主教会密商怎样返回安南，酝酿复辟。以后，

___

① 见《毛泽东选集》第四卷，第1155页。

保大果然回到南越，又当上法国的傀儡皇帝。

至于吴庭艳这位原逊皇保大的内务大臣，是1947年9月，由天主教南京总主教、国大主席团主席于斌[1]邀我（当时我任礼宾司长）和欧洲司司长尹葆宇，在介寿堂便餐的席间介绍给我的。他也是来华求援的。于斌在进餐时谈了1943年开罗会议时罗斯福怎样告诉蒋介石，战后决不允许把印度支那交还法国，而应置于联合国托管制度之下，由中、英、美三国共同受理等等早已被蒋介石赖掉的那套东西。我当时仅谓事过境迁、今非昔比，敷衍过去。

于斌看出国民党方面对吴庭艳爱莫能助，就把他介绍给美国大使司徒雷登。以后这个反动头子，依靠美国，打回西贡，充当傀儡，作恶多端，终于被杀。这是后话，暂且不提。

我回忆这段历史，不禁联想到法越初步协议签订之后，当武元甲同萨朗打得火热时，武元甲曾经说过：

"胡主席是无所畏惧的，这些分裂分子将逐渐被淘汰，越盟将横扫一切，而它自己将是全国硕果仅存的唯一政党。"[2]果然，随着越南革命的发展，这些历史渣滓都被扫出了越南。

说来也很奇怪，这些越南的历史渣滓都向旧中国方面倾倒，而我很惭愧，却不由自主地充当了这些越南历史渣滓的"见证人"！

---

① 于斌，号野声，1921年我在上海震旦大学预科的同学。他在政治上十分反动，一贯效忠于蒋介石。30年代即升任南京天主教总主教，到台湾后一跃而为枢机主教。即有权参加教皇选举的红衣大主教。1978年8月16日，未及参加教皇选举（8月25日）即在罗马逝世，终年77岁。

② 见《萨朗回忆录》第一卷，第337页。

第6章 | 再度主持礼宾工作

（1947—1948年）

我与外交部部长王世杰的关系

1946年5月，我从越南河内回到南京以后，当时外交部部长王世杰仍要我回任外交部专门委员，主要是处理国民党军队从越南撤退后遗留下来的问题，已如上述。

在这里我必须补叙一下我和王世杰的关系。1943年我竞选驻埃及公使失败后，适当时任外交部参事的郭斌佳为我介绍认识王世杰。当时王任国民党中央宣传部长、国防最高委员会参事室主任、国民党参政会秘书长。过去王任武汉大学校长时，郭斌佳是武大教授，任参事室主任时，郭为参事之一，蒋介石出席开罗会议，郭为随从之一。王世杰久欲过一下外交部部长的官瘾，就与郭密谋，要暗中在部内物色人才，以便一旦当上外交部部长时，可引为他的班底成员。于是郭向王举荐胡庆育和我两人。王世杰接见了我们，并设宴款待，从此，我就成为王世杰班底成员了。

1947年5月，外交部司长级班子略有变动，内定我任礼宾司长，我惶恐极了，立刻商诸我素所敬重的邵力子先生。我说："总裁（当时对蒋介石的称呼）的脾气你是知道的，1945年初，我在兰州外交特派员任内，因新疆问题拍发了几个情报电，他阅了大怒，亲批要对我'斥责'。这段经过你也是知道的。自1940年至1943年期间我已经主持过礼宾工作，当时名义上是'简任秘书兼交际科长'，实际上就是作'礼宾司长'的工作，现在王部长又要我担任此职，充当'跑龙套'的角色，吃炒冷饭，嚼蜡无味，而况由于这个职务，经常要与总裁接触，万一再遭他的斥责，我是吃不消的。"

我又说："内定欧洲司专员尹葆宇，任欧洲司司长，他善于交际，礼宾司长由他来当必能胜任，而把我调为欧洲司长，岂不很好。"我央求邵老向王世杰一说。邵老是忠厚长者，立刻去与王世杰商量，归而把王世杰的话告诉我，大意如下：调整司长班子的名单已经签呈上去，正待总裁批示；在待批期间，派凌到平津以视察收回北平使馆界和天津租界情况的名义赴北方一行。如果总裁批准，则回南京后即就司长职，如果他对签呈有意见，我可向他面陈礼宾司长一职由凌担任比较合适的理由。

事后我才知道，尹葆宇是由陈诚推荐的，因此王世杰很难更改。在这种情况下，我只好同意并于5月29日由南京飞抵北平。30日到东交民巷特派员办公处（原日本大使馆）。当时外交部驻平津特派员季泽晋适在天津未归，31日访北平市长何思源，何对我说使馆界清理委员会已决定于9月1日结束。6月5日赴天津，晤特派员季泽晋和公署秘书葆和甫，职员王文元，季泽晋原在董显光领导下做国际宣传的编撰工作，葆和甫和王文元二人则为我在兰州外交特派员任内的职员。季泽晋陪我去访问天津市市长杜建时，他在林森和蒋介石先后任国民政府主席时兼任国民政府参军，因此也是我熟识的人。杜建时在那时是天津最高的军政长官，天津市长只是他的兼职之一。我到达天津后，他即邀我共进午餐，在席间我只是同他叙旧而已，没有半句触及收回天津各国租界的情况。在历史上，天津有英、法、德、日、俄、比、意、奥八国的租界，第一次世界大战后已先后分别收回德、俄、奥、比四国租界；第二次世界大战后又收回英、法、日、意四国租界，压根儿我都没有"视察"，连"走过场"都说不上，真是惭愧之至。

这次平津之行，使我印象最深的是人民解放军的游击战异常活跃。我于6月5日自北平赴天津，6月7月自天津回北平，就在津浦段的杨柳青附近看到游击队袭击和破坏路轨的情况。据熟悉当地情况的人对我说，这已经是司空见惯，不足为奇！

在北平，我住在大方家胡同胞兄凌其峻家，他是时仍担任仁立地毯公司经理，这时因赴美洽办业务，尚未回平，因此我利用他的小轿车作为我对外活动的交通工具。一天我乘小轿车往西郊颐和园一游，那里一片荒凉，走完长廊，游人屈指可数，据说游击队在西郊的活动亦很频繁。

6月9日上午我曾往北堂访问中国第一任天主教枢机主教田耕莘，他留我共进午餐。

当晚，我设宴款待驻平各国使领人员（我只记得美国总领事为克勒布）。由北大校长胡适、市长何思源、老外交官唐悦良（冯玉祥老部下曾任外交部次长）等作陪。

我于6月11日飞上海，转乘火车于14日晨返抵南京，当即往访部长王世杰，他说："总裁批示已下，没有什么问题了。"于是我于6月16日才接任礼宾司司长这个我始终认为"跑龙套"吃炒冷饭味同嚼蜡的职位。

礼宾司的机构与人事

礼宾司的前身是交际科，该科属于总务司，我自1940年起即以简任秘书兼交际科科长名义主持礼宾工作达四年之久，因此我是最后一任的交际科科长。改为礼宾司后，原任；欧洲司司长吴南如调任为第一任司长，原驻秘鲁公使李骏为第二任司长，我任礼宾司长是第三任。

礼宾司分三科，全司职员约30人，帮办一人由一科科长兼任。

一科主持接待工作，主要是外勤工作。

二科主持文书工作，主要是内勤工作，如国书的缮写，颂辞、答辞的拟订，贺电、唁电等的拟订。

三科主持护照工作，护照分外交、官员和普通护照。

我接任礼宾司司长时，帮办王季征，系前任驻比公使王景岐的幼子，长期随父留学比国，获布鲁塞尔大学法学博士，请英、法、德三国语言，兼任一科科长。三科科长谢子敦日常忙于签发护照。二科科长黄一美系辛亥革命元勋黄兴的次子，曾任驻法公使馆（顾维钧时期）甲种学习员，我1933年就认识他。我接任礼宾司长不久即发现他去江西景德镇定烧瓷器作为馈赠英王加冕礼品时，竟贪污巨款。证据确实，我很愤慨，立刻签呈部长王世杰，主张撤职查办，讵料这位号称法律家的王世杰阅了我的签呈后就召我密谈："黄一美是黄克强的儿子，黄克强是辛亥革命仅次于孙中山的元勋，把黄一美调换，不给下文，更不要撤职查办了。"

因此，贪污有据的黄一美竟被轻轻地"调换"了事。黄一美被调后，继任科长是唐京轩。他原任驻圭亚那佐治城副领事，中英文俱佳，勤勤恳恳，国民党集团逃往台湾后继续在台湾供职，任"外交部"档案处处长，退休后定居美国，我通过其家属联系，正拟争取其返回祖国时，不幸他突然患冠心病而逝世了。

顺便一提，我接任礼宾司司长同时兼任设计考核委员会和拟任人员甄选委员会委员，当时驻外大公使任命须由蒋介石核准，参赞以下人员的人选经拟任人员甄选委员会讨论通过后，则由部长决定任命，无须蒋介石核准。这时有一位中央政治学校外交系毕业的刘宗瀚钻营出国，因我任该校外交系兼任教授时就认识他，他竟购置羊皮袍料统子一袭向我纳贿，我很愤慨，一方面璧还了他的贿物，另一方面我在会上公开揭发，因此，兼任主任委员的常务次长叶公超不得不把刘宗瀚的拟命案暂时搁置起来。

司长室原有秘书一人由司长择科员一人担任，适人事处处长郑震宇向我推荐陈晓六担任。陈晓六原籍福建，系清末代皇帝溥仪的师傅陈宝琛之幼子。他为人正派，在我任司长期间曾因在部长秘书室工作的科员袁明志被军统特工指控与中共地下党员秘密联系，有被捕之虞，特商诸我，我就与部长室简任秘书王德芳商酌，就把他由部长秘书室调到由礼宾司主管的国际联欢社工作，免于被捕。我调任驻法大使馆公使后，陈晓六亦调任驻多朗都领事馆副领事，我起义回国后即失去联系。最近据确息陈晓六改名陈立鸥，现任旧金山州立大学商学院美中商业研究所所长。

傅泾波来访

上任伊始，忽有一位不速之客来访，他名傅泾波，自称是美国驻华大使司徒雷登的私人顾问，听说是司徒的养子。他说："我奉司徒大使之命，前来向你祝贺，祝贺你荣任礼宾司司长的职位。"

他又说："令兄凌其峻是大使在北平的老朋友，因此大使特嘱我代表他向你道贺。"

他又说："侍从室秘书沈昌焕是大使任燕京大学校务长时代的学生，而你又是大使老友凌其峻的哲弟，从此大使的外交活动可以指望你和沈昌焕的帮助。"

自从傅泾波代表司徒雷登大使来访以后，我曾经连续三次被邀参加司徒雷登在美国大使馆的宴会，并遇见黄炎培、章伯钧、沈钧儒、罗隆基、章乃器等民主人士。以后蒋介石的"戡乱"政策愈演愈烈，连民主党派，特别是"民盟"，亦视为"非法"，于是这类宴会也不再举行了。

追悼外交界九烈士

1947年6月，我刚从北平回南京，接任外交部礼宾司司长之职，就获悉我国驻马尼拉总领事杨光泩、领事朱少屏，领事莫介恩，随习领事姚竹修、萧东明，杨庆寿，主事卢秉枢和学习员王恭玮等八位抗日殉难烈士的遗骸均被盛殓，将于7月7日从马尼拉迳飞南京。由打根卓还来领事的遗骸也已盛殓，另机运回南京。运柩专机抵达南京时，我首先率礼宾司同仁执绋，护送灵柩到中国殡仪馆。外交部即在此举行公祭。灵堂设在殡仪馆的崇敬堂内。

公祭典礼由外交部长王世杰主持。政务次长刘师舜、常务次长叶公超襄祭。公祭时，灵堂中央设九烈士遗像，菲律宾总统及中国各界所赠花圈簇拥四周，堂上高悬"万世流芳""浩气长存"等横匾，引人注目。王世杰首先介绍九烈士经历及殉难经过，再由外交部专员马天英等分别恭读外交部及清华同学会祭文。嗣后各界人士献花行礼。礼仪在哀乐声中进行，庄严肃穆。是日参加祭礼的，有行政院副院长吴铁城，秘书长甘乃光，农林部长、清华大学老校长周贻春，南京市长沈怡，外交部政务次长刘师舜，常务次长叶公超，行政院副秘书长浦薛凤，国际宣传部部长董显光，此外还有外交部各司司长；亚西司司长卜道明，欧洲司司长尹葆宇，美洲司司长董霖，条约司司长胡庆育，礼宾司司长凌其翰，总务司司长陈英竞，待命出国大使李铁铮、吴泽湘，人事处处长于能漠，礼宾司帮办王季征，科长黄一美等。九烈士家属参加者：严幼韵，杨立林，杨光裕，杨延洪，卓老夫人，卓湘来，卓源来，卓庆来，朱葆芬，朱相生，杨锡珍，姚健华，邱天佑，王恭瑛等。

九烈士忠骸选定在南京菊花台安葬。由当地人士李如华、陈嘉银赠献土地17亩6分4厘作为茔地。决定于1947年9月3日，即国际反法西斯战争胜利纪念日举行公葬。公葬典礼由南京市长沈怡主持。

在烈士墓前，外交部部长王世杰立了纪念碑，上刻"九烈士殉难事略"，全文如下：

九烈士殉难事略

中华民国三十年十二月，日寇发动太平洋战争，翌年一月二日陷马尼拉，我总领事杨光洊，领事朱少屏、莫介恩，随日领事姚竹修、萧东明，杨庆寿，主事卢秉枢，学习员王恭玮等守止不阿，于四月十七日悉被害。同年一月十九日，日寇登陆山打根，我领事卓还来被囚，忠贞不屈，三十四年七月六日亦被害。呜呼，此九人者，皆外交界之英俊，为保全民族令誉而牺牲者也。我政府特将其忠骸运归，公葬于名山。后之来此瞻拜者亦知有所矜式也乎。

外交部部长王世杰谨识。

中华民国三十六年九月三日

此碑在'文革'中被红卫兵捣毁，现已修复。

孟鞠如来信

上任伊始的第二件事是我接到老友孟鞠如自巴黎来信，他指出大局已到转折关头，敦劝我想方设法，摆脱一切，出国以自救。他是我震旦同学，是我在国民党外交部的老同事，他的来信语重心长，令人难忘，但我甫接任礼宾司司长，怎能想方设法摆脱呢？初不料这次再度主持礼宾工作仅十个月就调任驻法大使馆公使，这是"平调"，不能算"明升暗降"，真是"塞翁失马，安知非福"，我无意中却获得弃暗投明的机会。

蒋介石吊销朱学范护照

上任伊始的第三件事是社会部常务次长黄伯度忽来电话说："总裁闻朱学范出走香港，大怒，当面责成谷部长（即谷正纲）赶快通知外交部通电驻外各使领馆从速设法吊销他的护照。请你照办。"顺便指出朱学范所持的护照是官员护照，即今之公务护照。

到任前一天，即6月15日，我前往吉土林饭店午餐，途遇陆京士，他也是邮局老同事，与朱学范同为立法委员，立刻对我说："学范已经出走香港了。自从较场口事件后，学范的态度越来越不对头，竟悍然反对召开国大，立夫先生（陈立夫）曾向他严重警告并说必要时不惜对他执行严厉的制裁。这次他出走前，我和他同住社会部招待所，同他争吵了整整一夜，他竟坚决不从，只得让他走了。"

我既途遇陆京士于前，又接黄伯度电话于后，暗想朱学范是我少年同学（上海南市敬业高小），青年同事（上海邮务管理局），我和他有深厚的友谊，我怎能下此毒手！我呆了好久，踌躇不决，终于定下了两条对策：

一是缓兵之计，把电稿延缓发出；

二是缩小通电范围，把收电单位仅限于香港、伦敦和巴黎三地，网开一面，为朱学范留有余地，以便在上述三地以外的使馆领取经过苏联回国的签证。

我计定后，就于黄伯度来电话后两天才吩咐护照科科长谢子敦，拟好电稿，上附小条，注明我根据黄伯度的电话而嘱护照科拟此电稿的，当时王部长不假思索地签署了这份电稿。

1950年6月，我自己回到北京与朱学范同志会晤后，才知道他临危不惧，非常机警，从香港军统特务制造的车祸中脱险，持护照绕道伦敦、巴黎而到布鲁塞尔，向驻比代办瞿纯白（瞿秋白同志的堂兄）取得了经过苏联回国的签证，十分安全地进入了解放区。

后来，当时在巴黎经手办理朱学范护照的钱能欣同志告诉我一段经过：朱学范同志当时持有官员护照，蒋介石要吊销他的也是官员护照，他就与钱商量可否调换一普通护照。于是钱能欣为朱学范准备了一本普通护照，但总领事馆的钢印掌握在驻巴黎总领事蒋恩铠手中，钱同蒋商量了两次，蒋始终不肯承担责任，也不肯让钱盖钢印。当时钱能欣为朱学范所办的普通护照始终不能用，于是朱学范仍持原官员护照到布鲁塞尔向驻比代办瞿纯白商请办理经过苏联回国的签证。他经过苏联进入东北解放区回国的情况，我记得苏联出版的《新时代》周刊有记载。

顺便指出，瞿纯白是瞿秋白的堂兄。瞿秋白青年时代在北京求学时就住在纯白家中。瞿纯白为人谨小慎微，忠厚正派，最早在北洋政府外交部条约司工作，后来转入国民党政府外交部，改名瞿常，号申伯，不再称

"纯白",避免牵累。

我首次主持礼宾工作是在1940年3月至1943年8月,是以简任秘书兼交际科科长名义出面主持的,总计约三年多,这次以礼宾司司长名义主持礼宾工作为期竟不到十个月。在短促的十个月中,像过去首次主持礼宾工作那样,始终是充当京剧中"跑龙套"的角色,所见很肤浅,只是些浮光掠影,但与当时形势略加联系,透过现象,深入本质,也不是完全没有意义的。

在短促的十个月礼宾工作中,我恍惚瞥见了国民党蒋家王朝末日的征兆。

迎接魏德迈将军

美国魏德迈将军曾两次来中国:第一次来中国是1944年10月,由于罗斯福和蒋介石之间的矛盾表现在蒋介石与史迪威之间发生尖锐对立到不可调和的程度,最后罗斯福不得不向蒋介石表示让步,于1944年10月19日撤回史迪威,由魏德迈替代,于同年10月31日飞抵重庆,任中国战区参谋长之职。[①]

魏德迈第二次来华是奉杜鲁门总统之命,于1947年7月22日以总统特使的名义,来中国各地"视察",并于8月22日出席国民党国务会议"训话",蒋介石当场声明,"乐于接受"。我就在魏德迈特使来中国期间,主持了迎送的工作。

美国七议员访问蒋介石

1947年12月,正当人民解放军在东北四平街至大石桥的沿线和山海关至沈阳的北宁路沿线发动浩浩荡荡的冬季攻势的时候,美国七位议员忽

① 详见杜建时著《抗日战争时期蒋美勾结与矛盾——魏德迈接替史迪威》,载《文史资料选辑》57辑,第219—221页。

然来中国访问。蒋介石侍从室临时通知，要我届时到场接待。蒋介石接见时，由沈昌焕翻译。

蒋介石说："目前东北军事很紧张，马歇尔将军早就允诺对空军三大队中，经常给予三分之一的补充装备还未兑现。以致空军飞往东北，只能作侦察飞行。因无弹药，无法扫射或投弹，只得空去空返，徒劳往返。"

蒋介石更进一步很气愤地埋怨说："我们的空军眼看共军猖狂进攻，束手无策。这样缴我们械的不是共产党而是美国。"

这时，七议员纷纷争先恐后，从口袋里掏出通货膨胀已达到天文数字的"法币"，要求蒋介石签名留念，蒋介石微笑着从戎装左上襟口袋里抽出派克牌金笔，一一签名，满足了七议员的愿望。我看到这种情景，实在忍耐不住，看不下去了。当蒋介石步出堂阶，摆好姿势，准备与七议员一起拍照则，我感到羞耻、愤怒……不知怎样，我这颗未昧的良心驱使我不由自主地跑到过道对面行政院摄影记者的身旁，佯做观看拍摄镜头。这时沈昌焕站在蒋介石右侧与蒋亦步亦趋，相形之下，我也顾不得蒋介石瞥见我的小动作，心中恼恨，看不顺眼了。

印度驻华大使梅农来访

1947年至1948年，梅农任印度首任驻华大使。1947年11月，联合国第二届大会决定成立朝鲜问题委员会，联合国副秘书长胡世泽兼任该委员会秘书长，梅农大使当选该委员会首任主席。1948年3月他从朝鲜来到南京，由我陪同谒见蒋介石，并汇报了这个委员会活动的情况。胡世泽陪见。

在接见时，蒋介石严肃正经地说："这次圣雄甘地被暗杀是印共干的！"

梅农听了一惊，蒋介石继续说："我有确实的情报！"

我在旁听也不禁愕然。梅农起身辞出后，在车中对我说：

"圣雄甘地明明是由印度教极端派狂徒所为，哪里是印共干的呢！委员长竟如此认真地重视这样毫无根据的情报，实在太奇怪了！"

沈昌焕电话告密

以上这些有关蒋介石的种种表现，虽是一鳞半爪，十分琐屑，却促使我打破对他的幻想。这使我感到精神上很苦恼。我正在无法解决心理上的矛盾之际，忽然侍从室秘书沈昌焕来电话说："凌公，我有一个机密向你透露。总裁有意把你调出国，并叮嘱我立刻接替你的工作，请你思想上有所准备。"

1948年4月10日，我奉命交卸礼宾司长职务，由沈昌焕接替。此时比国大使馆临时代办马克思·韦理忽然通知我，比国摄政亲王夏尔殿下于1948年2月23日授我利奥波德大十字级大绶勋章。他与夫人定于4月12日特备午宴，邀请我和我妻周慧君、沈昌焕夫妇及于斌总主教，同时举行授勋仪式。

原来中比庚款慈善教育基金委员会自从中方主持人褚民谊沦为大汉奸后，中方委员会奉行政院命令改组，张道藩任委员长，我任副委员长。①又因我过去曾留学比国，并担任过驻比公使馆临时代办，比国遂有授勋之举。

---

① 1947年，国民党行政院决定中比庚款委员会办理结束。委员会拨款设立的中比镭锭研究院移交中方，由著名肿瘤病专家吴桓兴博士接管。

我的外交官生涯·凌其翰回忆录
WODEWAIJIAOGUANSHENGYA LINGQIHAN HUIYILU

百年
中國記憶
RAINIAN
ZHONGGUO
JIYI

第7章｜在驻法大使馆公使任上

（1948—1949年）

调任经过

正如上面所述，我刚任礼宾司司长时，即收到老友孟鞠如自巴黎来信，他敦劝我从速摆脱一切，出国以自救。初不料任礼宾司司长仅十个月即调出国，而且恰恰调到法国，使我有机会与老孟等携手前进，走弃暗投明的光明大道，可算是调得其所。

但怎样调赴巴黎，也有一段复杂的经过。蒋介石调沈昌焕接任礼宾司长的手令甫下，部中对我的出路都很关注。首先原任驻巴拿马公使的涂元檀调任驻缅甸大使时就暗中向我示意，最好补巴拿马之缺。当时外交部政务次长刘师舜（琴五）也认为由我补巴拿马之缺，最为合适。讵料近水楼台先得月，当时的人事处处长郑震宇已早走一步，经陈果夫推荐，先由蒋介石批准任驻巴拿马公使，而王世杰则另有想法，认为我既能应付一般人难以应付的越南问题，大可调赴汉城以应付朝鲜的局面。新任次长叶公超则期期以为不可，他认为英、美、苏、法号称四大国，既然英、美、苏三大国已派有大使馆公使，派我为驻法大使馆公使最为相宜。我自己对此事始终抱着一贯的态度，绝不钻营。经过上述几人的努力，蒋介石最终批准我为驻法大使馆公使。

临行前，王世杰邀我谈话，临别赠言，劝我此去要轻车简从，便于进退。因为他估计苏美两大国为了柏林问题而掀起的冷战局面方兴未艾。而我的估计适得其反，我认为目前岌岌可危的情势不是欧局，而是国内，蒋家王朝已趋于崩溃的边缘，目前我只有先跳出它的牢笼，然后才能图谋新生的道路。因此我偏偏不听他的错误的估计，带着全家眷属大小达八口之多，一起出国。

西行舟中

我乘法国邮轮"安德烈·勒朋"号，于1948年6月14日自上海启程。在船上我巧遇贺其治的夫人朱若华。贺其治是中央政治学校外交系毕业的高才生，我在该校任兼任教授时认识的。贺当时任国民党驻利物浦领事馆副领事，朱若华适回国休假后再返英。在舟中她偶尔与我谈及国事，终觉得国民党岌岌可危。

在"安德烈·勒朋"号到达西贡，时尹凤藻任驻西贡总领事。1946年我按照王世杰的指示，特来西贡访问达尚礼海军上将时，西贡治安远未平静。入夜冷枪四起，无法到华侨聚居的堤岸访问。这次我到西贡，堤岸华侨各团体举行盛大的宴会来欢迎我全家，大概是总领事尹凤藻事前精心安排的。当时驻西贡总领事馆全体馆员均来作陪，其中有新任领事李文显。他是我在震旦大学的同学。后来我于1949年10月10日联合驻法大使馆与驻巴黎总领事馆全体馆员通电起义后，李文显是最早响应的一人。1950年5月，我奉周总理来电指示，偕大部分起义人员乘法邮轮"马赛曲"号东归，李文显全家也于西贡与我们同舟来归。

"安德烈·勒朋号"在西贡停泊三天，启碇前又迎来了一位法国高级军人，那就是拉乌尔·萨朗将军和他的夫人。萨朗夫人是一位跛足的美女、是我在河内时期的熟人。在"安德烈·勒朋号"西行途中，适逢7月14日法国国庆日，萨朗将军特邀请我到餐厅饮香槟酒，以志庆祝。

初到法国的印象

1948年7月30日我抵达巴黎，8月1日到任，老友孟鞠如突然到我的办公室与我密谈。他任大使馆参事，其席次仅次于我。他对我说："大局急转直下，国民党崩溃在即，我们不能殉葬，必须自救，有一本天书，是斯大林名著《论列宁主义基础》法文版，我介绍给你一读。"

他说时就把这本小册子送给了我，继而他又说："蒋介石待你并不好，我们对他必须打破迷信，这本小册子是使我们打破对蒋介石迷信的一件有力的武器。"

这次谈话虽很简短，却给我很大的启发，使我想起我刚接任礼宾司长时就接到他从巴黎的来信。他对我十分耐心地、连续一贯地做思想工作，我至今想到这点还很感动，这是使我终生难忘的一件事啊！

这时欧洲第二次世界大战结束已经三年多，战争的创伤还没有消除，定量分配制依旧存在。汽油、牛奶甚至儿童吃的巧克力糖都按户口发配给票。外交使团享受优惠待遇。法国工业制造也未恢复战前的规模，所有高档耐用消费品例如汽车、电冰箱等，都仰求美国进口，当时法国通货膨胀，美钞黑市猖獗。外交官手持美钞从黑市中调换法郎，要便宜得多。这种情形已经是司空见惯，直到我于1950年回归祖国前才逐渐消除。

晋谒比国王太后伊丽莎白

我刚到驻法大使馆就获悉长期任比国驻华大使的纪佑穆男爵亦已调任驻法大使，而长期充任他的助手的路意·佘文参赞亦随来任驻法大使馆公使。回忆1929年3月，我在比国卢文大学政治学院应考政治外交系硕士学位，与我同时参加口试的就是路意·佘文，两人成绩均为最优等。1948年8月初旬，佘文以电话通知我说："伊丽莎白太后已来巴黎. 住比国大使馆宾馆，他获悉你在法，极愿与你一晤。"回忆起比王亚尔培一世在世时，主持的那一次宫廷舞会，我偕前妻康素以荣幸地参加了这次盛会。讵料好景不长，这次宫廷舞会后，亚尔培一世登山失足身亡，跟着王室发生一系列不幸事故。而今二次大战已经结束，伊丽莎白亦年事已高，真是世态沧桑，令人感慨！我应约到比国大使馆宾馆茶叙。佘文在宾馆迎接，同到宾馆长廊，太后因身体不适，坐在轮椅上接待。我和佘文就匍伏轮椅左右，与她亲切谈话，我为太后缕述那次宫廷盛会上，素以所穿银色缎袍，绣以孔雀开屏的图样，太后深为感羡。太后对我说希望有生之年能到伟大的中国旅游。

新中国成立后，比国名律师德刚夫妇来华，曾向我转达伊丽莎白的游华凤愿。周总理以中比尚未建交，就由全国妇联蔡畅主席名义邀请。1961年9月，伊丽莎白太后，以85岁高龄，兴致勃勃地与她的女儿原意大利废后为伴，阿拉男爵和胡斯曼夫人（即德刚夫人）等为侍从人员来华访问。我以1957年反右运动中被错划为右派，未能出面。当时宋之光主管欧洲事务，曾征求我的意见。我认为伊丽莎白虽身为王室贵族，但有进步倾向，酷爱文艺，我特别推荐小提琴家马思聪和名画家吴作人与太后相见。据当时担任翻译的周剑卿同志回忆，太后一行曾畅游桂林山水，并与周总理会见。太后离华前，吴作人特亲刻篆文图章一枚以赠。当时黄甘英同志亦担任接待工作。

陈立夫访法

8月4日，陈立夫以国民党立法院副院长名义出国考察，适从美国飞抵巴黎。与陈立夫同来的有原任蒋介石侍从室第三处（主任陈果夫，主管人事）主任秘书曹圣芬。当时我初到任，按照法国外交惯例，作为大使馆公使，需要作一系列的到任拜会。陈立夫负有正式访问法国的使命，也需要进行同样的拜会。于是大使钱泰建议我和陈立夫联合拜会，同时我也可顺便为陈立夫做翻译。当时我已经到奥赛码头（法外交部所在地）拜会了法外交部秘书长、政治厅厅长、亚澳司司长、礼宾司司长、副司长等。这些法国外交部高级官员是我在工作中需要经常联系的主要人物，对他们的单独拜会是必不可少的。记得当时法外交部政治厅厅长顾夫·德姆维尔后来是戴高乐执政时的总理，曾一再来华访问。

8月5日起，陈立夫和我联合拜会了：参议院议长加斯东·莫纳维、国民议会议长爱德华·赫里欧、总理安德烈·马里、外交部部长罗贝尔·舒曼等。大使钱泰还为陈立夫设宴，邀请法国政界右派人物作陪。

在访问过程中，上述法国资产阶级政治人物都一致称颂陈立夫的反共精神，把陈立夫当作国际上反共的健将。陈立夫听了也沾沾自喜。

陈立夫为我谈两件事：

一件事是他盛赞当时美国国防部部长福雷斯达（Forresta），说他是国际上一个著名的反共反苏专家。他向陈立夫表示愿意以全力支持国民党反共反苏（不久这位反共、反苏的狂徒竟在华盛顿跳楼自杀）。

另一件事是陈立夫对当时美国大选颇感兴趣。他估计民主党杜鲁门将要落选，共和党杜威要当选。他向我透露孔祥熙在美国开出了一张巨额美金支票献给杜威作为竞选费用。他说：杜威当选后对蒋介石进行内战，将给予大规模军事援助，可以挽救国民党的危机。可是竞选结果杜鲁门没有落选，国民党押宝押错了。

这时，陈立夫对我的思想转变还没有发觉，而驻法大使馆内部的政治空气起了变化则已有所闻。陈立夫和曹圣芬两人均先后向我了解孟鞠如的情况，我当然为孟鞠如辩解。陈立夫还亲自与孟鞠如谈话，孟鞠如素性耿直，胆敢对国内国民党贪污腐败情况直言痛斥，陈颇感难堪，未能反驳。

陈立夫在巴黎访问约一星期即飞返南京。

联合国第三届大会

1948年9月，联合国第三届大会在巴黎举行，会址在夏郁宫（Palais Chaillot）。当时的中国政府组成了以外交部部长王世杰为首的代表团。这个代表团表面上组织相当庞大，实际上多数人员是从驻欧各使领馆临时借调凑成的。兹将主要成员列后：

代表：王世杰、蒋廷黻、彭学沛、钱泰、张彭春。

副代表：刘锴、李迪俊、夏晋麟、徐淑希、张忠绂。

秘书长：郑宝南。

顾问：时昭瀛、胡庆育、凌其翰、卜道明、魏学仁。

专门委员：郭长禄、孟鞠如、江季平、余铭、王蓬、汪公纪、谢东发。

咨议：田保生、陈尧圣、曾特、鄷传诗、蒋恩铠、杨西崑、王思澄。

秘书：高士铭、吴厚贞、叶洪泽、耿嘉弢、唐祖培、钱能欣、龚秉成、章祖贻。

代表团团长王世杰匆匆于开会前赶到，原部长室秘书郭长禄，以代表团专门委员的名义随王而来。据他向我透露，王在行前居然干了一件大事，即大力促成金圆券的发行。王盛赞王云五的理财才能，对王云五的金圆券方案寄予很大的期待，甚至使领经费也可望按月发放，从此可以高枕无忧了。初不料金圆券发行才两个月，即行崩溃。1948年10月10日，钱泰作为驻法大使在馆内举行了旧中国最后一次国庆招待会，王世杰作为代表团团长，出席了这次招待会。不久，王世杰匆匆回国，1948年12月22日即辞去外交部部长职，由吴铁城继任。[1]

---

[1] 黄元彬著：《金圆券的发行和它的崩溃》载《文史资料选辑》第8辑，第97—108页。

王世杰回南京后，代表团团长就由安全理事会常任理事蒋廷黻代理。这时，国内解放战争，一个胜利接着一个胜利，势如破竹，特别是11月沈阳解放的消息传来，出席联合国的国民党代表团成员没有一个不是忧心忡忡。蒋廷黻在代表团内部的预备会上要求大家注意搜集苏联在我国内战争中协助中共的证据，大家对此莫不面面相觑，连他这位曾到苏联考察并一度担任国民党驻苏大使，自负对苏联有深刻了解的人也在这次预备会上叹道："实在太难了！连美国方面也不得不说，无法找到苏联协助中共的证据。"

恰巧那一天《纽约时报》揭载一条电讯说：中国人民解放军内部夹有日本战俘。蒋廷黻如获至宝，带了那份《纽约时报》，出席联大第一委员会（又称政治委员会）。那天该会正在讨论朝鲜问题，他借题发挥，引用了《纽约时报》那段捏造的谎言，来替国民党辩护。他还恬不知耻地称颂蒋介石好比美国南北战争时期的林肯，当场就引起乌克兰代表马努斯基的反驳，他说："历史会告诉我们，谁是中国的林肯？是蒋介石？还是毛泽东？谁在解放全中国？是国民党军队呢？还是人民解放军？"

马努斯基这场精辟的辩论顿使蒋廷黻当场狼狈不堪，气红了脸、哭笑不得。我作为代表团顾问，适坐在蒋的背后，也感到难堪，至于全场各国代表也都听得目瞪口呆。

有人要问国民党代表团出席联合国第三届大会，究竟采取什么政策，以下的事例很能说明问题。

一天上午，代表团内部举行一次汇报会，出席第六委员会（法律委员会）的代表钱泰报告该委员会受理阿根廷政府控诉苏联一案，案情大概如下：

阿根廷和苏联绝交，阿根廷驻苏联大使下旗回国，他的儿媳妇是苏联籍，按照苏联法律，不准同去。这明明是有关法律的问题，而且是国内法的问题，属于法律委员会管辖，但美国代表认为这个问题属于违反基本人权的范畴，应移交社会问题委员会管辖。表决时，钱泰投了弃权票。钱泰说："美国代表的提案理由实在太牵强了，故不能不声明弃权。"

我顺着钱泰的口气说：

"声明弃权，我还认为不够，应对美国提案投反对票。"

在座大家都不作声，独蒋廷黻做出不满意的样子说："凡是美国针对苏联的一切提案不应该问合理不合理，一概应投赞成票，若声明弃权，则是对美友谊表示不够，遑论反对。这才是我们在联合国所采取的政策。"

那一天汇报，我的唯一印象是：当时的中国代表团在联大甘心为美国的应声虫，为美制机械多数的表决机器的一个齿轮，这是一个活生生的证据！

1948年11月，驻德军事代表团团长黄琪翔将军接到蒋介石电召，即偕夫人郭秀仪女士经过巴黎，准备回南京述职。代表彭学沛（浩徐）特在中国饭店"天下乐园"邀黄氏伉俪便餐，并邀我和薛光前作陪。薛光前当时任驻意大使馆公使，在上述中国出席联合国第三届大会的代袁团名单发表后补充为顾问。黄将军谈笑风生，我和他还是首次见面，对他有很好的印象。我们的谈话不约而同集中于国内战争。我清楚地记得彭学沛态度悲观。他觉得国民党前途茫茫，他说："我准备流亡三年，等待第三次大战的到来……"

薛光前说："我看大局未必不可为，目前这场淮海战役可能是一场胶着战（但一个月以后，淮海战役却以国民党的彻底溃败，和人民解放军的辉煌胜利而告终）……还有江水滔滔的长江是一条天险，可以凭险而守，划江而治，苦苦地守住江南半壁天下，指望第三次大战的到来。"

彭学沛接着说："我看长江也靠不住……"

彭学沛可算是国民党方面彻底的失败主义者，他不等到会散，就匆匆飞美转回国。当真准备流亡三年了。上海解放前夕，他仓促搭上飞机，准备飞往香港……据说他变卖了国内的财产，携带了数以万计的美金出走，讵料飞机竟在航行途中遇难而摔死了。

薛光前也未等会散，即匆匆离巴黎，行踪诡秘。不久法国报纸传出消息，一位中国外交官，利用外交使团C. D. 汽车牌照，竟干走私的勾当，载运价值数十万美元的"金路易"（旧法币名），在瑞法交界处被法国海关所破获。这个走私的外交官不是别人，就是薛光前。他赶到驻法大使馆哀求大使钱泰向法国当局疏通，当时钱泰派人向法当局说项，结果赃物全部没收，姑念作案人系现任外交官，免予起诉。薛光前气得几乎要自杀，经驻教廷公使吴经熊劝阻并由于斌总主教介绍他受天主教的洗礼，以后在美国讲学，听说讲题是"中国文化"……后来入美籍并拥有美国某天主教大学副校长的头衔，以后听说已病死。

至于黄琪翔将军和郭秀仪女士，他俩与我当时同在天下乐园饭店共餐，对上述彭、薛两人的对话初则报以微哂，继而黄将军突然打破沉默，对国际形势加以冷静的分析，认为美苏矛盾虽因西柏林改革币制问题而使冷战局面更趋紧张，但由于种种因素，还不致演变成第三次世界大战。我对黄将军卓越的见解，深以为然。

1950年6月，我奉周总理电召回京，又有机会与黄氏伉俪相晤，原来黄琪翔将军已先我而脱离与蒋介石的关系，早于1949年8月作为中国农工民主党领导成员被邀参加中国人民政治协商会议第一届全体会议了。

在第三届联合国大会上，海牙国际法院中国法官徐谟竞选获得连任，大喜，就在王子街金龙饭店大摆酒席，以款待国民党出席联合国代表团全体同仁。徐谟长期担任外交部政务次长，我与他同事多年，比较有感情，在他返回海牙之前，他特邀我单独谈话。他认为孟鞠如思想进步，工作能力强，但锋芒毕露，易遭忌讳，要求我婉言劝告。最后，他慨然对我说："我看只有社会主义能救中国。"这可算是徐谟给我的临别赠言。

1956年秋，我作为中国法律工作者代表团的成员，有机会参加国际民主法律工作者协会在布鲁塞尔召开的大会，原计划抽出时间到海牙去访问久别未见的徐谟，由于会忙和时间局促而未能实现。不久以后，徐谟因病在海牙逝世，我未能在他生前与他作最后一次会晤，深感遗憾，但上述他对我说的至理名言则是我永矢不忘的。

联合国每届大会照例在圣诞节前十天左右休会，正当国内人民解放战争进入决定性阶段，夏郁宫作为联合国第三届大会会场已经是门庭冷落车马稀，国民党代表团也已有树倒猢狲散的情景。蒋廷黻特于1948年12月5日在他的巴黎福煦路41号临时官邸举行两天小规模茶会，被邀参加者都是他平时比较熟识而尚未离开巴黎的团员，其中有李迪俊、夏晋麟、徐淑希、江季平等，我也被邀请参加。此外，常驻联合国办事处的人员如田保生、叶洪泽、杨西崑等也参加。蒋廷黻要求被邀参加者，一面进茶点，一面谈谈国事。

蒋廷黻不是单独主持这个茶会的，与他一起主持茶会的是一相当妖艳的妇女名叫沈恩卿，她是沈维泰的妻子。原来蒋廷黻任联合国善后救济总署署长的时候，沈维泰也在救济总署工作，是蒋的部下。蒋喜欢玩桥牌，而沈维泰原是玩桥牌能手，他的妻子沈恩卿也喜欢玩桥牌，于是借玩桥牌的机会，蒋和沈恩卿搭上了暧昧的关系，以后蒋就霸占了沈恩卿。蒋的发妻唐玉德也曾留学美国，不甘心被蒋抛弃，原拟向美国法院起诉，但蒋享有外交官豁免权，法院无权受理，唐玉德无可奈何，只得胸前挂上一个硬纸牌，上面写着简单、醒目的英文"I am Mrs T. F. Jiang！"（我是蒋廷黻夫人）在纽约联合国会议厅的走廊里踱来踱去，引人注目。一位驰名的教授、学者，素为蒋介石所器重的蒋廷黻竟然这样抛丑，真正令人齿冷！

在会上，李迪俊（长期任国民党外交部情报司司长，当时任驻古巴公使）、夏晋麟（常驻联合国副代表）对时局一致表示悲观。继叶洪泽发言，痛斥国民党政权贪污腐败，说得真是慷慨激昂；其次是田保生以极其沉痛的心情，对国民党政权，表示完全绝望；独杨西崑却提出一面反贪污，一面反共的所谓两条战线的怪议论。

由于时间不早，蒋廷黻表示翌日续谈。到了第二天，我首先发言。我说：我对昨日杨西崑的发言，感到困惑不解，我认为贪污腐败是没落政治的现象，但共产主义是一种革命理想，两者不可混为一谈，不可能存在既反贪污，又反共的两条战线。我认为贪污集团和革命集团之间不可能存在中间集团。我说后大家听了莫不愕然。

原燕京大学法律系主任徐淑希当时是驻加拿大大使，素以国际法权威著称。他与我感情上是比较融洽的，但他的主张却与我恰恰相反："我们应不顾一切，在国内要集中一切力量来反共，在国际要集中一切力量来反苏。"

最后，蒋廷黻作了总结性发言："我曾两次到过苏联，一次是去考察，另一次是去任大使。起初我对苏联革命很有热情，但到过两次以后，我完全失望了……

"有了苏联，有了共产党，我们休想安享自由……

"你们看东欧国家的变动吧，以捷克为例，1948年3月政变以后，捷克的旧外交官一个接连一个被裁撤……"

江季平（常驻联合国办事处专门委员）接着说："还应注意团结科研建设人才，例如钱乙礼先生（即钱昌照）所领导的资源委员会就有大批科研建设人才需要团结……"

蒋廷黻又说："这第三种力量的指导思想应概括为'三不主义'即：

一、不放弃国家主义，

二、不放弃自由主义，

三、不放弃社会主义。

这第三种力量一旦成熟为核心力量，美国一定会成为我们的后盾，把我们捧上台，来代替国民党的统治。"

田保生是我在国民党外交部同事多年的老友。他青年时代肄业于清华大学，为钱端升教授的高足，后来应第一届高等文官外交官的考试，录取后分配在国民党外交部欧美司。当时在国民党政府驻联合国办事处工作。他为人质朴诚实，素为我所器重。他于返美前夕特到我寓辞行，谈到国内时局，竟呜咽失声。于是我劝慰道：

"譬如我们走错了路，走上一条黑暗的道路，我们不必惊慌，只有改弦更张，弃暗投明，才是我们的出路。

"你千万不要悲伤了，须知黑暗已到尽头，光明就在面前，到了关键时刻，必须果敢地行动起来，抛弃旧世界，追求新世界，我们的前途是光明的。"

果然，新中国诞生了，当时钱端升教授去美国，暗中劝田回国，他毅然辞去了驻联合国办事处的职务，奔归新中国。先在华北革命大学政治研究院第二期学习了马列主义和毛泽东思想的基本知识，继就分配在中国人民外交学会担任国际法的编译工作，埋首苦干，举凡奥本海国际法巨著，希金斯和哥伦伯斯合著的海上国际法等英文原著译成中文，都有他的一份辛劳。不幸1957年他被错划为右派，十年浩劫初期，又遭受严重的冲击，1966年8月28日，他因不堪"造反派"的百般凌辱，与夫人双双含冤而死。1979年8月28日才获昭雪。

我的外交官生涯·凌其翰回忆录

WODEWAIJIAOGUANSHENGYA LINGQIHAN HUIYILU

百年
中國記憶
BAINIAN
ZHONGGUO
JIYI

第8章 | 历史转折的一年

（1949年）

马克思的名言

最后，在阶级斗争接近决战的时期，统治阶级内部的、整个旧社会内部的瓦解过程，就达到非常强烈、非常尖锐的程度，甚至使得统治阶级中的一小部分人脱离统治阶级而归附于革命的阶级，即掌握着未来的阶级。

《共产党宣言》（《马恩选集》一卷261页）

1949年是旧中国趋于崩溃，新中国行将诞生的一年，是旧中国内部加速土崩瓦解，新中国革命队伍迅速壮大的一年。我们九个微不足道的小人物，纵然不能说是反动统治阶级，至少是依附反动统治阶级的知识分子，在法国巴黎通过了一番曲折，终于联名通电，脱离国民党一切关系，然后回归祖国。我个人经过长期摸索，终于走上了弃暗投明的康庄大道，从而获得新生。实践是检验真理的唯一标准，通过我们亲身实践的检验，我才恍然明了上述共产党宣言中的隽言确实是颠扑不破的真理。

小不忍则乱大谋

促使我们决心转变的诱因是由一件微不足道的小事引起的。国民党驻法总支部机关报《三民导报》是用钢板、蜡纸刻写、油印的周报，每期仅印二三百份，其经费主要是靠募捐凑成。编辑人龚叔英是CC分子，他拿募捐簿向国民党驻法大使馆兜募，大使钱泰首先认捐，其次就轮到我。我竟出乎他意料之外地拒绝认捐。再次轮到孟鞠如，他也不约而同地予以拒绝，这就引起了这些人的憎恨，他们就与大使馆新闻处处长汪公纪密谋对策，于是汪公纪授计他们向国民党中央党部密控我们背叛党国，该党部于4月26日和5月2日两次密电大使钱泰彻查。钱泰为了向我们讨好，出示密电并饰词搪塞复电了之。

适外交部部长王世杰辞职，遗缺就由国民党中央党部秘书长吴铁城继任。汪公纪原是吴铁城的亲信，国民党外交部因经费支绌，来电裁撤新闻处，并令汪公纪调回。很明显，上述两次密电是在汪公纪回广州后发出的。

同时，大使馆武官处亦奉令裁撤，并令上校武官王观洲调回。这时国共和谈破裂，解放军百万雄师，渡江在即。王观洲和我展开辩论，王认为长江是一道天险，国民党凭险而守，江南半壁天下可望保住；我力斥其妄，认为解放军百万雄师，所向披靡，渡江将是指顾间事，可以拭目以待。其时使馆内部亦顿分两派，纷纷讨论。汪公纪窥测到我们的政治倾向，离法赴港……于5月间，香港的《星岛日报》《工商日报》用醒目标题揭载我"背叛党国"。其实当时我们还没有真正考虑反正的行动，我不知道隐蔽，只是无意中暴露了我的政治倾向，使敌人有所警惕，事后我觉得很懊悔，痛恨自己天真、幼稚、甚至愚蠢，随后还引起了不必要的麻烦，真所谓"小不忍则乱大谋"！

王昆仑同志过巴黎

1949年3月，何应钦继孙科而任行政院长，急电傅秉常从莫斯科飞返广州，征询其能否出任外长，正在此时，孟鞠如密告：王昆仑来了。

据孟鞠如同志回忆，（确实的日期不记得了）有一天他接到昆仑同志从伦敦来的电报说：他于某日某时到达巴黎，就按时到巴黎北车站去接。昆仑同志与爱女王金陵同来。鞠如引他们暂住北车站对面的一家旅馆，即把上述情况向中共驻巴黎总支反映，由于总支接到国内指示，务必保证昆仑同志的安全，就安排昆仑同志迁住于先贤祠后面一家旅馆。

王昆仑是我多年老友，我就随鞠如往见。海外相逢，倍感亲切。由于昆仑任立法委员时，傅秉常任立法院外交委员会委员长，他就询问傅氏的行踪。我对他说，傅秉常正因何应钦电召返广州，他此去莫斯科，恐怕傅秉常还在广州。果然昆仑同志经过莫斯科时，适傅秉常还未返莫斯科，他就从傅秉常办公室的书架上取了一本书，还留下一张借条，准备在归途中阅读。上述情况是我返回北京后，昆仑同志告诉我的。

昆仑同志匆匆东归，意味着祖国大局急转直下。同时消息传来，我熟识的许多老前辈，特别是最早主张联苏抗日的外交者宿颜惠庆，中国职业教育社的创始人、老教育家黄炎培，以张治中将军为首的国民党和谈代表团主要成员、国民党著名的民主派邵力子都已到北京。他们的实际行动，对我起了鼓舞的作用。我誓必追随他们所选择的道路而前进。

宋子文经巴黎逃亡美国

张禹九是张君劢、张公权的兄弟，新中国成立前是中国植物油料公司总经理，在抗日战争中，为国民党垄断了桐油的出口贸易。他与我很熟。1949年5月7日他忽然从香港飞巴黎，同来的有公司副经理阮维阳。他们来巴黎的目的在与法国桐油进口商结算账目。5月12日中午，张禹九寓法前，法国军火商让·龙东在一家法国饭馆设便宴为他钱行，邀我作陪。席间龙东向我透露：

"T．V（宋子文英语名简称）将于5月21日从香港飞荷兰，然后绕道比法公路来巴黎。"

我获此情报，就向大使钱泰密报。钱泰和我两人届时前往凡尔赛去迎接。由于宋子文为了避人耳目，不敢直接来巴黎，因此龙东特为他们在凡尔赛的特里阿农旅馆预订房间。但是宋子文的行踪尽管保密，仍被法国新闻界所探悉。5月21日宋子文抵达之日，法共《人道报》就发表了法共耆宿马赛尔·加香的短评：《宋子文来巴黎干什么？》。用粗体字醒目标题并四周缀以花边突出在读者眼帘，颇引人注目。

钱泰和我鹄候于特里阿农旅馆的院内，宋子文和夫人张乐怡，秘书朱光沐，随从胡维达一行四人，分乘小轿车三辆，由军火商龙东自己和另一位军火商施劳德父子共三人分任驾驶员从布鲁塞尔来到凡尔赛。我们趋前略事交谈后，宋子文即拉我到一个角落单独谈话，他问我两点：

一、哈里曼是不是在巴黎？我说：听说他已来巴黎，他是执行马歇尔援欧计划的欧洲总署署长。

二、傅秉常回莫斯科"辞行"后已经回到法国没有？我说：还没有。

正如上述，国民党政府迁广州后，何应钦继孙科之后任行政院长，电傅秉常要他任外交部部长，傅不允，要求再回莫斯科，以便向苏外长维辛斯基办理辞行手续。傅明知新中国即将诞生，在新中国诞生前，他作为各国驻苏联外交团的团长，借正常的"辞行"而去，可以保全他的颜面（这是傅秉常从广州再返莫斯科途经巴黎时当面对我说的）。

宋子文又交给我一封信，是他写给他的法律顾问托马斯·高克伦的。高克伦住巴黎城内著名的古老旅馆克里翁旅馆，我回到巴黎就替他办妥了这件事。

5月22日下午4时，宋子文的秘书朱光沐（秀峰）来大使馆访我。他原是张学良的老部下，1935年我在巴黎就认识他，同时也认识了张学良的兄弟张学铭。朱光沐和张学铭两个是连襟。朱光沐说："我们离香港前几天，香港的《星岛日报》和《工商日报》均以醒目标题登载了你'背叛党国'的消息，我和令姐夫潘铭新（我的四姐夫，是宋子文官僚资本系统扬子电气公司总经理）对此都很惊讶。究竟是怎么一回事？"我就把我怎样拒绝捐助《三民导报》经费引起CC派的愤恨一事告朱光沐，又非常坦率地对朱说："和谈破裂，共军渡江前夕，国民党能否坚守长江确保东南半壁天下，成为使馆内部引起争论的焦点，我认为坚守长江是绝不可能的。事实胜于雄辩，所谓保持东南半壁天下之说已经破产，对我造谣诽谤即以上述争论作为'投共'之证据，岂不可笑！"

宋子文这次来巴黎，仓促狼狈，显然含有流亡性质，连他们一行所领护照都是普通护照，到巴黎后的赴美签证还是原驻巴黎副领事胡有萼经手办理的（胡为我们联名通电起义的战友）。但是法国外交部部长罗贝尔·舒曼仍以私人名义派亚澳司司长贝扬斯前往特里阿农旅馆向宋子文致敬。

5月27日晚，钱泰夫妇宴请宋子文夫妇，朱光沐、胡维达随来。未就席前，宋子文拉我到客厅的一角，悄悄地问我：

"香港报纸盛传你已经投共，究竟是怎么一回事？"

我又把向朱光沐说的一套话重复讲给宋子文听，我深知宋子文和CC之间矛盾很深，宋子文听了就说：'噢！噢！原来如此。"居然对我也没有怀疑了。

那晚，宋子文对我说，他打算到伦敦访问英国首相丘吉尔和外相克里浦斯爵士，要我与驻英大使郑天锡联系。

5月30日，朱光沐来说："院长因凡尔赛地点偏僻，出入太不方便，适龙东夫妇要到美国去休假，就把龙东在巴黎的寓所让给他住。

朱光沐要我严守秘密。

5月30日，傅秉常从广州回莫斯科，向维辛斯基作了"辞行"的拜会后，又回到巴黎，住威尔斯亲王旅馆。6月1日，傅秉常曾到宋寓与宋子文密谈一次。

5月31日，哈里曼的女秘书两次向我打电话，询问宋子文的寓所地址，大概宋子文已经访问了哈里曼，哈里曼准备作礼节上的回访。

6月1日，驻英大使郑天锡来电话问我：宋等几人来伦敦，准备为他们安排旅馆。我说请示后再告。

同日下午，我因事访问法国外交部亚澳司司长贝扬斯，贝扬斯顺便对我说：当日上午他曾晤宋子文，宋对他说，即将赴美，但没有说日期。

6月3日上午，朱光沐来访，告我两事：

一、宋子文已取消赴伦敦访问英首相丘吉尔的计划。

二、请钱泰和我于6月4日晚，在其寓所便餐。

宋子文虽打消赴伦敦的计划，但我获得消息，英外相克里浦斯爵士已于6月3日抵巴黎，宋要我设法约见克里浦斯爵士。我打了好几个电话给克里浦斯爵士的女秘书，一直到6月4日下午始终没有回音，至此我才恍然大惜，克里浦斯爵士虽已到巴黎，宋子文也无法见到他了。

6月4日晚，我赴宋子文邀宴，地址就在原龙东公寓，同席除主人夫妇外，中国方面有钱泰夫妇、我、朱光沐、胡维达和齐焌（留德出身，常住瑞士苏黎世，曾充宋子文的秘书，专为宋拉拢德国、捷克等军火贸易商）；外宾方面有让·莫纳夫妇，拉西曼和高克伦。

莫纳是以钢铁企业为背景的银行家，曾一度任国联副秘书长，主管经济方面的工作，善于结交英美资本家，1933年曾到中国，主张中国应自己建立一个建设银行公司，以便与外国金融资本合作，他的主张未能获得张嘉璈的赞同，却深得宋子文的欣赏。宋后来终于把持了中国建设银行公司，这个公司成为宋子文官僚资本的支柱。二次大战后，莫纳任法国复兴计划局局长、所谓舒曼计划，实际上是他描出的蓝图。1951年4月，欧洲煤钢联营（今译为"欧洲共同体"）成立，莫纳当选为高级机关首任主席。众所周知，欧洲共同市场条约就是比照欧洲煤钢联营而成立，欧洲煤钢联营实际上是欧洲共同市场的先驱。莫纳在政治上遂被称为"欧洲联邦"的鼻祖。

拉西曼系波兰犹太人，曾任国联秘书处卫生局局长，1933年由国联派为技术合作驻华代表，与宋子文主持的全国经济委员会有密切联系，以该委员会所提出的有关卫生、公路、水利、农业、行政、教育各方面的报告为基础，编成所谓"拉西曼报告"，深得宋子文的重视。据他自己向我介绍，他的现职为波兰驻联合国儿童福利委员会代表。

高克伦是宋子文的法律顾问。我已在上面谈到了。

当晚的宴会具有告别的性质，宴会的空气是很沉重的，无论主人和客人，态度是很严肃的，席间谈话的情况，我无法回忆起来，只有席散前莫纳对宋子文的临别赠言是令人惊心动魄，殊难忘怀的："这不算什么！终有一天，我们会重新回来的！"

宋子文报以微笑，拉西曼则频频点头。

外宾去后，朱光沐对我说："院长已决定于6月8日赴美。"

宋妻张乐怡透露，宋的三个女儿将随龙东夫妇从美国来巴黎度暑假，还说"以后恐怕没有这样随便的机会了"，言下之意，颇有白华长期流亡的口气。

张乐怡还向我要求借用我自备的美制小轿车一二天，以便驰往巴黎繁华区域采购些高级礼品。

5月31日，宋子文曾问我台北有没有电报来，直到6月7日才算来了一个电报，电文不长，朱光沐自备特用密码本，因此我无法探知电报内容。

6月8日下午5时3刻，宋子文、张乐怡、朱光沐和胡维达一行四人乘Ｔ·Ｗ·Ａ民航机飞美。往机场送行者有：钱泰夫妇、我，驻巴黎总领事蒋恩铠夫妇，齐焌，大使馆三秘耿嘉弢，法国人仅龙东的儿子雅克·龙东。

人们刚到机场，进入候机室时，忽然人声喧嚷，耿嘉弢一个箭步，走到我的身旁，低声耳语："有三五位留学生正闯进机场，散发驱宋传单，还呼喊口号！"

我是站在宋子文右侧，就悄悄地向他转告，顿使他吃了一惊！

正如上述，5月21日，宋子文来法之日，法共《人道报》刊载了法共耆宿马赛尔·加香撰写的短评向宋提出警告。6月8日，宋离法向美国逃之夭夭的时候，又有爱国的留法学生们散发驱宋传单，这传单好比毛主席"送瘟神"诗中的"纸船"。

于斌来巴黎

送走了宋子文不久，又迎来了天主教南京区总主教于斌。这时，大使钱泰到法国南方海边去休假，迎送内宾的任务就落在我的肩上。好在于斌不是别人，是我的震旦大学同学。1920年秋季，我考入上海震旦大学预科一年级，于斌比我高一班，但经常与我在长廊上散步、聊天，关系是比较融洽的。于斌（号野声）东北吉林省人，浓眉黑脸，身材高大。我认识他时，他已经是天主教修士，他没有继续等待预科三年毕业，就出洋赴罗马梵蒂冈攻读神学了。1936年，当我在南京国民党外交部任国际司帮办时，于斌已由教皇任命为天主教南京区总主教，身穿主教长袍，道貌岸然。到南京就职后，到处拜会国民党政府达官贵人，蒋介石接见他后也很重视。"八一三"抗日战役，他随国民党政府西迁重庆，以反共著称的比国雷鸣远神父是由于斌介绍给蒋介石的。蒋介石召开国大，当选"总统"，而于斌则成为国大主席团的成员，以后任主席团主席。于斌在国际间也很活跃，特别是与纽约斯贝尔曼总主教有密切联系。在蒋介石逃到台湾前夕，他奉命以天主教神职名义来法进行侧面外交。

1949年6月22日下午2时，于斌从伦敦飞抵巴黎布歇机场，我一人前往迎接。他下机后就对我说：

"小老弟，我这次到巴黎进行侧面外交，一切已托教廷驻法大使居间安排，毋庸大使馆插手。只有一件事，就是在巴黎活动期间，需要借用你的自备汽车作为交通工具。"

我当然接受这位老学长的要求。

当晚我在寓所设便宴为于斌洗尘。宾客中有梅贻琦，他是清华大学校长，刚从北平飞出，以出席联合国教科文组织年会的代表团团长名义来巴黎，与梅贻琦同来的有庄泽宣、孙恭度、袁同礼等。

傅秉常向苏联外交部部长维辛斯基办理辞行手续后又去巴黎，准备长期在法国定居，也出席了我的宴会。

6月24日晚10时，于斌从教廷大使馆宴会后醉醺醺地来到我寓，躺在沙发上大发牢骚。他说："这批法国天主教的上层人物（指总理皮杜尔和外长罗贝·舒曼）势利得很，看到国民党军事失利，连对我这个由天主教教皇任命的南京区总主教这样有地位的人也不在他们的眼中了。"

皮杜尔告诉他说：目前法国只图保全印度支那，特别是越南这片殖民地，实在没有余力来插手干预中国问题了。

舒曼对他说：联合国五大常任理事国中，苏联是站在共产党方面，法国和英国自二次大战后经济困难，都需要马歇尔援欧计划的援助，一切只有看美国，法国对中国实在爱莫能助。

他一直当我是知己同学，还没有发觉我的政治态度正在急剧转变之中。

于斌态度顽固到了顶点，他对我说："我们和中共势不两立。"他明知国民党局势绝望，但他决定"知其不可为而为之"。他对我郑重其事地说："其翰小老弟啊！我要坚决保持殉国、殉难、也即是殉道的精神！"他甚至说："即使共产党打平天下，我也要拼到底。我可以回国择一块穷乡僻壤的小园地，与几个志同道合的义士继续奋斗，或是西北，或是西南，云南也好，西康也好，总而言之，我要战斗到底，永不屈服！"

我对于斌向以老学长对待他，这时我还不便向他泄露我最近思想的转变。我只得婉转地劝他。我说："国内天主教徒不下三百万，你作为天主教总主教，似应避开现实政治，为三百万教徒的宗教生活着想。你应以坦率的态度，大无畏的精神回国。只要对政府真正表示诚意，除了处理纯宗教事务外，以实际行动表示不干涉政治，我相信你一定会获得中共的谅解的。"

于斌答道："小老弟啊！你太天真了。教徒好比是绵羊，教士好比是牧童。只要把牧童擒住，绵羊是无所谓的，是可以任人安排的。"

他竟这样轻视绝大多数纯洁无辜的热爱祖国的中国天主教徒！我对他说："你非常尊敬马相伯老先生，我也是一样。1932年初，我在上海《申报》工作，《申报》主人史量才要我每星期到徐家汇土山湾绿野堂去访问马老几次，记下他一贯主张的对内民主，对外抗日的灼见宏论，在《申报》本埠增刊上发表了《六十年来之上海》一篇长文并在《申报》副刊'自由谈'内不定期地发表'九三老人马相伯语录'。他堪称爱国、纯洁的中国天主教徒的杰出代表，而你刚才对我发挥的一番话为何与马老的宏论大相径庭呢？1934年11月，史量才在沪杭路上返沪途中惨遭军统杀害，当时我在布鲁塞尔闻此噩耗，非常悲愤！听说你素所尊敬的马老对此也很愤慨！你只尊敬马老其人，而不钦佩马老其言其行，恰恰相反，你刚才的一番话正是马老所切齿痛恨的。你所发挥的殉国、殉难、殉道的三殉精神，将从何说起！"

正因为于斌是我的老同学，我敢侃侃而谈，顿使于斌听得面红耳赤，这时已到半夜，一场辩论，毫无结果，他就乘我的汽车回到他自己的寓所了。

6月25日晚9时，于斌离巴黎前往瑞士，我仍照例到巴黎东车站去送别。

1978年8月16日，合众国际社从梵蒂冈拍来一张关于红衣主教（即枢机主教）于斌逝世的传真照片，附有说明，摘译如下："红衣主教保罗·于斌8月16日在罗马逝世，使参加25日选举新教皇的红衣主教人数降为110人。于斌原是南京教区总主教，但住在台湾，终年77岁。"

傅秉常在巴黎

傅秉常原是孙科的密友，立法院外交委员会委员长，1941年9月，原外交部政务次长徐谟调任驻澳公使，就由傅秉常继任政务次长，适新任外交部部长郭泰祺，在任不到半年，就突然被蒋介石宣布免职，继任部长宋子文因公在国外未归，于是由蒋介石自行兼代外交部部长，平时有关重要外交活动，特别是与英美大使的谈话，傅秉常必须向蒋介石提出书面报告，交由陈布雷转呈蒋介石审阅。适我于1940年4月由王庞惠提拔为简任秘书兼交际科科长，就由傅秉常嘱我在处理礼宾工作外，同时担任他的外交秘书，傅秉常每次接见外国大使，由我陪见并作记录，因此我与傅秉常关系比较好。1943年，傅秉常调任驻苏大使。

1949年2月，国民党行政院迁往广州，3月，何应钦出任行政院院长，电召傅秉常回国，拟任傅为外交部部长，傅坚辞不就，其理由为何对英美方面既不熟悉，亦无声望。傅不仅拒绝任外长，还进一步要求再回莫斯科向苏联外长维辛斯基办理辞行的礼节。其理由为他使苏已达六年，长期任莫斯科外交团的领袖大使，一旦新中国诞生，首先承认当为苏联无疑，借此下台，可以保全他的颜面，于是何应钦批准了他的要求。

傅秉常再从广州经香港返巴黎继续前往莫斯科办理上述辞行手续后，又于5月30日回巴黎。他在巴黎近郊沙特卢维尔购置了一座花园别墅。我们一起叙餐时，他感慨地对我说："蒋家王朝肯定要垮台了。我想隐居于斯，终老于斯，我还想劝哲生（指孙科）也来巴黎长住。我以为定居法国比美国好，在法国比较自由，在美国常要受气！"

9、10月间，由于我们忙于酝酿起义，我就没有与他接触。

10月10日，我们终于起义。11月4日，反动派向我们行凶后，据报参事陈雄飞，秘书赵金镛向傅秉常报告事实经过，傅秉常对段茂澜利用CC特务斯颂熙（当时任驻荷兰大使馆一秘）率巴黎青田帮特务陈楚本等六十余人在使馆内掀起武斗一事大表不满。当时他自置于不偏不倚的中立地位，对双方均不得罪。

同年12月，国际形势大好，各国争先恐后承认新中国。我利用这微妙时刻，特往沙特卢维尔别墅，把我方主张接管使馆问题征询傅秉常的意见。傅秉常一口答应愿以调停人自居，在我和段茂澜之间，商妥折中的办法，但到1950年1月5日，我再访傅秉常时，不知怎样，他突然变卦了，不愿再当调人了。

我定1月30日送家属和随从共八人从马赛乘轮回国，傅秉常夫妇特送请束，定1月10日邀请我全家到沙特卢维尔别墅度周末。傅妻是香港富商英籍何东爵士的长女。在傅家午餐后，傅妻陪我家属一起游览他们的花园，傅秉常则邀我单独到一间密室放映他自摄的彩色电影。

3月30日，以我为首的起义同仁七人奉周总理电召回国，我们定于5月5日在马赛乘法邮船马赛曲号赴香港。4月30日下午，我往沙特卢维尔向傅秉常辞行。傅赠我维辛斯基法学论文集（英译）一册，傅妻则以法国名牌"夏奈尔"香水一瓶托我带给宋庆龄副主席。

临别前，傅要我转告国内熟人，他决不去台湾，他将敦劝孙科也不去台湾。

讵料几年以后，据闻傅秉常在巴黎开设一中国饭店，因营业不振，亏累很多，就与孙科一起赴台湾，任"考试院"副院长，不久就逝世。

地质学博士翁文灏

我在比国卢文大学法学院学习时，暇时逛书店，瞥见一家书店的橱窗中陈列翁文灏著关于地质学的博士论文，我对此印象很深，但我未识其人。

1940年4月，我在国民党外交部主持礼宾工作时，经常引导外宾访问各部部长，在各部部长中获得外宾好评者，仅翁文灏一人，因翁文灏学者风度，善操英法语，应答如流，访问者莫不称道。

1950年2月18日，忽然有一位名杨允植的人到我寓所访问，适我不在。就留下名片，注明他在巴黎的住址：皮埃尔一世旅馆。我就去找他，才知道他先后在资源委员会、经济部工作，是翁文灏的旧属。他于1950年2月初才从香港到西贡，又从西贡飞抵巴黎的。他备述香港方面对我们的起义行动颇有好感。我照例与他酬酢一番，共餐和看戏。

3月2日，杨允植又来访，悄悄对我说："翁先生来了。他很想见见你，我已经择定今晚在巴黎'小鸽笼'餐馆请你和翁先生一起叙餐。我还约在联合国教科文组织工作的郭有守和他的小舅子杨公敏作陪。"

当晚，我在"小鸽笼"餐馆会见了翁文灏。他是下野的国民党行政院院长，而我是刚起义不久的国民党外交官。他的名字列在国民党反动派战犯的名单上，而我是受人民欢迎的爱国人士。我们两人突然会见，严格说是不妥当的。我说："我想不到我们能在巴黎相见"。他说：他已领到出席美国某一国际科学会议的外交护照，但他决定不去美国，先来法国观望一下，衷心希望仍能回到祖国。他说时态度很诚恳，谈风很健，在席间大谈抗日战争期间国民党政府的内幕，将金圆券使亿万人民倾家荡产的大罪恶，完全推在王云五身上。我暗暗想：即使实际上他不负责任，但作为行政院长，在他任内发生的大事当然不能推得一干二净。

那晚席散后，在巴黎期间我再也没看见翁文灏了。

1950年6月，我回到北京后，黄炎培、邵力子、钱昌照，孙越崎等都对翁文灏很关注，我曾把与翁文灏在巴黎会见的经过约略告知。

一年以后，翁文灏、杨允植、郭有守均先后回到祖国。翁文灏于1971年1月27日在北京逝世，终年82岁。他在遗嘱中写道："我曾经参加蒋伪反动政府，走上了反人民的道路。在解放成功的时候，我才决心回国。承蒙毛主席所领导的中国共产党宽大待遇，允许重新做人，真是天地大恩，深诚感戴。"

他在遗嘱中还提到未能亲见台湾回归祖国，深以为憾。

至于杨允植则成为国内知名的化工专家，晚年还光荣地加入中国共产党，1979年10月15日在北京逝世，终年72岁。

化工企业家吴蕴初

1949年9月，著名的化工企业家、天厨味精厂创始人吴蕴初忽然来访，他是我胞兄其峻的老师。辛亥革命前，其峻曾在北京清华留美预备学校学习，因辛亥革命而一度辍学，转读于上海兵工学校。吴蕴初就在该校任化学教师，他与我父亲伯华亦熟，因此，我在巴黎接待世交，倍觉亲切。每晚我必陪吴蕴初游赏夜巴黎，顺便议论国内大局，彼此均认为蒋家王朝末日已临，涉及吴在国内所办的化学企业。他感到一筹莫展。他说："我在香港看到左派报刊痛斥我巴结国民党CC，我创设的留美奖学基金，仅供CC利用，享受奖学金的也都是CC之流，骂我是国民党御用的资本家。在这种情况下，我怎么办？"

我乘机劝他即使为了照顾留在国内各地的企业亦应及时回国，我还出示胞兄其峻从北平来信，大意是"在敌伪时期，为了保全仁立公司产业，我始终未定，这次国民党崩溃，仁立既非官僚资本，何必恐慌！天津传来消息，中共经济政策以八个字表明：城乡兼顾，劳资两利。我认为政策英明，可以信赖。我已决定留在北平。并已加入民主建国会和工商联组织"。云云。他看了大为感动，最后他决定回国，先到香港继往上海。

1949年10月，正在我们起义前夕，忽有一位从香港来的留法学生（姓名已遗忘）带来了吴蕴初的口信，说是他已决定回国，并赠我供烹调用的南味土产四样，聊表敬意。

《民国人物志》一卷277页载：

> 1949年新中国成立后，吴蕴初经营的企业在人民政府领导下才得到恢复和发展。吴参加了人民政府的工作，曾任华东行政委员会委员、上海市人民政府委员，同时在民主建国会上海分会和上海市工商联合会担任工作。1953年10月15日因病逝世。

垂死挣扎下的外交

我们在使馆内部的分工是：我管政治，而孟鞠如则管情报和宣传。但实际上由于军事上国民党军队兵败如山倒，我们的工作简直是在停顿状态，偶尔接到外交部电报指示，向驻在国政府提出备忘录，无非是国民党政权垂死挣扎的反映，回忆如下：

1. 1949年1月8日，外交部电令分别向联合国安全理事会四大常任理事国要求联合调停内战。法国作为联合国安理会常任理事国，当然为被要求的国家。试问哪一个独立自主的国家厚颜无耻地乞求别国来调停自己的内战？当时我只得照外交部的荒谬指示拟了备忘录，向法国外交部亚澳司司长贝扬斯提出这样丧尽廉耻的要求，结果当然遭到冷酷的口头答复，碍准照办！

2. 1949年2月5日，国民党政权宣布行政院南迁广州，实际上是准备逃窜台湾的过渡。外交部电令通知驻在国政府并要求其驻华使节随往，我照例拟具书面照会，敷衍塞责了事。

3. 1949年3月，除苏联大使馆表面上同意迁往广州外，其他各国使馆仅派馆员一人前往，法国驻华大使梅理蔼作为外交团的领袖大使亦仅派参事一人前往。外交部深表不满，来电要求法国政府电梅理蔼亲往广州，作为外交团的表率。我奉令仍照例拟具备忘录，与法国外交部亚澳司司长贝扬斯口头联系。贝扬斯的口头答复是：此事应由梅理蔼大使斟酌当地情况，自己处理，未便作硬性决定云云。结果梅理蔼始终未到广州，反于10月回国述职，美国大使司徒雷登赖在南京，直至8月2日才悄然回国。

4. 1949年7月20日，国民党残余集团已陆续逃往台湾，外交部来电对长江口至山东半岛的沿海实行封锁，饬通知驻在国政府。我照例拟具致法国外交部的书面照会，敷衍了事。实际上，这个封锁只是国民党出动飞机在上述地带，包括上海、南京及其他已解放的城市进行滥炸。这无非是国民党的垂死挣扎，而上述照会只是垂死挣扎在外交上的反映而已。

走上弃暗投明的康庄大道

经过了不少迂回曲折，国民党驻法大使馆和驻巴黎总领事馆绝大部分人员终于联合通电，脱离国民党的一切关系，拥护中华人民共和国，毅然决然走上弃暗投明的康庄大道。这对我自己说来，确经过了一番曲折坎坷的道路。

在"再度主持礼宾工作"一章中，我曾经提到1947年6月16日到任时就接到老友孟鞠如自巴黎来信，指出大局已到转折关头，敦劝我想方设法，摆脱一切，出国以自救。继而1948年8月1日，我调任驻法大使馆公使到任之口，鞠如又突然到我办公室与我密谈，劝我打破对蒋介石的迷信并以斯大林著《论列宁主义基础》法文本赠我，说是可以帮助我打破对蒋介石的迷信……经过整整一年时间，陆续接触了蒋廷黻、宋子文、于斌等极端反动人物，亲自领略了他们的言行，才恍然明了毛主席的以下论断是无比正确：

"大土豪、大劣绅、大军阀、大官僚、大卖办们的主意早就打定了。他们过去是、现在仍然是在说：革命（不论什么革命）总比帝国主义坏。他们组成了一个卖国贼营垒，在他们面前没有什么当不当亡国奴的问题，他们已经撤去了民族的界线，他们的利益同帝国主义的利益是不可分离的，他们的总头子就是蒋介石。这一卖国贼营垒是中国人民的死敌。"[①]

从1948年8月至1949年8月这整整一年，这批反面教员的丑恶表演像电视剧那样一幕一幕地呈现在我的眼帘，无论是宋子文，或是蒋廷黻、于斌，他们都在不同场合，以不同的形式，丧尽廉耻，拆除了民族的界线，这就深深地教育了我，促进了我的思想大转变。正在这个时刻，孟鞠如、钱能欣同我密谈，一致认为国民党政府欠发我们的薪水已达三个月，我们大可以从索薪开始，发展成革命行动。这时，驻巴黎总领事馆胡有萼、萧君石、章祖贻也到使馆与我们频频交换意见。

1949年9月18日，驻法大使馆凌其翰、孟鞠如、谢东发、王思澄、钱能欣、唐祖培、龚秉成、耿嘉弢，驻巴黎总领事馆胡有萼、萧君石、章祖贻等共11人开联席会议一致决定即电外交部催发欠薪，倘于10月10日全部欠薪不能汇到，全体馆员决定停止服务。我们还通函驻欧各使领馆，建议采取

---

① 《毛泽东选集》第一卷，《论反对帝国主义的策略》。

同样行动。结果，复函赞成上项办法的（包括驻法大使馆和驻巴黎总领事馆两馆）有驻法、苏联、挪威、瑞世、土耳其大使馆，驻奥地利公使馆，驻巴黎总领事馆，驻马赛、昂维斯（即安特卫普）、汉堡、利物浦等领事馆等馆全体馆员与驻伦敦总领事馆副领事王世镛。

1949年9月30日会议决定自10月10日起脱离反动政府，拥护中华人民共和国。各在工作岗位，保管公物文件，等候新政府接管，（使馆四年来的政治案卷由我主管，密码本由龚秉成主管，均已秘密移至馆外）同时分函赞同我们索薪运动的其他九个使馆，希望他们一致行动，但一直没有答复。结果只有我们两馆全体馆员始终团结一致，公推孟鞠如、胡有荂和我组成三人小组起草通电宣言稿。三人小组内部分工是孟鞠如起草初稿，胡有荂提出修改意见，最后由我定稿。宣言全文如下：

驻法大使馆、驻巴黎总领事馆
全体馆员拥护中华人民共和国宣宫

中华人民共和国和中央人民政府在全国人民欢腾鼓舞之下正式成立。久已背叛了孙中山的卖国贼蒋介石和国民党反动派所把持的政权在英勇的人民革命武装奋击追逐之下，已经失去了一切苟延残喘的条件，我们一向服务外交的人员，在极度兴奋的情绪之下，向新中国全国人民和伟大的人民领袖毛主席表示热烈的贺忱和最崇高的敬意。

中国人民大革命，由中国共产党领导进行二十八年壮烈的斗争，快要取得完全胜利，军事阶段快要结束，建国工作已经开始。客观的事实要我们认识清楚，新民主主义是建设新中国的唯一途径，就是说，只有在广大工农阶级的代表、中国共产党领导之下，联合全国民主阶层，实行人民民主专政，才能够并且彻底完成中国的社会改革、经济建设和文化复兴。

为了建设新中国，中国人民不仅需要国内统一，并且需要世界和平。中国人民必须联合全世界一切爱好和平的国家和人民，共同奋斗，使制造战争者不敢动手。

我们要参加建国工作，我们先要痛下决心，把我们浑身封建官僚的积习、洋迷①和个人主义的劣根性，彻底剔除净尽，然后才能够把自己改造成人民，向人民学习，如何替人民服务。

我们郑重宣布和反动政府脱离关系，各仍站在原有工作岗位，保护人民利益，保管公物文件，听候人民政府接管和指示。同时，我们热诚劝告全体使馆同人，快起来响应我们，打倒执迷不悟的死硬分子，制止他们盗用中国外交官的名义，在联合国和国际间散布谣言，侮辱中国人民，挑拨国际是非，危害世界和平。

必须指出我们所以选择10月10日为宣言发表之日，不是偶然的，一是因为我们在海外消息隔膜，不知道中华人民共和国何日正式宣告成立；二是因为10月10日是辛亥革命、武昌起义之日，俗称"双十节"，在那天宣布起义，可能引起更大的注意，产生更好的效果。

当时新华社驻布拉格记者吴文焘同志与中共驻巴黎总支部孟雨同志已有联系，我们的情况早由孟雨同志通过吴文焘同志向国内汇报，宣言全文也于10月2日转电北京。

周总理兼外交部部长复电指示

巴黎前国民党政府驻法大使馆暨驻巴黎总领事馆全体馆员均鉴，九日电悉，甚为欣慰，你们脱离国民党反动残余集团，接受中华人民共和国中央人民政府领导的宣言亦收到。我对于你们这种爱国行动表示热烈的欢迎，驻在其他国家的前国民党政府的一切使领馆人员与其他工作人员均应效法你们的榜样、脱离反动阵营，服从伟大人民祖国的中央政府，为祖国与人民立功，所有这种脱离反动阵营的有功人员，本部均将量才录用，使能对于祖国有所贡献。希

①　"洋迷"指崇洋媚外的思想。

望你们团结一致，坚守现在工作岗位，负责保管公物文件，以待中央人民政府接管。周恩来1949年10月11日于北京。

我们接到周总理的复电和重要的指示后，非常振奋，就立即以"快邮代电"形式通函国民党驻外各使领馆，原文如下：

> 我们十月十日的宣言发表后，北京周兼外长复电极为重视，号召其他各馆响应，有功人员量才录用，并令坚守工作岗位负责保管公物文件听候接管。查此项任务的达成非无障碍，虽至今我们仍保持实际上的外交官待遇，天天到馆，前途亦可乐观，但为万全之计，我们均具最大的决心，绝不在任何威胁利诱之下，退让半步。兄等倘有同样决心，切望立即参加响应。驻法大使馆暨驻巴黎总领事馆同人中寒附周兼部长复电抄件（略）

反动派与我们反复较量

1949年4、5月间，国民党反动派就开始对我们，特别是对我和孟鞠如二人有所警惕。（见上文"小不忍则乱大谋"）10月的索薪运动更使窜逃到广州的国民党外交部惶惶不安。适大使钱泰外出因车祸身受重伤，就电广州请求辞职，广州外交部于10月5日电复照准，然后广州方面采取一系列的紧急措施如下：

一、电调凌其翰、孟鞠如回部。当时国民党外交部部长是叶公超，除由部电发上述调令外，还由叶公超以个人名义发电给我和孟鞠如，原文如下：

"此次调两兄回部实以现部中人才缺乏，诸多借重，至盼能早日返国，共济危局，国内双方情形非如外传之简单，前途并非不可为，否则予早已引去。"

二、调驻英大使馆公使段茂澜为驻法大使馆代办，段茂澜即于10月6日抵巴黎。

三、调在部内的陈雄飞为驻法大使馆参事衔一等秘书，原驻英大使馆随员赵金镛为驻法大使馆三秘。

陈雄飞于10月31日到达巴黎，他是我的震旦大学法科同学，到巴黎后即来我寓访问。赵金镛则随段茂澜于10月6日抵巴黎。

四、派新任常务次长董霖携带一笔款项于10月8日赶到巴黎。

五、此外，原驻柏林代表团一秘赵俊欣，①驻荷大使馆一秘斯颂熙则以临时出差名义，先后到巴黎。

这一系列人事措施来势甚猛，估计由于我们择定双十节为我们两馆起义的日子，反动派就要想方设法，务使我们内部在10月10日以前，分化瓦解，把在巴黎孕育着的起义火种，扑灭于无形之中。

于是跟着钱泰的辞职，段茂澜立刻到巴黎，董霖也兼程而来，对我们施尽利诱威逼，挑拨离间的手段，借以破坏我们的团结。

我们的对策是对反动派，尤其是对段茂澜和董霖，要尽一切可能在表面上维持我们和他们之间的私人关系，以便同他们进行对话和面对面的斗争。

首先10月5日，在段茂澜未抵巴黎前，我抢先一步到法国外交部向亚澳司司长贝扬斯口头声明：“我们全体馆员已决定脱离国民党的一切关系，拥护中华人民共和国，并听候中央人民政府的接管。”

贝扬斯闻后大惊，就说“当立刻报告部长”。翌日贝扬斯电话约见，由他陪同见法国外交部礼宾司司长，礼宾司长郑重地对我说：“由于法国政府还没有承认中国新政府，法国政府决定把你们的外交待遇维持到1949年年底，届时仍可接洽展期。”

---

① 赵俊欣是著名民主人士冷遹（御秋）的女婿，而冷御秋又是我素所尊敬的黄炎培（任之）老先生的知友。当时赵俊欣适与我们站在对立面，我归国后不久，经黄任老向我解释后，我立刻表示谅解。后来，赵任南大教授，参加了民盟。不久逝世。

我又说："我们将继续到使馆坚持原工作岗位。"礼宾司长答："只要段茂澜方面没有反响，我们不干预使馆内部事务。"

其次，8日董霖抵巴黎后，当晚我在寓邸设便宴招待，来宾有董霖、段茂澜夫妇、蒋恩铠夫妇，赵金镛、孟鞠如等。在席间，孟鞠如约董霖于翌日晚逛夜总会，董霖表示同意。席散后，孟鞠如先辞出，董霖就开始挑拨我和孟鞠如的关系，在客厅中与我并肩挽手，公然说道："我陪你到台北，我的常次职位让给你，好在公超（指叶公超）是明白人，好商量！"我立即严肃地答复："今天的事是革命，不是做官，决不能开玩笑！"当晚董霖见我对他的诱饵竟未上钩，似乎有些失望。

翌日晚孟鞠如偕董霖到巴黎第九区一家夜总会会谈。董霖妄想以补发欠薪作为打消我们的起义宣言交换条件，孟鞠如坚决不允，结果，董霖只得补发欠薪。他的第一步计划落空了。

段茂澜和随来的三秘赵金镛妄图诱骗机要秘书龚秉成退出起义未成，以巨额美金，收买他经管的密码本亦未成。仅谢东发、耿家弢二人意志不坚，竟受诱骗，分别表示退出起义。

从此，大使馆六人，总领事馆三人，团结更紧，遵照周总理的指示天天到馆，各据自己的办公室坚守工作岗位，反动派对我们无可奈何。

我和段茂澜的对话

有一天，我和段茂澜对话，回忆如下：

凌：观海兄（段茂澜号），你还记得1939午夏秋之交，在重庆的事吗？那时国共还在合作时代，你主动向我建议说：周恩来是我的南开同学，我和他虽然政见不合，但他品学兼优，我素所钦佩，现在他是中共最高领导人之一，我当和他约定时间，届时我陪你去一见。我当然同意你的建议。不久，你对我说，已经约定，届时你陪我到曾家岩八路军办事处。适周总理因事他出，由邓颖超同志接见。邓大姐十分和蔼地对我们说：恩来临时有事外出，未能接见，很抱歉。你同邓大姐也很熟，谈了片刻，才同我兴辞而出。距今已忽忽二十年了。现在新中国诞生了，我设想假使你和我一起回国，仍旧由你介绍我谒见周总理，岂不很好！

段：笑话，笑话，现在情况不同，决不能这样干了。现在我目睹国家（对段来说，是指蒋家王朝）正在危急存亡之秋，我有破釜沉舟的决心！我身在船上，明知船要沉下去，我只有与船俱沉了。

这段对话，我是永矢不忘的。记得起义同仁中也有人在场听到这段话。联想起我归国后遇到傅作义将军，他对我说：

"当你们在巴黎起义时，由于段茂澜曾在我手下当过外事秘书，也当过天津电话局局长，我曾发电促他起义，他竟置之不理，岂不可叹！"足见段茂澜的头脑是何等顽固啊！

我们起义后，除了天天到馆，恪守周总理关于坚守工作岗位的指示外，也曾陆续出外活动，例如参加法国总工会发起在互助大厅举行的新中国诞生庆祝大会，出席皮映古华工总会举行新中国诞生庆祝会等，记得我在皮映古庆祝会上还讲过话。

与孟雨同志的会见

自从1949年10月，我们在巴黎宣布脱离国民党关系坚守工作岗位，听候中央人民政府接管以来，最令我难以忘怀的是我们与孟雨同志的会见。孟雨同志原名孟凌崖，是最早的留法勤工俭学学生，中共驻巴黎总支部成员之一，1946年4月，刘宁一同志过巴黎，为了办理护照签证事曾要求大使钱泰核办，钱泰把此事交给孟鞠如办理。孟鞠如偕钱能欣往访刘宁一同志，把护照交给他时，乘机向他表示愿意追随革命，他就介绍孟雨同志和孟、钱两人相见，从此孟雨同志就不断与孟鞠如秘密联系。

另据钱能欣同志回忆如下：

"1946年某月，刘宁一同志到巴黎，当时国共合作已破裂，国民党命令其驻外使领馆密切注意中共在国外的活动。刘到巴黎的次日，孟鞠如同志私下告诉我这消息，我们商定由我去找刘，请他约一时间见见面。一天下午我到巴黎拉丁区王子街的一家旅馆看他。一见面，我先做了自我介绍，然后请他次日晚到孟鞠如家吃晚饭，刘答应了。届时，刘宁一同志由孟凌崖同志（他是中共驻巴黎支部书记，1950年回国后，由费子衡同志任巴黎支部书记。孟回国后改名孟雨）陪同到孟鞠如家。饭后，刘宁一同志详细介绍了国内情况。后来我们四人又在我家叙会了一次。接着刘宁一同志和孟凌崖同志请孟鞠如和我在香榭丽舍大道的一家法国饭馆吃饭。在这次交往中，孟鞠如和我向刘宁一同志表示我们愿为革命事业做一点事。他要我们以后跟中共巴黎支部联系。从此我们和巴黎支部建立了联系。"

1947年6月，我刚在南京接任礼宾司司长职务不久，就收到孟鞠如从巴黎来信，鉴于大局急转直下，劝我及早摆脱一切出国，这就是孟鞠如与孟雨同志联系后开始对我做工作的标志。孟雨同志向我们传达周总理复电时才出头露面，与我们会晤的。

孟雨同志为人谦虚、谨慎、艰苦朴素，令人尊敬。他于10月末即回归离别达25年的祖国，我们全体起义战友九人于1949年10月23日晚假座我寓公宴为他饯行。

1950年6月我回京后，偶然与孟雨同志会见，他依旧保持谦虚、谨慎，艰苦朴素的作风，当时已是生物制品研究所书记。"文化大革命"期间因病逝世，听说曾由刘宁一同志主持了一个小规模的追悼会，但我适遭造反派对我实行所谓群众专政，因而失去自由，未能参加，深以为憾！

图穷匕见

自从1949年10月5日以来，反动派和我们之间，两军对垒，反动派施尽了分化瓦解的伎俩，仅诱惑了谢东发和耿嘉弢二人，我使馆六人和领馆三人反而团结更紧，天天到馆。段茂澜等认为我们既已领到欠薪，自不应再到使馆，而我们则认为我们天天到馆是履行周总理关于坚守工作岗位的指示，因而反动派和起义派就处于僵持状态。到了11月3日晨，僵持状态终于破裂了。我们到馆时，大门紧闭，门外有法国警察看守，由于我们迄今仍具备外交官身份，警察也无权拦阻。忽然有人来送信，我们就乘虚而入，冲入馆内，要求段茂澜保证不破坏我们坚守工作岗位的任务。彼此相持至深夜，临时从荷兰调来的CC分子斯颂熙忽然率领反动分子三十余人到场胁迫我们立即离馆，我们严词拒绝僵持至11时，忽然来了三位华侨从中调停，决定11月4日下午2时在使馆召开华侨大会，设法解决我们到馆坚守工作岗位的问题。

11月4日凌晨1时，我们才离开使馆，当即公推孟鞠如和龚秉成二人连夜奔走各方发动群众，爱国侨胞和进步留学生大约百余人于4日下午2时前结队鱼贯进入馆内，为我们声援。段茂澜见势不妙，推说已与法外交部有约会，必须外出。在群众的压力下，不得不指定刚从国内调来的陈雄飞代表参加大会。群众要求必须保证起义人员每日照常到馆，执行周总理关于坚守工作岗位的重要指示，不得勾结法国警察予以阻拦，当场爱国群众拟订保证书，由陈雄飞当场代表段茂澜签字承认照办，并由群众推出工人代表王子卿、商界代表陈卓林、学界代表杨承宗监督执行。

当日下午6时爱国侨胞刚散会后，从海牙临时来的CC分子斯颂熙会同青田帮特务陈楚本率领早就埋伏好的打手五六十人呼啸而出，斯颂熙、陈楚本等当场指挥，每四五个打手成为一小组，把我们分别团团围住，拳打脚踢。我们猝不及防，实处于无法抵抗的地步。我的脑袋遇到好几拳，正感到疼痛不堪之际，想不到随段茂澜来法的三秘赵金镛，原是我在重庆担任国民党中央政治大学外交系兼任教授时的学生，竟出而回护，我才得以突出重围，同时瞥见孟鞠如，凭着他体格比较强壮的优势，摆好招架的姿势，听凭挨打。但眼镜已被打得粉碎……龚秉成[1]已被打得昏倒在地，萧君

---

[1]　龚秉成回国后任内蒙古自治区政协常务委员，1986年11月19日逝世于呼和浩特，终年79岁。

石则被围于墙角，王思澄①亦受伤，独钱能欣、胡有蓴躲在进门楼上钱的办公室内幸免于难。我的司机丹尼尔看到我被殴，急往央求看守大门的法国便衣警察进入使馆，把我抢救出来，由丹尼尔驾车送我回寓。翌日下午，陈雄飞还假惺惺地到我寓慰问。

翌日，不仅巴黎各报，连欧美各国的报纸均纷纷把11月4日巴黎中国大使馆发生的行凶事件作为头号新闻来报道，法国爱国华侨和进步学生纷纷开会声讨国民党反动派并向我们表示同情和声援。旅法参战华工总会、留法中国艺术学会、巴黎大学理科同学会、留法科学工作者协会、旅法华侨工商业联合会、留法勤工俭学同学友谊会、旅法中国公费生同学会、华侨时报社等八个爱国侨团还发表告国内外同胞书和告法国政府、人民与世界人民书，为我们声援。

从此以后，我们虽不能到使馆内坚守工作岗位，仍在馆外继续活动，团结更紧，联系更密，分别劝说各自认识的旧使领同仁，采取不同方式脱离旧使领馆，回归祖国。或如恪于形势，一时尚难公开响应时，则仍站在原工作岗位，暗中负责监视，遵照周总理警告，不烧毁档案，不变卖公物，等候新政府接管，协助移交。

总之，我们的起义行动确实震撼了旧外交界，直接受我们通电而跟着响应的有驻塔那那利佛领事馆、驻利物浦领事馆等，间接受我们通电的影响，向中央人民政府新派使领办理移交的，有驻缅甸大使馆、驻吉隆坡领事馆等，个别人员通过不同方式脱离旧使领馆，并通知我们的则不计其数，我们均已陆续转报北京外交部。

1949年11月4日事件以后，我们原分散居住在馆外的同仁，因不再有薪水收入，莫不紧缩开支，刻苦生活。我个人因眷属众多，就变卖自备汽车、电冰箱、地毯、中式家具等，筹措川资于1950年1月30日先送全部眷属八人从马赛乘船返国，从此减轻家庭负担，可以一人继续奋斗候命回国。

正在这期间，国际形势略有好转。1949年12月初，英国酝酿承认新中国，

---

① 王思澄与我同时回国，派在上海外语学院担任教员，不久转往安庆大学，"文革"浩劫中逝世。

法国议会外交委员会亦开始议论，我们又有接管使馆问题，就决定由我电约陈雄飞到我寓讨论。我还利用这微妙时刻，专程往沙特卢维尔别墅访问定居巴黎的傅秉常。傅愿以调停人自居，在我和段茂澜之间商妥折中的办法。但段茂澜于12月中旬赴伦敦视察情况，12月23日陈雄飞来电话称，段已返巴黎，愿与我做私人会晤，并称他决不焚毁档案，变卖公物。我考虑到如果法国也随英国之后承认新中国，从现在到承认应有一过渡时期，我就提出下列四点：

1. 使馆内外，取消警卫；

2. 允许九人自由进出使馆；

3. 对外不作任何声张；

4. 请傅秉常作调人（正如上述，我已与傅洽妥）。

我展开谈判建交的策略，是为了借以制止两个中国的阴谋。当时英国既不能迅速与新中国建交，法国因越南问题更难排上承认的日程。国民党方面，傅秉常拒作调人，另一方面，段茂澜答复：（1）使馆碍难开禁；（2）段茂澜不焚毁公物文件。若为此二事，不必晤面。

从此，我和陈雄飞的接触就告中断。

奉调回国

自从1950年1月，新中国承认越南并进一步建交以后，中法关系转趋冻结，我们在法的行动亦陷于困顿。幸周总理和外交部对我们很关注，京中诸老前辈，特别是黄炎培和邵力子还驰书慰勉。1949年10月12日，黄炎培给胞兄凌其峻的短简：

> 其峻兄　手书示及，其翰兄率先反正，为之大慰，适
> 恩来兄来，与之共读，亦为欣佩，特以奉闻，并致　敬礼。
>
> 　　　　　　　　　　　　　　　　　　　　　黄炎培
> 　　　　　　　　　　　　　　　　　　1949年10月12日

1950年1月9日邵力子老先生自北京赐寄长书如下，

寄寒吾兄惠鉴：自兄与鞠如兄等发出正义的吼声以来，不只为外交界增光荣，直为全中国同胞在世界上提高声誉，并宣告及电文抵北京时，因弟与兄及鞠如兄交久知深，弟之欣忭更逾于他人，并得为周总理详言弟所知之。兄与鞠加兄，唯以素性疏慵，故未奉书左右。目前承令兄抄送函稿，兹又得11月27日惠书，拜诵之余，益增钦佩。法方对兄等维持外交官之待遇，不以1949年底为限，弟先于周总理处知之，得以稍释系念。互承认问题，据兄推测，不至迟延过久，英国毅然不顾美方，宣告承认新中国（或竟得有美方默许亦未可知），法国决可随之而起，此在现时必已成为兄等所洞察而稍释忧矣。周总理深叹国民党旧垒之中，以外交人才为最少。兄等为外交界首义者，其关切重视，自无待言。兄等行止固可一听中央指示，果确有困难，亦可据实向中央陈述，尚须弟代陈，请即函告。此数月中，兄等维持之艰，中央当自知之，兄等可深以为慰也。鞠如兄希代致意，弟本拟作一长函，表示钦佩。兼与讨论国标现势，而一念及鞠如兄之猛进，则深觉毋庸辞费，兄为我代致拳拳足矣。驻欧外交人员中尚有不愿为顽固反动派之殉葬者否，回头纵迟，胜于直堕崖底，兄等能加劝告，亦大功德，至少希望彼等能接受周总理最近之警告。我们相晤或不甚远，当紧紧握手，用示欢迎。此颂健康。诸位先生均此致 敬礼。

弟邵力子手上 1月9日

我先后收到黄、邵两老从北京来鸿，不胜雀跃，特别是我们于1950年5月在归国途中，还接到黄任老从法邮轮马赛曲号所转来的口信说：国民党反动残余集团已在台北对我们发出通缉令，敦嘱我们要注意警惕。对我们如此关怀，不胜感激。

1950年3月30日，我们接到周兼部长指示：凌其翰、王思澄、唐祖培、龚秉成、胡有萼、萧君石、章祖贻等七人及眷属即调回国，孟鞠如、钱能欣二人仍继续留在法国待命。同时，我们东归后，刘宁一同志指示，吴新谋同志当时是中共旅法支部委员，负责照顾孟、钱两家生活。吴新谋同志于1951年回国，任中国科学院数学研究所研究员，迭任中国数学会理事和常务理事，对中国数学事业的发展做出宝贵的贡献。

当时，除我的眷属已先遣返，唐祖培因准备巴黎大学法学博士考试，暂留巴黎外，我们余下的6人和眷属总共不下20人于5月5日在法国马赛乘法国邮轮"马赛曲"号东归。5月末抵香港，由中共联络处张铁生同志主持接待。6月初即离港赴广州转车北上，6月9日安抵新中国伟大首都北京。欢欣之情，难以用笔墨形容。

我的前半生通过了长期曲折、坎坷的道路，终于在伟大的中国共产党的召唤下，获得了新生，时年43岁。

第9章｜尾　声

在东归途中，我有一篇游记，题为《从法国归来》，曾于1950年8月3日，4日两天发表于《光明日报》。兹照录如下：

从法国归来

[编者按] 在法国起义的前国民党驻法大使馆公使凌其翰先生于6月9日返抵北京，本文是他最近为本报所撰返回途中的见闻记。

一　离开帝国主义最脆弱的一环

回到祖国已经一个多月，许多朋友都向我询问：法国怎样？法国对中国怎样？你在旅途中有些什么感想？以下就是我的报告吧。

我们于5月5日从法国马赛搭法轮"马赛曲"号离开了法国——这帝国主义铁链最脆弱的一环。我们离开法国的时候，有几件事值得注意：

1. 有一位娼妇向美军多索一千法郎，就被美军一枪结果了她的生命。法国自1945年解放以来快要五年了，而美军仍享受作战时期的权利，自己组织军事法庭来审判这个蹂躏女性的杀人犯。审判的结果，只判他两年的有期徒刑。法国人谈起这件事没有人不表示愤慨。法国人都有一个共同的感想——美军在光天化日之下犯了罪，竟不受法国当地司法机关的制裁，法国还算是一个独立国家吗？法国人民尽管这样想，法国资产阶级的报纸却轻轻地故意放过这条新闻。这是一件事。

2. 自1948年马歇尔援欧计划实施以来，法国飞机工厂多数关闭了。为的是可以倾销美制的飞机；法国水力发动的电气事业不再扩充了，为的是可以倾销美制的电机设备、美煤和美国独占资本家所控制的西德鲁尔区烟煤；法国铁路交通停止扩充和改进，同时运输费用高得多的公路交通却在天天扩展之中，为的是可以倾销美制汽车轮胎、零件，特别是美孚汽油。美国人可以随便在法国投资，法国有利润可图的企业，美国人尽量收买其股票。很多美国工厂在法国设立了分厂，例如福特汽车制造厂等。这些都不必说，最奇怪的是：像法国那样产酒最著名、饮料最丰富的国家，在巴黎或其他大城市，走进咖啡店，都可以喝到美制的可口可乐。法国的酒商因为可口可乐的倾销将阻碍酿酒业的销路，曾起而抗议，但毫无结果。可口可乐是美帝侵略的象征，现在可口可乐已销遍法国，这是第二件事。

3. 法国最近办了将军贪污案轰动全国。这件案子情形很复杂，大意是在一年多以前，一辆国防部特务的汽车和一位越南人的汽车撞了一下，这位法特就把越南人绑了去，并抢去他的公文皮包。在这皮包里搜出油印的法国参谋总长勒凡对于越南的军事报告。不久以后，越南解放运动领袖胡志明把这报告广播出来，法帝的军事秘密已到了越盟的手里。后来，法国参谋总长勒凡忽然撤职了，在突尼斯担任总督的马斯将军也同时免职了。法当局对于这件事欲盖弥彰，引起了进步报纸的怀疑，结果查出保大傀儡，这越南的蒋介石，有一位代表，名叫五谷，和法国流氓特务头子名叫毕思的狼狈为奸，而毕思恰巧是勒凡的亲信。五谷在巴黎举止阔绰，专门结交法国朝野，三日一小宴，五日一大宴，常常是座上客满。法国议会里除了最清白的共产党议员和进步民主人士以外，其余党派议员很多是他的入幕之宾。他的银行支票存根上独多宣传费的支出。而收受的除了上面所说的两位将军外，还有很多政客议员。这件案子揭穿了参谋总长勒凡想保举马斯克做越南高级专员的阴谋，其目的在获得橡胶出口证和套取外汇的便利，可以大规模地经营走私。这件案子还牵涉到若干部长和要人。善良的法国人民谈起这件事莫不痛心疾首。法国统治阶级的贪污不自今日始，唯贪污的现象蔓延到军界，而首犯不是别人，却是法国的军事领袖，这是破天荒第一次。这说明了法国统治阶级的腐败，已经到了恶化的程度。这又是一件事。

这三件事证明些什么？证明法帝已从衰落而进一层走上不能独立的道路。我们就在这个时候离开了法国——这帝国主文最脆弱的一环。

二　绕经东南亚

"马赛曲"号从马赛启程，驶过地中海，穿过苏伊士运河和红海，经过锡兰的首都科伦坡，马来亚的首府吉隆坡，越南南圻的首府西贡，菲律宾的首都马尼拉，最后到香港和日本的横滨。我们是在5月30日到达了香港。以上这许多地方，过去我经过了好几次，而我脑筋里反映出来的印象从没有像这次深刻。

"马赛曲"号于5月17日到达锡兰的科伦坡。这是我们经过东南亚的第一个口岸。我参加轮船上组织的游览团乘车往游锡兰的名胜——康堤。我在康堤皇后饭店午餐。游览团的向导员是一位锡兰青年。他看见我是黄种人，就很自然地坐在我的桌上与我共餐，我俩就闲谈起来，对话的大意如下：

"先生是日本人吗？"

"不，我是中国人。"

"你到哪里去？"

"我回到中国去。"

"你回到哪个中国？"

"只有一个中国，就是毛泽东和中国共产党领导下的中国。"我说到这里，这位锡兰青年眼睛里就像发出一层兴奋的光芒，他环视四周，怕有人窃听，然后偷偷地、轻轻地向我说："我们亚洲人这回就要看毛泽东了。"

"现在锡兰终算是独立了……"我佯装糊涂，轻描淡写地说了这一句，哪知这位锡兰青年立刻毫不迟疑地反驳道："先生，你说哪里的话。锡兰的独立只是英帝国主义骗人的把戏。锡兰名义上是独立了，实际上似是英帝的殖民地。锡兰的出口贸易无论是茶叶或是橡胶，都操纵在英国资本家的手里。我们锡兰人还是继续要受英帝的剥削……"

想不到这位锡兰青年竟能说出这一席话来。原来他是大学的学生。他一面充当游览团的向导员，赚些钱来维持他的学业。从这段对话里可以看出锡兰人民是不会受英帝的欺骗的。他们仍在争取独立解放。

5月21日，我们抵达新加坡，一上岸瞩目的景象是一片荒凉，是普遍的不景气。这个华侨达人口百分之九十的城市在国民党总领事馆撤销以后，英殖民当局竟对华侨给以无国籍人的待遇。譬如新加坡的华侨如果要到别处去，必须向英方领取无国籍人的护照。新加坡的侨胞受尽歧视，而国民党反动派反而非常活跃，多数报纸都在反动派操纵之下，英国好像故意放任他们去发展。报纸上满载着各式各样的谣言或毁谤来诬蔑祖国。我们看到这种情况当然要生气，然而获悉了马来亚人民解放运动的蓬勃，从本年一月份，游击战百余次到四月份实增至四百余次（据伦敦广播已突增至五百余次），我们看清了马来亚内部在酝酿中的质变。

三　越南人民武力强大

我们在5月23日到达西贡，这次西贡给我的印象实在太深刻了。

原来法国驶往远东的轮船，法国现役军人和他们的眷属占乘客的绝大多数，而且他们的目的地都是西贡。他们不再像过去那样趾高气扬了。如果你向他们询问对于越南战争的前途，他们一定摇着头对你说："这个战争不是我们所要的战争，而是美国所要的战争。"

据说法国驶往远东的航轮，乘客都非常稀少，但从西贡回法国的乘客却似潮涌。客票早已预订一空，10月以前休想购到客票。法国旅居越南的工商业者已经不能再在越南立足了。他们只有出卖财产，逃避资金，整装返法的一途。他们争先恐后要回国去，恐怕再迟要来不及了。

我们的轮船"马赛曲"号抵湄公河口的时候，轮上的管理员用广播机警告乘客不准在甲板上逗留，大家须在房舱中等候。原来轮船驶进湄公河中流，就有机关枪射到轮船的钢板上，铮铮作声，这证明越南人民解放军事实上已经控制了湄公河。

然而使人更惊奇的还在后面呢！原来法国人一离西贡，就要遭遇越盟解放军，所以他们在西贡不能越雷池一步，西贡真成为法国人的集中营了。越南的手榴弹好像爆竹一样，天天要响几响，已经是家常便饭。法人聚集最多的地方，也就是手榴弹降临最多的地方。

"马赛曲"号旁边停留着一条货轮叫作"圣路贝上尉"号，载重7000吨，我亲眼看见各式各样的军火，轻型坦克车，枪炮弹药都从西贡岸上起装。"马赛曲"号于5月26日上午9时开船，"圣路贝上尉"号货轮满载军火也于是日上午10时开船，向海防航驶。原来这些军火是法帝接济在越北战场上的法军的。27日早晨，"马赛曲"号盛传"圣路贝上尉"号驶至湄公河口，即被水雷炸沉了。这个消息于是日中午经船上的壁板证实。这说明了越南解放军力量是何等强大啊。

因此，我经过西贡印象是：整个越南已临全面解放的前夜。

"马赛曲"号于5月28日抵马尼拉。菲律宾的人民解放军也是强大的。离开马尼拉十公里就可遭遇到菲律宾的人民解放军。菲律宾的解放区已占全国五分之一，（越南解放区已占全国百分之九十）同时菲律宾的傀儡政府的贪污无能，也与蒋政权颇相仿佛。警察、关员公然向我要钱，要香烟，真所谓贿赂公行。向总统府的警卫送几文小费，就可以长驱直入，参观"总统"的"官邸"。马尼拉城经过二次大战损失浩大，只有等待人民解放运动成功再来重建了。

"马赛曲"号于5月30日抵达香港，我们的旅行至此告一段落。

四 从北京看巴黎

我们一行于6月9日抵达北京，西望巴黎真是感慨万端！记得去年出版的里伯著《论法国的现状》有这样一段话："世界的命运不在法国人的手里，所以不是在巴黎能决定的。世界的命运无论军事解决或和平解决，必将由当前两个社会制度经济优势的比较来决定，我们法国人是毫无办法的。"

里伯的这种观点，反映出在他的思想里严重地存在着小资产阶级的失败主义倾向，曾受到法共的批评。原来我们观察一个国家，决不能从这个国家的统治阶级一面来判断其前途。单就法国来说，我在上面列举事实来引证法国资本主义正在走下坡路，统治阶级腐烂到了透顶，已成为帝国主义最薄弱的一环。美帝也早就看清楚这一点，在西欧，除了西德以外，极力要扶持法帝，使西德和法帝充当美帝在西方的前哨。法帝脆弱到这般地步，已经不能不奴颜婢膝地来侍候美帝；法国本土的军队装备要靠美援，每年须花五亿美元。越南战争也要靠美帝来继续维持，法帝索性卖身投靠，提出美帝所主持的舒曼计划，想把法国以及西欧各国的钢铁和煤矿与西德的鲁尔区在美帝的控制下联合经营了。

然而法国统治阶级的腐败不足以决定法国的命运的。旧的法国走上死亡的路，新的法国正在成长之中。法国政党林立，而真正有群众基础的，足以代表工人阶级的政党，只有法国共产党。法共有三十年艰苦奋斗的光荣历史，有百万左右的党员，领导团结全国工人三分之二的工会，具有悠久的革命传统（从法国大革命到巴黎公社），有贤明的领袖多列士，在议会是占有160余位代表的第一大党。他们目前斗争的口号是：

为了法国工人阶级的福利和待遇而斗争！

为了维护法国的主权独立而斗争！

为了保卫世界和平而斗争！

为了反对越南战争而斗争！

为了成立民主联合政府而斗争！

法共常引用马克思的一句名言："任何民族当它还在压迫别的民族时永远不会是自由的民族。"法共在反对越南战争的斗争里充分显露出国际主义的精神，同时也是爱国主义的精神。

越南解放的号角，也就是法帝的丧钟，也就是新法国的曙光。

殖民地原是帝国主义的后方，现在已一变为反帝阵营的前哨。东南亚人民解放运动的蓬勃以及世界民主和平运动的澎湃是任何反动力量所不能阻挠的。这是我从法国归来，在返国途中所学习的一课。

1950年7月17日写于北京

注："从法国归来"这篇文章发表后，黄任之先生读后大喜，特电话嘱我剪报，以便呈请毛主席一阅。毛主席阅后，亲笔复黄任老如下：

任之先生：

来示并剪报收到，都好，遇见凌先生时，请代我致谢意。他的文章写得很生动，观点也是正确的。此致　敬礼！

毛泽东　8月20日

附录

《申报·时评》

外交危言

（1932年1月10日）

大战以后，国际关系之重心，已自大西洋而移于太平洋。我东北为远东之巴尔干，为国际未来惨剧之导火线，今已自中日之纠纷，进为日美之纠纷，锦州失守之噩耗甫来，美国之照会随至，其关系于我国利害，果将何如乎。

"九一八"之变，吾不抵抗，而乞怜于虚伪之国联，斤斤于正义与公道，其迂阔可知。夫正义为玄学的名词，而利害始为国际关系之实质。德儒伊耶灵之言曰："人而不能为正当之防卫，则其人格何在。"康德之言曰："人而匍匐如蚯蚓，当不能怨艾他人之蹂躏。"最近法社会党领袖蓬古尔演说："世界和平之维持，当自本身自卫起，本身而不能自卫，非但无以对自己，抑且无以对世界。"故乞援于毫无强制性之国联，至于三度失败，已足为我最名贵之教训。

我国历来无真正之外交可言。无政策、无手段，敷衍应付，诚有如意前外相前驻华公使施漏若爵士所言："中国外交，只须顾全面子，断送权利无伤。"斯言深堪体味。自大战以后，我外交当局，往往施弄小术小智，在列强均势下，谋苟延残喘之续命汤。列强亦乐以蜜词饴我，俾迎合"顾全面子"的心理。故"领土完整""门户开放"等名词，可公然录于公约，我人亦从而附和之。殊不知此等名词之里面，为列强之利益均沾，为共管瓜分之种子。

人闻美提引用九国公约之照会而言，吾反以之而忧。夫列强在华，均有地理的势力范围，而美则否。美之在华，其势力为经济，始终无势力圈之保障，故其传统的对华政策始终以约章的手段牵制列强的势力圈。借以维持在华之均势。民11年华盛顿之九国公约，即为此政策之表现。唯美国为商业化之国家，权衡利害，最为审慎。非至万一，决不出动。欧战四年，美始加入，以军力为牟利最后之工具。日内瓦头，雷芒湖畔，有美故总统威尔逊发起国联之纪念碑。而美竟反讦拒绝参加，借以维持其门罗主义之生命。故其行动，早为人所共见。自暴日犯我东北以后，美国始终郑重，以表示与国联合作为对日第一道防线。此次锦州失守，平津摇动。于是始朝野相告，相惊伯有，曰："在华之均势破矣，美之利益危矣。"于是始右史汀生之照会，以九园公约为其对日之第二道防线。此防线是否能抵御日本，尚为一大疑问。我外交当局若欲引此照会为国难之唯一救星，诚所谓其愚实不可及。

且也，最近消息，美照会发出后，欧方绝鲜应声。表同情者唯比、意两国。比固无足轻重，意亦仅希望仍得维持均势为已足。英尚犹豫，德亦旁观，法更明白表示任美单独行动，决不附和。而对手方之日本舆论，且讥此为"虚伪之提议"。并谓门户开放，机会均等，早就声明，决不因我霸据东北而打破。与美照会计锋相对。洞穿美国难言之隐，此其手段，亦云辣矣。

我今敢掬诚忠告我外交当局曰，假使美照会而有效，至多亦不过如从前之"以毒攻毒""以夷制夷"。借列强之冲突牵制，罔为国际间之寄生虫而已，革命外交云何哉。

国难紧急中之外交

——国联之虚伪与英法之旁观——

（1932年1月15日、16日）

昔德有一匿名政论家，署名路爱特惠著有《世界政策》，尝言"中国者世界政策之目的物而非主格，在诸目的物中，稀有而最黑暗者也"。呜呼，自鸦片战争以来，人为刀俎，我为鱼肉，我文化悠远之大邦，早已不成为国际间之单位。而为各国之目的物。中黑愈黑暗愈予各国以攫取之机会。至于今日，此所谓目的物者，几将为列强击碎，各攫取一块以去。呜呼，其危险为何如。

我国既处于"目的物"之地位，周旋于帝国主义角逐之间，欲图所以保全此目的物之实际而有所不能。于是乃以"顾全面子"为对外之基本策略，希图保全此目的物之空名，以苟延残喘。故其外交，仅有牵线式之做势，附庸式的应付，而从无自动的外交。至于最近东北为暴日所侵占，即此目的物为各国瓜分之开始，空名亦几于不保。而我当局反以不抵抗主义檄告世界、呼诉国联，冀其为我主公道，其昧于国际实在之形势，几等于读孝经以退贼。夫国联为大战后欧洲列强共同制德之工具，其效用既不出欧洲，其事业更无补于和平，独我当局信之赖之。自"九一八"以迄于今，瞬息已将四月，日人得寸进尺，绝未稍已。国联三次议决，日本三次违反。此时我当局应亦有所觉悟，乃自张学良放弃锦州撤兵入关以后，新政府犹以要求国联引用某条其条为对策，岂所谓知其不可而为之，聊以敷衍我人民者耶。

向毫无强制力的国联摇尾乞怜，其情形等于愚夫愚妇之乞灵于菩萨，菩萨不灵，复将乞怜于众罗汉，罗汉固与菩萨等也。英能助我乎？法能助我乎？美能助我乎？苏俄能助我乎？世界各国能助我乎？管外交者不可不先明了其情势。

英为帝国主义之鼻祖，其在华固定之势力圈，自长江流域而蔓延于西藏。与其在远东之最大殖民地印度相衔接。至大战以后，其在华之经济势力，渐为日本所潜夺。苏俄复利用中国以排英，目的为世界政策。日本又利用我之排英以利已。目的在发展其经济势力，由是英帝国在华商业上之声誉与地位，遂一落千丈。故今日英之目的，即在处心积虑，恢复其在华固有之势力。此次东北问题发生，确为英国在华势力复振之机会，试看抵制日货之运动方兴，而兰凯塞纱布，即勃然有起色。英商界莫不眉飞色舞，而代表资产阶级之报纸，且以此事用大字标题，引人注目。显见英人之目的，专在已利，且以政局一方面言，英自卷入世界经济大恐慌之旋涡，举国上下，亦皆以经济国难为深忧。麦克唐纳尔且牺牲其工党之资格，在"共赴国难"之口号下，与右党联手组阁，集其全国一致的力量，应付自身之大难，犹恐不逮，更何暇兼顾我东北耶？

法自中法战争以后，占有越南为远东之根据并借广州湾以贯彻其在我西南之势力圈。自大战告终，居胜利之地位，疮痍平复，突飞猛进，大有进为欧陆盟主之势。近复削平安南革命。法国香水大王高的氏且在《民友》日报上披露其对华政策。曰"越南为中国南部之门户，历来法国外交当局，以对华政策与对越政策截分两段，实为大谬。从今以后，应打成一片，务使对华所以对越，对越亦所以对华"。其用心已可窥见一斑。最近数月前用汽车大王屠铁龙之名义，组织所谓"中法学术考察团"。其目的在打通越南北部与我国西北之路线。其对华之深谋远虑，岂可浅测。法国在华之经济势力，较为微弱。日占东北，法国视若无睹。说者谓其原因：一由于中东铁路之股票，在法人手中者可以向日售脱；二则欲利用暴日占我东北之局势，而为将来山越南进窥我西南之地步；三则以右抑日本。即所以助张英美在华之势力。于法无益。此三说者固多出于推测，然欲法之助我，有所不能，则已显然可见矣。

国联之虚伪如彼，英法之情势又如斯，我国尚有呼吁之余地耶……

美与欧陆较，为新兴之资本主义国家，持实利主义为立国之大计。对美洲则抱门罗主义，对世界则主门户开放。盖列强在华，皆有势力圈，而美尚无之。故不得不以机会均等为口号，以约章为手段，牵制列强，维持均势，美之金圆势力，灌输世界，无孔不入。我国本为外货最好之销纳场。只以连年内战，国敝民困，又以日本之大陆政策，有进无已，其对华投资，直灌注入长江流域。美之进展，每为所阻。日美在太平洋之逐鹿，识者早以二次大战为忧。唯美在欧之投资，远在中国之上，在华投资，仅合在德一国投资百分之十；且其对日贸易与对华贸易，无论进口出口，几都等于二与一之比。因是日美之间，虽有裂痕，而在利害上尚难破脸。故美初以国联为第一道防线，送秋波于日内瓦，藉轻卸责任于国联。继复以道威斯周旋于巴黎，又向日本重送款曲。其心事已暴露无遗。至我弃锦州之守，撤滦河之师，美于是知第一道防线已不能守，乃急提九国公约非战公约之照会，为对日第二道防线之招架。殊不知日本早已看透美国之伎俩，日人细野系胜且早已讥此为"认识差误之对华政策"。东北问题中，日美之关系钩心斗角，如斯而已。

英儒蒲莱士曰："若一地为野蛮之民族，或半文明之民族所居，而其地又极富于天然之富源者，则其地常为各国竞争之端。"今我东北沦亡，内乱日亟，外人屡讥我野蛮民族，而几使我无以自解。日本近且在国际上公然宣传，谓中国绝非"现代的国家"。倘我全国上下，再不迅速觉悟，赶紧团结奋斗，则我国际地位，真将丧失无余矣。列国国难当前，每有联合内阁之组织。我国则一党之内，意见分歧，而新组之政府，又未能决定一切实办法。美照会到后，除以一纸表示接受而外，自己绝未有所主张。夫欲保全领土之完整，应唯己力之是视，若徒赖第三者之声援，而自己无真实力量之表现，则将置我全民族之人格于何地？今东北义勇军已崛起于锦西，内搏挣扎，敌胆为寒，当局尚欲以民族存亡为己责者，其忍视我东北义士弹尽援绝而不顾乎？新外长陈友仁之宣言，仍欲"以外交手段消灭战祸"。呜呼，其可能耶？困难紧急中之外交无他法，唯有拼死肉搏而已。

所谓新的外交方案

（1932年1月18日）

南京传来消息，外交当局将提出一新外交方案。要点有三：一对日绝交，二请美国召开第二次华府会议，三向国联捉盟约十六条。此说传出以后，立法院之秘密会议席上，众论纷纭，足见此问题之严重。东北问题发生后，我国于不抵抗之外，究将如何应付，迄今犹在犹豫沉闷之中，或者今日将一扫云雾而揭开久久笼罩之面幕乎？

国联之不足恃，吾人已屡次论及，早成洞穿之纸虎，无从再戳。盟约十六条望文生义，殊为严重。然所谓经济绝交与武力准备，国联实无强施之能力。故十六条第二段对此两点，已说明国联行政院之责任。仅在向诸盟员国"建议"。在理论上已知其万难实行，况国联三次决议，皆足以证明各国绝无用断然手段之决心。故今日即提出十六条，结果亦决无希望，至多于国际间多造一种空气，延挨时日而已。

请美国召集第二次华府会议之说，其意义在希望美提警告以后，做进一步之表现，此进一步之表现，关键不在美国而在列强，列强对此次照会，态度几一致冷淡。而日复美牒，内容尤为滑稽，在此情势之下，而欲美国召集第二次华府会议，有所不能，亦已可知。

外交当局三拟议中，唯对日绝交一点，最为严重。夫"绝交"之意义，在一般国际公法学者之主张，实为"两国间入于正式交战状态后之当然结果"。其宣布可在战前行之。1898年之西美战争，1904年之日俄战争是也。亦可与战争同时行之，1911年之土意战争是也。故在原则上绝交与开战互为表里，不可强分，若有人主张仅绝交而不战，是昧于国际法之常理，更昧于国际关系之史实也。至若我在敌国、敌在我国之侨民的生命财产，应如何处置，及对于第三国之通知等，亦为绝交后应有之文章，不可不预为准备者也。

今作反对绝交之说者多注重事实之利害，曰绝交既与交战状态互为表里，我人空洞之宣布既出，而自身若无万一之准备，则奈何。赞成绝交之说者，多注重国家之人格，曰"九一八"之变，因循至今，忍无可忍，唯有出于宁为玉碎，毋为瓦全之一策。

我人对于绝交一点，在原则上无可非议。一、今日中日虽未宣战，而日军之行动，早入于交战状态，乃仍各驻使节，互相周旋，实为国际间鲜有之怪例。二、日本利用此项奇异之状态，在国际间始终扬言中日问题，决非战争，直接交涉，希望未绝，东北问题尤为局部问题，我方实无以自解。三、自国人对日经济绝交以后，全国民众，挣扎支持，声嘶力竭，若不再继以政治的绝交，则上下不能一贯，何能团结对外。四、此绝交之宣布，对于国际，亦可予列国以强烈之刺激。一方面正告列国，中日间已进于非常严重状态。一方面对国联提出十六条时，发生连锁关系，从此可以振振有词。

唯我人认为实行此绝交之方针，有三大前提，须切实解决。一、政府应掬至诚告全体国民，政府已下绝大决心，激励国民奋起。二、政府须立即召集全国在役之军人，决定非常时期之国防，并在关外前线，先与敌人挣扎。三、国民须与政府痛切合作，对作战之费用，军需之接济，地方秩序之维持，救国运动之扩大，等等。须在最短期间，解决实行。若当局对此三大前提，无切实准备与决心，则绝交后之前途，自难乐观。政府若果有坚强决心，以国家生死问题为己责者，则诚如拿翁字典之无"难"字，一切总有解决之望，自在当局之好自为之。

日本之矛盾外交

（1932年1月20日）

日本之外交，向以矛盾为政策，故其手段，出尔反尔，令人不可思议，今日言黑，明日言白，虽信用扫地，亦所不惜，与我国之"面子"外交，适成反比。

此项东北问题发生，而日本矛盾之相，愈益显著。初则捏造"中村事件"以图威吓，继则捏造"铁道事件"，为其军事发动之借口。9月下旬，国联行政会开会于日内瓦，日本对国联声明，亦仍以暗杀中村掘毁铁道等向壁虚构之故事为侵占东北之理由，而始终以确实担保日侨之生命财产与直接交涉为撤兵之先决条件。至国联决议劝告日本撤兵，而日本之态度复变，竟觑然宣称日本外务省之能力，不及军部，以自称纪律严明之国家，而政府尚不能制裁军人之行动，讵不可笑？！日人动辄称中国非现代的国家，吾以为若日本者，始足称"反现代的国家"。

现代国家，外交统一，而日本则有"二元外交"。一为外务省之外交，一为军部之外交。以二元外交为基础，遂告成"矛盾外交"之政策。遍查世界，从无此种奇特之组织，故曰：唯日本始为"反现代的国家"。

以此二元外交所造成之矛盾外交，在过去一时期中之表现，为日日言撤兵，而日日增兵。对国联调查团之遣派，初则表示反对，继则反自提出，且限制为游历团之性质。借剿匪权之保留，而占我锦州，侵我热河。其矛盾外交之表现，可谓揭露无余矣。

至于今日，自美照会提出后，仍以矛盾手段为应付。其十六日对美之复牒，一则曰，门户开放政策之障碍，实为中国各处不安所致。再则曰，中国今日之不宁，实非华府会议时所能料及。三则曰，东北地方官吏之变更，原因为无人责。终则言日本并无土地野心。若我国为破坏九国公约之罪魁，而东北负之治安，得日本之代理，而反获非常幸运。华盛顿之舆论，讥此为"近代狡辩之杰构"。伦敦之舆论，亦谓为"充满日本之诙谐""恰如疯犬之噬人"。美国千辛万苦所铸成之华盛顿公约亦从此为日本矛盾之外交所戳破矣。

记者犹忆东北问题发生之最初期，日政府曾发表一声明书，其结语一段如下：

> 军事行动大体已告一段落，观沈阳已归平静，城内日军已撤退，仅留宪兵及中国方面之警官，维持治安。其他如满铁沿线外之部队，亦将于日内撤退。今后事件之解决，乃由政府决定。关东军司令官劝告张学良回沈，乃应有之事。

而今则如何，日本占我东北，倏忽四月，军队已撤至铁路线乎？张学良已回沈乎？非特张学良不能回沈，且进而筹备所谓"满蒙新共和国"。将于废历元旦赶速成立矣。我人读上列之声明，返观今日之事实，其矛盾尚有词以自解耶？

总之，日本以二元外交为基础，造成矛盾外交之政策，更以矛盾外交之政策，为侵略我国之进行阶梯，此为日当局既定之方针。我国外交当局，不能以锐利之目光，敏捷之手段，击破其矛盾之里面，而徒欲乞援于人，宜其一败而至于涂地也。

本届国联行政会之面面观

（1932年1月25日）

国联行政会将于今日开第六十六届会议于日内瓦。于其三十余条议程中，列有东北问题，国联受理此案至此已为第四次，而于此第四次会议之时，适值辽案紧张之形势。已扩至上海而有所谓突发事件，且此突发事件，形势亦甚严重。盖上海既为各国侨商居住之地，又为国际经济中心，当然为国联中人极度关心之问题，而议会将取何种态度，又必为世界人士所极端注目者也。

自"九一八"至今，我当局对东北问题之应付，始终信仰国联之必能伸张公义，故虽三次会议无结果，而中国当局，仍信仰国联不衰。据今日口内瓦电，我国总代表颜惠庆博士对新闻记者称："中国不愿援用会章第十六条，拟仍依赖理事会自己决定其他最妥善方法，以解决中日争端。中国人民咸赞助国联，望其能尽厥责。吾人现觉国联之存在，已见动摇。故吾人愿竭力辅助国联，证明国联会章与理事会决议案是否有效"云云。观颜博士之声明，足为我国当局仍将依赖国联之确证，不提十六条，而希望国联之自择方法则信赖国联，可谓至矣尽矣。唯国联对此今日形势更非昔日三次会议时形势之中日问题。是否能改变其态度，是否能另择善法，则吾人不能无怀疑耳。

我国民鉴于国联迭次会议之无办法，希望政府于依赖国联之外，另辟一新的外交途径，而政府则徘徊而不能决。反观对手方之日本则如何耶？自若槻内阁于去年11月11日辞职后，犬养毅以政友会总裁之资格，出而组阁。调任驻法大使兼国联代表之芳泽谦吉为新外相，以"俄国通"闻世之荒木贞夫中将为新陆相，新内阁对华政策，皆一致抱强硬的态度，取积极的策略。政府与军人，更趋一贯，从此外交军事，双管齐下，对华政策之将愈紧张，不待言矣。新外相芳泽由西伯利亚东归，而日俄不侵犯条约，忽然甚器尘土。其于外交上之布置，几使国际间所有之困难，完全排除。且自"九一八"以后，芳泽始终在国联折冲，以"狂吸雪茄""词令迟慢"之闲暇态度，对付国联，而国联各要人，皆无奈之何。今观察国联体味入微之芳泽，既内调为外相，行见本届国联行政会，芳泽将安居东京，发号施令，运筹帷幄，游刃而有余矣。

至于国际间之空气，以东北问题拖延至今，舆论已日趋于麻木不仁。日本利用此机会，一方集中全副精神期在短期间内消灭各处轰起之义勇军，他方面则尽力向国际宣传，日本目前在东北之主要任务为"剿匪"，为"膺惩"。以故最近欧洲报纸，对东北问题之标题，已从"日本占领满洲"，一变而为"日本在满剿匪"。可知欧洲舆论界之空气，已完全为日本电讯政策所笼罩。在本届行政会未开会前已先造成一"是非颠倒""皂白不分"之局面。则开会后将如何情形，已可默想而得矣。

且目前国际间之情势，处处暴露极大之危机。一方面自德总理白鲁宁氏宣布德国无力还债以后，取消赔款问题，已成为欧美国际问题之重心。自"洛桑会议"被法国打消以后，赔款一事，成为僵局。欧美当局皆劳心焦思，无法解决。世界经济恐慌，日益扩大而亦无法补救；他方面军缩会议又将开幕，列强虽日日言减军，而仍日日以扩张军备为务，对军缩毫无诚意。此两事皆足以证明现世界已在极端矛盾之危机中，列强终日彷徨，期所以挽救此狂澜，筹划自身生死问题之不暇，又安能望其在国联会中解决中日问题乎？然则我国今日之仍欲依赖国联者，亦可以深长思之矣。

军事战与外交战

（1932年2月17日）

两旬以来，我将士与民众莫不集中全副精力于自卫的抵抗，方有生新气象，而外交上则仍立于孤悬地位。且有日趋于暗淡失败之虞。此则不能不责备政府当局之太不注意也。

昔法国拿破仑失败后，塔列兰任战败国之代表，出席维也纳会议，周旋于俄奥普英之际，从未受战胜国之压迫而屈服。近大战后德国受创最重，而史脱莱斯孟与各国周旋，订罗加诺安全与仲裁条约，撤列强在莱因之驻防，加盟日内瓦，一跃而为常任委员。土耳其为近东之病夫，大战后对土和约，束缚最苛，卒赖凯末尔在军事上极力抵抗，伊斯美在外交上坚苦折冲，而获得土耳其独立之"洛桑条约"。凡此皆足为弱国外交之模范，亦军事与外交必须兼顾并重之铁证。

反观吾国历年来之外交当局，好大喜功，不务实际。对内则借种种夸大之宣传，以欺骗国民。对外则调遣私人，扶植己势。举凡一切毫无党派臭味，具有经验锻炼之人才，皆拼弃不用，而与己派有关系者，则无论为科学家、文学家、军事家，均可衔国家之使命，亢折冲之重任，甚至年轻浮嚣之留学生，亦可主掌使馆，列席国际，丑态百出，贻笑万方。以如斯之人才，而欲责其在外交上挽救我民族国家之危亡，其可得乎？

且也，一年以来，驻外使领，大都出缺未补，每由普通馆员，兼充代办。日本对我之武力侵略，自"九一八"之役以迄"一·二八"之变，瞬息已五阅月，仅令施颜两代表，相继在日内瓦支撑挣扎。当然有孤掌难鸣之苦。据查自去年7月以来，驻外使馆馆员，都因生活费无着，有断炊之虞，甚至邮电诸费，亦无法筹措，外交情形，急如薪火，而使馆与祖国，消息隔绝，致令馆员与侨胞，终日彷徨，莫知所措。在此种外交情势下，而欲求外交之胜利，其可得乎？

况乎今日在国际情势万分紧张之际，日本正努力于违反事实之宣传，政府当局于此，一须从速遣派富有经验之外交官，切实整顿驻外使馆之行政。二须速筹经费，充作驻外使馆沟通消息之资，并为外交上一切正当之用。务使驻外使馆之神经。由麻木而渐进于灵敏，应付之手段，亦自缓怠而趋于活泼，外交之给养有着，折冲乃有所措手，此军事战与外交战必须互相呼应之说也。

国际间宣传之重要

（1932年3月8日）

论者每谓今日之事，抵抗为对外最有力之宣传，其效用实胜于邮电之宣传万倍。试观此次沪变，十九路军奋力抵抗而后，国际舆论，顿然改观，岂非明证。殊不知在此战局相持未已之中，国际情势，瞬息万变，一着落后，全局皆非。故宣传一事，在今日实不容忽视。

政治史家薛鸟朴尝言："电讯之组织，始于1850年以后，使政府在任何距离外，沟通消息于一刹那间，而措置裕如，其影响于外交者至巨，政府赖其消息灵通，指挥统一，外交官之任务，仅为传达之工具。"是则现代外交官之重视宣传，已可概见。

彼日本于"九一八"之变，即在外交上集中全副精神于电讯宣传。一方面联络欧美记者，发为不利于我之议论。他方面垄断电讯，抹杀东北内部之真相。当事变之初，我施代表尚未得政府详细之训令，借作对付张本。而日方早已将种种不真确之事实，利用自有之电讯，拍达日内瓦。于是，日代表振振有词，而我代表反默然无声。迨"一·二八"上海之变，我颜代表初以消息隔绝，急电频问，其情殊为惶急。而日代表则又侃侃而谈矣。日前双方停战四小时，俾慈善团体得往战区救济难民。日方即乘此机，拍电各国，诬我在停战期间违信开火，未闻有何辩证。最近日方电告国联，谓已停战，而实际尚在进攻，国联信其言，以为和平有望，顿然如释重负，空气立即和缓。是可见国际宣传影响之巨，又可见日方之宣传着着争先，而我方之宣传着着落后也。国际调查团抵东京，日政府与各界，又已极尽其宣传之能事矣，将来调查团来沪，我国务方面对之，又将如何。

悼白里安

（1932年3月9日）

素称"世界和平天使"之白里安，已于前日逝世矣。噩耗传来，全球震动。而我酷爱和平之中华民族，适在强敌铁蹄下图挣扎。骤闻此哲人云亡，其悲感更何如耶？

白里安为近世以来最奇特之政治家，前后组阁凡11次。自1925年以迄最近，历任外交部部长，从无间断。其人雄辩大略，更富于理想，故不特为法国国民所爱戴，抑且为世界人士所推重。早年曾任新闻记者，与欧战前主张非战最烈之法社会党领袖查莱士曾一度合作办报。其后和平思想之发达，受查莱士之影响甚深。白氏生平有记录之价值者，累累可成巨帙。只就其关于世界和平事业之创造论，已足供吾人之无限推崇。罗加诺条约之签订，德国之加入联盟，莫非白氏一人斡旋之力，年来且进一步发表欧洲联盟之计划，欲使欧洲之和平，树立永久磐石之基础，继嚣俄之遗志，不仅无愧于"诗人外交家"之称。

吾人对白氏之逝世，所以不胜其哀悼者，尤以白氏为主张和平最坚之一人也。自"九一八"祸变以后，国联行政会第一次接受中日事件。白氏以事不及参加，二三两次皆由白氏主持。第三次在巴黎开会，白氏扶病出席，鞠躬尽瘁，其维持和平之苦心，亦可谓无以复加矣。乃竟无以挽回日方强硬之主张，转移国际联盟之难局，虽素称国际上排难解纷之斫轮老手，至此亦徒唤奈何。

最近赖伐尔阁朝，白氏乘机下野。从此国际舞台上不见白氏之踪影，日内瓦议场上，更不能领略白氏之言论风采。最近白氏病重时，犹眷眷以东亚和平为念，及其死也，举世各国，无不表示哀悼。即德国之白鲁宁，亦深致其惋惜之意。举世之所以崇仰白氏，非仅崇仰白氏之人格，更崇仰白氏之以身殉和平也。而今而后，谁能继起保障和平，为国际联盟之保姆耶。

当1925年10月，布希纠纷时，白里安任国联行政会主席，即曾发表坚决之主张。"一民族如感有外患之逼迫，苦诉国联，行政会必挺身而出，大声曰，有吾在，排难解纷，何惧之有"。今竟以未能实践其志，而忧；郁以终。我人留此悲痛之印象于眼前，更一联想及于世界和平之危险。诚不能不悲从中来唏嘘不置也。

敬告国联调查团

（1932年3月14日）

国联调查团，将于今日抵沪矣。团中人跋涉重洋，长途仆仆，盖负国联所付托之重要使命而来也。

自"九一八"祸变以来，日本侵略之范围愈益扩大形势亦愈严重。忆1月21日白里安曾通告行政院诸委员，谓"调查团开始工作时之状态，已与决议案日所期望者迥异"。讵料迁延至今，形势更非昔比。日本侵占东北未已，更继以东南祸变。今日调查团抵沪，目睹吴淞一带，片片皆瓦砾场，疮痍满目，试与欧战中比利时之悲哀相映照，不知调查团之感想何如。

国联调查团之组织，依据去年12月10日行政院之决议第五款及第六款，就决议案条文略加研究，益以白里安之宣言，可知调查团之任务，至为广泛。当"九一八"事变之初，我施代表早有撤兵与调查两提议，薛西尔爵士亦尝极力斡旋，催促芳泽容纳，而芳泽于撤兵，则佯为允诺，于调查则严词拒绝。洎乎第三次会议开会于巴黎，日本军队非但一兵未撤，抑且变本加厉，占锦州逼热河，东北全部，均落日本之手。斯时日本反提出调查团之建议，其用心所在，固不难预测也。

唯调查团之任务，为国联所付托，既非代表某一国家，更非代表某一方面，其立场完全以国联盟约为基础。其行动唯国联训令是听，盟约之根本精神，为会员国间之平等待遇。昔1925年布希纠纷，白里安曾坚决宣言。"国际联盟之组织分子，为强弱不一、大小不等之国家，但其待遇，一律平等，各享共同之正义而无分轩轾。"白氏斯言，对盟约之根本精神，解释最为透彻，依据斯旨，则日本屡谓我中国无组织不配受国联待遇等之宣传，已不攻自破。去年12月25日，团员希德博士宣言："当悉心倾听双方陈述，以坦白态度，报告真相，以平等公平之基础，为工作应当遵守之原则。"调查团在东京宣言，亦欲以"第三者之立场，持公平之态度。"我人希望调查团始终保持此公正的立场。

其次国联以会员国相互尊重"领土完整政治独立"为最高原则。最近西班牙代表苏鲁太在大会宣称："盟约第十条为国联之最高宪章。"历次行政院决议，亦曾再三致意，2月17日行政院致日申请书，对斯原则，尤明白表示："凡不愿本条文而侵犯任何会员国之土地完整与变更其政治独立者，其余会员国皆不得认为有效。"盖会员国若不能履行第十条之国际义务，则国际和平即无从维持。日本始终扬言对我无土地与政治野心，而其破坏盟约之种种行为，则早为列国所公认，诚如瑞士代表摩太之言："敌对行为之发作，已越过第十五条所载偶然事故之外。"惜乎盟约国对于解决国际纠纷之手段，非常缓慢，致成今日僵局。则今日调查团，宜如何于尊重最高宪章之精神下，迅行其调查工作，以完成此法律的原则也。

调查团之立场与其工作之原则，既皆有法理之根据，其所调查之事实，自当与法理相符合。苟事实与法律，不相符合，则调查之记录，将等于寻常之游记。行政院决议明白规定："就地研究任何情形，影响国际关系而有扰乱中日两国和平者。"则调查团所应搜集之事实，为影响国际关系与扰乱中日和平之事实，亦即违反国联盟约破坏国际和平之事实。唯此项事实，乃为法律的事实，调查团若欲以第三者之立场，持公平之态度，着手调查，则其所应注意者，亦唯斯法律的事实而已。除此以外，调查团更有何求？

今调查团将往东北开始其工作矣，吾民族含苦忍痛，以迄于今，自始即遵照盟约，信任国联以爱好和平之切，希望国联之殷，故责备国联亦愈严。揆诸已往，不得不深责国联之缺乏果断坐视事态之日益扩大。调查团其将起而图亡羊之补牢乎？我人姑拭目以视之。

国联调查团成功之先例

（1932年3月19日）

日前李顿爵士应外次长郭泰祺之宴，席次赠言，谓："国联成立已届十年，遭遇危机已非一次，莫不设法消弭，从未失败，念已往之成绩，深信今兹之事件，必得圆满之解决。"聊聊数语，其自信力与责任心溢于言衷。我人除希望其克尽责任完成自信以外，更有何说？爵士所谓已往之成绩，以我人思之，其最著者殆唯1925年之布希纠纷一事乎？

考1925年10月22日，希腊军大举犯布加里亚，占布国之边境，布政府驰电日内瓦，要求召集行政会，引用盟约第十条及第十一条。行政院开会后第一步工作，即在设法停止敌对行为。勒令希腊撤兵，结果皆如国联所愿。是时主席白里安居间斡旋，尤为努力，痛斥一般不守盟约之国家，借自卫之名，行侵略之实。行政会且决议组织一调查团，任务约分三点：第一调查事实，判明责任。第二规定赔偿。第三建议解决纠纷方法。白里安以此一事件，得循国联正当之途径，进行顺手，至以为幸。而英外相张伯伦，更认此一事件，足为任何会员国之楷模，当时首先赞成张伯伦之发言者，日本代表安达是也。

调查团工作之结果，确定希腊侵占布国之土地，实系违反盟约任何托词，皆不足掩饰此侵略之事实，而赔偿之责，亦即由希腊任之。统观全案，自始至终，依据盟约，迅速解决。而调查团之工作，实与有力。当时调查团工作完竣，行政会特组织一审查委员会，委员长适为日本代表安达，其审查报告，尤义正词严。曰"侵犯邻国之土地，虽为种种环境所逼迫，亦决不能掩饰违约之事实。而图卸赔偿责任。我人认此为最高之原则，必得行政院全体之赞同。"

此诚国联解决纠纷案中最光荣之一页也。是时非特白里安辈坚持正义，不可挠屈，即日代表亦知国联约章之尊严，有俨然不可侵犯之色。然返观今日中日之纠纷，则何如耶？自去年东北起事以来，迁延已经半载，日本既唾弃盟约于不顾，而其侵略中国土地之面积，虽西欧任何大国所不及，其影响直足牵动世界之和平。乃国联之所以处断此事，能如昔日之主张公道，绝不为强权所威胁耶。此事以前之成绩且勿论，以后进行，能挽救以前之需滞而追踪解决布希纠纷之光荣耶。

调查团诸公，果欲期"今兹之事件必得圆满之解决"乎？追踪解决布希纠纷之光荣乎？则请一读最近薛西尔爵士之傥言，爵士之言曰："将来之解决，若不惩治不正当之侵略，若不驳斥黩武政策，若不保证国联忠贞之会员获所被加害之赔偿，则将使国际道德，受一危害之打击。"薛西尔爵士之言，揆诸大战后国际之新道德，亦绝非陈义过高之论。布希纠纷，已成先例，我人唯希望调查团勉力为之。以自全其信义而已。李顿爵士昨在筹答大学代表词中，希望"会员国维持和平，心口一致"。今观安达代表之言如彼，而日本自身之行为则如此。然则如日本者，非心口最不一致之国家乎？常此心口不一致，则调查团工作之前途，荆棘多矣。我人又不能不为国联前途忧。

为法律奋斗

（1932年6月22日）

予为本报月刊，征文于吾友吴经熊博士。吴博士语予曰："申报创办于1872年。是年也，不特为中国新闻事业史上富有意义之一年。亦世界法学史上最重要之一年。盖德国大儒伊耶陵所著之《为法律奋斗》一书，亦适于是年初版也。"按伊氏斯书译文达21种，版本无数。日文有陆奥宗光本，梁任公尝取其义而作论权利思想，采入饮冰室文集。原书有60年之历史，适于本报同年。而国译本犹付阙如。予尝译其半，以事冗未竟，至以为憾。是书在此死气沉沉之学术界中，不受国人重视，固不足异。唯是书正切合于60年后吾国今日之现状，足以激发我民族之猛省，足以针砭我民族之通病。此我之所以亟欲一述焉。

伊氏之中心主张曰："法律之目的为和平，而和平之代价为奋斗。"其义至精，盖一部法律进化史，即一部民族奋斗史。西洋罗马时代贵族与平民斗争之结果，始有保护平民的十二铜碑法之创立。近世中产阶级与封建阶级斗争之结果，始有著名的人权宣言之宣布。诚以一民族之法律保障，必须从绝大之牺牲与奋斗中得之。固不能蠢立痴望，如守株待兔，而可以希冀也。和平非苟安可致，当有相当代价。此代价为何，曰奋斗。不断的奋斗，殊死的奋斗。

斯一义也，伟大无伦，可以施诸内政，亦可以施诸外交。吾民族困于内战也久矣。非战之吁求，磅礴于全国，而干戈之未息也如故。上海停战协定之墨渖未乾，而广东阋墙之斗争又起。吾人民之哀呼，虽声嘶力竭，初无动乎军阀之方寸，而人民尚欲在不自奋斗不自挣扎中求和平，其可得乎？吾民族困于苛政也久矣。宪政之需要，人皆知之。然而所谓宪政运动者，不作奋斗之准备，不事基本之锻炼，而徒向执政者呼求政权之交还，与虎谋皮，其可得乎？人类历史中，有如此廉价之宪政乎？吾民族困于外患也久矣。敌进一尺，吾退一丈，近百年来吾无限之国土与国权，皆断送于此一进一退之中。自"九一八"以还，此一进一退之步骤愈益加紧急速，而我民族精神，并不因此稍振，徒随不抵抗政府之后，祈祷国联出力，为我恢复国土，其可得乎？世界民族救国运动中，有如此卑劣之运动乎。

呜呼，伊氏斯书，诚对我人之当头一棒也。一则曰："法律赐与人民，非不劳而获者，人民必须鼓勇迈进，流血奋斗，然后得之。再则曰："法律在其历史的进程中，其所呈我人之眼帘者，是一幅猛攻奋斗坚苦卓绝拼命找出路之写真。"三则曰："一民族之权利，受人侵占，仍屏息以待，是不啻自己宣布自己之死刑。此民族任人掠夺其土地一方里而不屑究惩。则人将得寸进尺，非至全国土地皆为人有，国家亦从此破灭不止。如斯民族，实不配有良好之运命。"

伊氏所赐给我人之教训，质言之即曰，唯民族能自起奋斗，始足以消弭内战；唯民族能自起奋斗，始足以享受宪政；唯民族能自起奋斗，始足以保全国土。不知奋斗之人民，不配为法治国之人民；不知奋斗之民族，不配为独立之民族。自"九一八"以迄于今，已届9月，此9月中，国人试返躬自问，所经历之艰险若何？所自奋发以与命运奋斗者若何？今后所以图自存，谋挽救之道又将若何？读伊氏书能不汗流浃背矍然惊起乎！

制宪论战感言

（1933年7月2日）

立法院设立宪法起草委员会后，主稿人竟在此国难严重中，埋头起草，初稿近且见诸报章。继之以各家评述，毁誉掺杂，议论纷纷。国势危如累卵，而博学多士，独能专心于此，断断争辩，岂亦有感于"宪法救国"之说耶？本报于斯，不敢有所主张，或有责之者，其亦类于责夏虫之不肯语冰乎？

夫制宪为国家之大政。法国自1789年至1875年，颁宪凡十次。自革命肇初至督政时期，制宪专家西爱咸斯辄躬与其事。其书桌上盈盈皆宪法草案也。然而读孝经不足以退贼，徒制宪法，能避免当时法国政治之紊乱与恐怖乎？宪史先例，斑斑可稽，故欲借宪法以救危亡，能否成功，殊不敢必。乃今时论，徒斤斤于制宪技术之长短，而于制宪之先决问题，独皆略而不提，舍重就轻，急其所缓，斯则不能令人无疑者。

时论之评宪法草案也，有责政府"不以隆重形式特聘专家设会起草，而以责诸政府机关官吏性质之立法院"者。有责以"三民主义分编，在立法技术上成极拙劣之章制"者。有责以不应称"中华民国为三民主义共和国"者。其所质难，固亦言之成理，然欲为该草案做辩护士，亦殊易易。昔拿破仑命包达里、戴隆雪、皮果特潘墨浓、马勒维四人起草民法典，指四人而叮咛曰："予给汝辈以六个月之功夫，为予制成一民法典。"四人唯唯退，各在拿翁鞭策下，竟谋通融合作，而民法典卒底于成。颁行至今，百余年矣。顾念当时，拿翁亦何尝有隆重之形式乎？是制法不在形式之隆重，而在乎实质之效能而已。此可以为草案初稿辩护者一也。宪法章制，非一成不变之物，立法技术，亦非呆板不能通融之道。法国1875年之宪法，分割琐碎，不成体统，遑论章制。德国威马宪法精细无出其右，又与过去各种宪章迥异。而苏俄宪法，尤独辟蹊径。古典派宪法学者，引为骇事，则以三民主义分编，亦无足异。且目的论之分编法，胜于形式论之分编法。言之亦殊成理，此可以为草案初稿辩护者二也。至称中华民国为三民主义共和国，更非创例。苏联称"苏维埃社会主义俄罗斯联邦共和国"。即其明证。此更可为草案初稿辩护者三也。至若其余争点，各有见地，主稿人容有所蔽，旁观者清，自能指示其瑕疵。夫理以愈辩而愈明，品长评短，学者之责，固无所用其意气也。唯制宪论战之士，皆注意于制宪技术之长短，而忽略千百倍重要于制宪技术之先决问题，则吾人不能无言。

制宪之先决问题为何，曰宪法之生命，不在立法家之掌握，而在推行宪法者之掌握。若立法家之责任，能内参民族之精神，外酌世界之潮流，务使宪法之草案，成为民族需要莫切之映照，即已极尽其能事。至若如何使宪法推行而无阻，行之而有效，如何使宪法演成活的生命，而不致沦为死的具文。立法家虽极聪明才智，亦无从为之解决。盖立法家之任务，仅限于技术，而如何能推行尽利，则唯负运用政治之责者是赖。昔德儒萨维尼认法律与立法家之关系为"技术要素"。法律与国民生活之关系为"政治要素"。认为政治要素重于技术要素。其说虽亦不免有抹杀成文法价值之流弊。然而法律实际之效能，必须重视，此则一般人所公论也。

按宪法之实际效能，不仅在立法技术之切合实际需要，且须有制宪之浓厚兴味。制宪之浓厚兴味为何，曰争宪之运动是也。欧美宪政之发展，往往以国民之自奋为原动力，国民流血奋斗，前仆后继，经长时期之抗争，始获制宪乏权力。于是国民视宪如宝，人人具有护宪之心。政府自不敢生毁宪之意。德儒伊耶陵尝言："未尝奋斗而得之法律，犹在街沿所拾之迷途儿，不足为贵。苟其自生，而欲在母亲襁褓中夺为己有，则母亲必将咆哮而不肯罢休。"旨哉斯言。今之论宪者，亦已认识斯酝酿中之宪法，为人家遗失之迷途儿耶？抑为母亲襁褓中之爱子耶？斯一问题而未解决，则一切技术问题之讨论，无非枉费口舌而已。

今试返颐吾国家之处境若何，国民之处境又若何。疆土日蹙，人口日减，失业盈于城市，农村濒于破产，水旱灾祸，连绵不绝，内战烽火，接踵而起，盗匪充塞，捐税繁重，人民图保蚁命之不暇，遑论干政？更遣论权利之抗争？当局苦口谋国，虽大声疾呼，欲以宪法求统一，救危亡，然其实为统一之梗者唯少数军阀与政客耳。吾辈本以无法为便，今欲以一纸宪章，献于若辈，求以是促成统一，殆亦等于与虎谋皮。夫吾国家制法，连篇累牍，早成巨帙。而国家始终未收法治之效，国民亦始终未得实际之保障。而有力者则始终视法律如弁髦。明明有法可循，而必求之于法外。法律之效能微，国民自无守法之可能。法律与社会关系何等密切，今既根本不能联系，则虽日日言制宪，又将何补于实际乎？愿令之论宪者，对斯先决问题，其三致意焉。

我的外交官生涯·凌其翰回忆录

WODEWAIJIAOGUANSHENGYA LINGQIHAN HUIYILU

百年
中國記憶
BAINIAN
ZHONGGUO
JIYI

《生活周刊·通讯》

在比利时住了7个月

（1928年7月）

　　我是一个好动的青年。18岁时，大学本科一年刚完，即辍学报考邮局，过了一年半的邮务员生活。因为精神太枯憔，生活太机械，太单调了，就不顾家庭的督责，毅然应老友郭任远博士之召，在复旦大学任事务主任半年。后来郑毓秀博士归国执行律师职务，我也就充当了三个月的律师秘书，感于学问的不足，日间仍回到学校里继续听讲。不料去年3月初，革命潮流澎湃东南，就卷入旋涡，终日辍学、奔走，吃党饭者半年。这是吾生活最不规则的时期，精神上痛苦万状。幸亏有父兄的督责，良友的劝勉，与夫自己数年来生活曲折的经验，根本觉悟没有强健的身心和充分的学养，决不足与言一切事业，所以毅然决然，悬崖勒马，负笈海外，准备静读3年，兢兢业业，期于最短期中稍有所成就。

　　我动身的时候，本想在法国巴黎听讲的，后来抵法，看到了巴黎的繁华与夫生活的昂贵，不胜踌躇；因为一方面舍不得离开这样完备的最高学府，他方面，经济的支绌又使我不能在此地久居。启来多方打听，听说比国的生活较贱，最高学府亦有三四，其中功课完备，最有精神的当推鲁文的公教大学。我不是教徒，但六年来所受的教育确完全得诸教会学校，只要学术楷神，尽有可取的地方，于我的信仰上是没什么妨碍的，而况鲁文学府，在全比首屈一指，国立学府反瞠乎其后，其所授课程学位，均经国家批准，与国立无异。还有一件特点，就是鲁文学府有500年的历史，是欧洲最老的学府，欧洲的学风是很古朴的，要浸润西方古朴的学风，也就应赴鲁听讲。于是我就决定变计，在巴黎游息了一个星期多，就转道至鲁了。（鲁即比国鲁文之短称）

西方学府，有设在繁华的都市中者，四方学子，万界并容，而讲师教授亦多世界名宿，但其短处则在繁华的都市每易诱动学子到不规则生活之一途，以致一部留西外史也写不尽许多留学生的堕落。亦有设在穷乡僻壤者，则校之所在，自成市区，学子生活，一举一动，多与学府有关，居民对于学府亦有密切之情感，于是学府的精神就激荡而成异样的光彩。第一个例子就是巴黎大学，而第二个例子要算是鲁文大学了。鲁文是一个城区，靠近比京勃鲁塞，火车半小时可达，与上海到吴淞相若。居民只有50000，而学子则有5000，占居民十分之一。城区范围恐还不及上海南市城厢之大，较大的建筑物，林立各处，除了教堂以外，可算是学府所有了。

学府除自己备有少数宿舍外，学生大半寄居民家。比国人口稠密，为世界冠。地狭人稠，所以居民住宅，地盘甚为经济，大部前后两上两下二三层的小洋房，后面还有一个长方形的小花园。因为居民都是小家庭，所以十之七八有余屋出租。鲁文是静僻的城区，租屋的主顾，大半是学生，而屋主拣择主顾，亦有非学生不欢之慨。因为学生的生活最简单最纯洁，与人同居是一点没有妨碍的，所以居民有余屋出租，必通知大学秘书处，学生就可到秘书处询问租屋的住址，学生的"住"的问题就这样解决了。

鲁文全城有许多学生饭店和专门招待学生饭食的民家。饭店大的可容一二百人，民家包饭亦可容二三十人，学生也有住于民家而食于民家的，但大都住食是分开的。学生早餐则在居停寓中，午饭晚餐则在包饭之民家，已成为此地的惯例。四五千学生食住的安插，无形中有条不紊，也一些不觉得拥挤。学生午饭后每多在咖啡馆中闲坐休息，下流者则玩纸牌，上流者打弹子，但用功者多过门不入，鲜有光顾。全城咖啡馆数不可胜计，有许多下流咖啡馆，学校贴有禁条，不准学生混入。间有小咖啡馆处行人不注目之地，内容陈设幽雅僻静，专供学生闲坐读报或进点心饮料者。学生的"食"的问题也就这样解决了。

鲁文全城有许多裁缝铺和衣料店，光顾的学生占其多数，其他如专售衣服零饰物者亦所在皆是，这是学生的"衣"的问题之解决。

鲁文全城有影戏院6家，内有3家供中等居民与学生的游览，余3家则多工人之足迹，尚有正在建筑中的大剧场一所。城之近郊有体育场二，足球场、网球场、自由车竞赛场，应有尽有；尚有游泳池一所，规模一似上海虹口天通庵之游泳池，星期六、日可以男女同泳。至于大规模之跳舞场则未之见，亦有小跳舞场数家及咖啡馆附设舞场者，大多数均贴有学校禁条。除此以外，环城有林木成荫的大道，近郊林场，亦所在皆是。春夏间，绿荫道上，落花满地红；近郊林场，则琉林枫影，又是一景，可供学生散步游息，亦有手不释卷，且行且读者。学生之游戏场所大致如是。

学府各科各院的试验室，藏书室、标本室、工场等。是不可胜计的。除此以外，尚有一大图书馆，正在建筑完成中，一部分已开放，将来全部开放，可容读者千人，其规模较东方图书馆至少大四倍，藏古籍至富，大战时被德人所毁，此乃重建者。鲁文图书馆之伟大，也是学府最大的特点。

欧洲生活程度，英国最贵，次若瑞士、荷兰、德国等，再次为法、比。近来法国生活，亦日趋昂贵，巴黎学生普通费用，每月须千二百方（合华币约80元），绝非穷措大所能维持。比国生活较贱，其大原因为比币汇价便宜，华币1元可换比法郎16有零，较法币便宜三分之一强，而其生括程度亦较法国为低。鲁文为僻静之大学城区，消耗之机会更少，吾人在此寄住民家，租书房、卧室各一，平均每月租金约150方左右（合华币约10元），有服役费在内者，亦有另计者，服役之责，大都女主人自任，自铺床摺衣擦皮鞋以至洒扫供应茶水等，皆女主人亲自为之，不必有所吩咐，其周到体贴，国内从未之见。

我初来鲁文，第一件事是办入学手续，第二件事是找寻住宿。幸在环城林道之附近，一小家庭中租得卧房、书室各一，屋虽小，陈设殊幽雅简洁；书室中有书桌，安乐椅，小圆台各一，靠背椅三，书橱一，已容有我自置重要书简满架，约200余册，都是欧西法政学者的名著。室中并有小火炉一，冬天每日烤火诵读，每月费煤约20方左右；壁炉架之上，有长镜一，架上置花瓶等小东西二三件，墙壁糊以五彩之花纸，甚美观，地为花砖砌成，上铺地毯一大方，书室之布置大概如是。卧室中有柚木床，衣橱，洗面台等各一，几椅三件。小方台面巾架各一，陈设殊完备。卧室中有长窗二，对窗则田野在望，树荫参差，教室尖顶忽隐忽现，如此点缀，亦殊悦目，我每日晨起早餐后即往校听讲，下午则散步二小时，诵读名著三小时，间或写作二三小时。星期六上午则洗浴理发，下午写信。晚间或往观电影，或访友闲谈。星期日每作郊外游，日常生活，无形中已成为规律。我不喜欢在咖啡馆中消耗光阴，间或往进点心等，亦非常事。每日至少购报纸二份，报铺最大者在城中，玻璃窗中报纸琳琅满目，有重要新闻或评论，则以红线铅笔圈出，借以引起行人注意。比国报纸不足观，故我所购者均为法国报纸。每日必购巴黎《晨报》一份，有时购《时报》《人道报》《小巴黎人报》等。我每日阅报时间，至少亦须费半小时，遇有可贵之文字材料则必剪存之，因为阅报也是读书的一种旁助。每星期四及星期日国内由西伯利亚转来的邮件可以递到，故每值星期四或星期日我起身最早，晨8时即得捧读国内亲友信札与国内报纸。我已有《时事新报》《民国日报》《国闻周报》等，我最喜欢读《时事新报》，以其编制程度，渐可与欧报相伯仲，其评论尤为道地，畏垒沧波的论文，我每高声朗读，颇饶兴趣。我的日常生活，大抵如此。生活安定，有生以来未尝有。惟远离故乡，依旧无"此间乐不思蜀"之慨：故乡虽在烽火连天中，其可爱也如故，思乡病是没法医治的，晚间睡中做梦回家，也不知有多少次了。我来此仅七个月，身体非常康健，体重较国内至少增加十分之二，国内做的内衣都嫌狭小，只得重置，所费甚多，但是有一件小毛病，就是每月须发肚痛两三次。痛时，肚肠几乎绞断，有时倒在床上，痛极而号，连呼"亲娘"，屋主见状必设法多方服侍，周到体贴，私心很为安慰。大约致痛的原因是饮冷水太多，吾人在国内不惯饮冷水；其次比国的气候变幻莫测，忽雨忽晴，忽冷忽温，在这百花怒放的五月中还是寒气逼人，大有烤火之必要。

比利时适夹在德法两大国之间，德意志的日耳曼文化和法兰西的拉丁文化是迥然不同的。在两大文化激荡之下而生存的比国，从1830年脱离荷兰，正式独立以来，还不及百年，而其文物制度，处处表现出日耳曼和拉丁文化融会结晶的精神，在政制方面，处处都有英格鲁萨克森郑重、沉着"士君子"的风度；在社会方面，扶老携幼，救孤济独，以及劳资合作的事业比任何国家来得发达，750万人民中，有75万人民得到职业上家庭津贴的，所以一般人民的生活，都可以说站在水平线上。因为政治清明，社会有序，人民也抱有知足安闲和善的性格；因为生存在两大国间，还是一致鼓勇图存，所以人民之勤朴，也是难能可贵的。比人分芬兰梦与华龙两族，语言性格，迥然不同，芬族所操的语言近荷德语，华族则操法语，至今宪法上还载有语言自由的专条，就是这个原因。芬族性情冷僻而诚挚，大类日耳曼风度；华族性情热烈而浮嚣，颇似法兰西人之性格。而芬族之刻苦勤位，多过于华族，华族之风采令色则胜于芬族。在法制方面几乎完全承受拿破仑法典的势力所支配，但在实际政治方面又处处表现出英格鲁萨克森之民治精神。比人痛恨英人之专横，独酷爱英之政制，弃其短而取其长，这是比国政治的特色。在人民的信仰方面，比人大都是天主教徒，旧教的风尚，影响到社会的生活是很深刻的。鲁文既是公教学府的区域，当然宗教的臭气，特别浓厚，欧洲人宗教和道德是看做一件事的，所以调查吾们没有教籍，民族没有深刻的宗教信仰的支那人，加以十分的惊讶。

鲁文居民五万中多数是中等阶级。他们的生活大半都很严肃而有秩序。在家庭生活，夫妇间的相敬如宾，子女间的有规则的亲爱，到处都可以发现。男主人出外办公，主妇必送至门外，子女上学堂念书必和父母做甜蜜的接吻，接着母亲慈祥地说，"乖些，吾的心肝！"于是子女才跳跃而上学堂去。主人归来了，铃声是有记号的，时刻是几乎一定的，主妇笑容可掬地问主人饥饱冷暖，为主人宽衣，殷勤服侍，从不懈怠的。子女归家了，如果今天在学堂里功课做得不好或受教师责罚，就立刻拒绝接吻，儿童不得和父母接吻是一件很严重的责罚啊！到了星期日晨间全家老小同赴教堂，上午11时许归家，主人则安闲地吸雪茄或斗烟，主妇则忙着烹饪。星期日的午餐最迟，约在一二时左右，餐罢如果天气晴朗，则夫妇子女，同出到郊外散步，或进咖啡馆稍坐，或去看电影。鲁文居民游散相聚的地点，因为天气节期的关系，可以预料定的。平时主妇主持家政，勤俭异常，从上午10时到下午2时、3时，送面包的马车来了，送报的狗车（此地有大狗拉的车）来了，送牛乳的车来了，送啤酒的重车也来了，主妇的应付是很忙的。星期一、三、五有露天市场，鱼市，肉市，菜市，花市，禽畜市，杂物市，都分设在城中各处旷场。星期五的市场最热闹，主妇们都携着皮袋或藤筐，向市场去搜觅日用物品和粮食。小贩中多乡下的老婆婆和乡下姑娘，头上裹了白布，肩上披着荷包式的绒绳围巾，（数年前上海颇流行）脚上穿的是笨大的木鞋或是软底布鞋，手挽着筐儿，兜售鸡蛋，八神气和卖鸡蛋的浦东妇人竟一般无二。杂货市中，也有指手画脚，叫卖货物，看众围着看热闹，其情景和上海邑庙的小贩也是相仿的。

欧俗3月间有嘉年华会，除了戴面化装，整天在路上狂舞狂歌以外，还有结队游行，和中国的出会相仿。旷场则设露天游艺场。此外从四月中一直到七八月，每月城区各乡都有轮流的乡会，每次均到一星期。鲁文的士女，在晴朗佳日，每于晚间往看热闹。其一种民俗共乐的风气和兴味，处处可以证明此地国泰民安的升平气象。吾自从到鲁文来从没有听见过有作奸犯科者，窃盗扒手是一件很稀罕的事情，社会的太平，已经到了几乎道不拾遗、夜不闭户的地步，这种景象，实使我发生无穷的感触。

人说东方人的生活是精神的，西方人的生活是物质的，东方人尚虚伪讲礼貌，西方人持直无礼，但是我在这七个月中所发现的西方生活是精神的，西方人尤其是中等阶级，一言一动都有等节，谈吐应酬，彬彬有礼。其风度是久经磨炼成的，治事的勤俭，刻苦，专心，死钻，（俗语打破砂锅问到底）其结果才造成灿烂的征服自然的科学文明。西方人的长幼有序，上下有体统，服从和团结，都是社会文物制度的基础。我敢说一句，征服自然的文明才是真正的精神文明，被自然所屈服的生活，才是卑鄙的野蛮的物质生活。这是我七个月功夫留比观察所得的结论，将来一年两年或三年以后，再看这结论有否变更吧。

留学生中的流落生

（1929年5、6月）

记得数月前曾为本刊述在比国留学的生活，吾想一班有志出洋的青年同胞们，一定非常注意。"出洋"已经成了普遍的潮流，留学生在社会上已不啻自成一特殊阶级，洋翰林毁誉不一，留学生对于改造社会之功罪亦难断定；但数十年来出洋潮流已经几次变更了方向，从留日而到留美，再从留美而到留欧，就这空间的划分，可以看出留学史上时间的段落，此中关系，不必细说，但现今出洋的潮头确有向西走的趋势了。最近中央大学对于遣派留学的决议有两点是值得吾们注意的：1. 此后遣派留学注重实用科学；2. 留学所在地则注重法比。第一点不用说，是应吾国目前的要求。第二点则不但指定了出洋应须向西走，还进一步确定了法比，而比国生活程度又较法国便宜三分之一，预料大仅松江一府的小比国，将受浩浩荡荡的中国留学生所"侵占"了。即就记者所在地而论，刚来时同学仅10余，仅半年即增至30余人，今则已增至七八十人，在街上行走，常常有机会可遇见中国学生，而且在一家咖啡馆中，几乎完全被中国学生所占，在那里吃五喝六。（痛心！）留比同学在数量上的增加是着实可惊了，从光明的一面看来，留学生是智识阶级的曙光，是建设新中国的领袖，但从黑暗的一面看来，留学生每多贪吃懒做，将西洋的嫖赌吃着全副本领学会了，回到中国做体面的高等流氓，此间好坏之分，只不过相隔一线。

本来记者所在地是静居读书，最好不过的地方，但若不知利用环境也可一样的堕落。据予观察，此间中国学生的学风，也几乎可与巴黎相伯仲，而且生活较低，更可以恣意行乐。吾国社会上的公评，有留欧学生在质量上不及留美之说，记者未尝涉足新大陆，故不知底细，但是大陆学风之坏，实在是无可讳言的。记者所在地这样静穆的地方，而终日沉迷于咖啡馆吃五喝六，嗜赌若命者几占同学全数之半，夫复何言！本刊以暗示人生修养，力谋社会改造为宗旨，所以吾与其在消极方面来诅咒堕落的留学生活，无宁在积极方面提出几点来，请有志留学的青年和负责培植子弟的父兄都加以郑重的注意。

（一）时期：这个所谓时期不是拿年龄来定的。假若意志游移，能力不足，最好不必劳驾，即本人有此大志，父兄亦当绝对设法阻止，因为意志游移和能力不足是定做高等流氓的主要条件。据予所见，因此下场者，已不一而足，甚至留落异国，衣食不周，且有以诈骗求乞，度半流氓和准乞丐的生活。据予所见，如此下场者，已有两个人，一个代表年纪很轻的，一个代表年纪很大的，这两个留学生确已变成了流落生。据很详细考察，确是意志游移和能力不足的结果。所以留学的时期，一定要以意志和能力为客观的测断，在年龄上当然也有相当关系，最好予在国内大学毕业，确有深造的意志和能力的才合留学的条件，否则刚从中学毕业的，为郑重起见，做父兄的可绝对地阻止其出洋。

（二）基础，基础可分两点，一点是对于留学国之语言文字，一点是对于所选学科之基本知识。据予调查，留欧同学学风之腐败，基础不足，是重要原因之一。负笈来欧者，对于留学国的语言文字，大都没有根底，且有一字不识的，不若留美的都能来几句"洋泾浜"。因为国内学校对于外国语多重英文，而对于法文和德文，除了几个特殊学校（如震旦同济之类）以外，都不加注意的。来欧的同学且多有一种成见，以为我们懂了英文，再读法文是易如反掌的，殊不知开始补习，就立刻觉得生疏麻烦。因为补习一国语言，如小儿学语，是一种非常干燥无味的事，大多数人都以为研究一国语言，能身涉其境，必收事半功倍之效，殊不知身入其境后，有耳若聋，有口若哑，明知有学者名师天天在那里设讲而无从享受，好容易乘长风破万里浪，远客异国，还要以一部分的金钱和时间来做学习语言的准备，结果反为事倍功半，而且半路出家，往后入学，将永感痛苦。因为大陆学制，讲学均用口授，不用书本，必须备有个人速记或劄记的能力，然后可以凭教授讲述，益以名著，加以参考钩稽，切磋琢磨的功夫。一般同学受了不谙语言的痛苦，上焉者虽精神沮丧，尚知悬梁刺股，下焉者则不甘为语言的奴隶，于是流连潦倒，沉迷于咖啡馆，度吆五喝六的生涯了，不谙语言竟可为堕落的根源，岂是吾人初料所及？因此予以十二万分的诚意，希望有志来法比的青年，至少对于所在国语吉具有听读写三种能力，否则为郑重起见，切勿轻易离国；次对于所择学科的基本知识也应当加以注意。譬如习工科者，必须于数理的基本知识有十分丰厚的基础，习医科者对于自然科学有相当的根底，习法科者对于哲学历史以及社会科学的常识均有根底，然后来此入学则万无一失。华人聪明倍西人，西友都这样对吾说过，如果吾们对于留学国语言文字和学科的基本知识，都有充厚的基础，那么以吾人聪明的智力，加以切磋的功夫，不但在洋科举的角逐上处处可得胜利，即在学问上，吾人所得而经验的亦多较西方普通学生为高。因为在精神上，吾人的志气实较西方学生来得超越，吾人为学的责任也较彼辈负重，彼辈在社会上以教育普及，且生活程度高，几乎每个人都以毕业文凭为择业谋生的梯阶。所以吾人有了基础，则插足学府，奋发有为，处处感有无上的乐趣；没有基础，则垂头丧气，甘于堕落，毫厘之错，失诸千里，可不慎哉！

（三）经济：在民生问题尚未彻底解决前，不论在东方或西方，能涉足大学学府，享弦歌不绝之乐者，也只有这班资产阶级的子弟，即西语所谓"布尔曰涯齐"Bourgeoisie是也。而况吾们万里负笈涉足异国的学生，除了官费生以外，更非资产阶级买办了。在中国当今教育破产，人不悦学的时期，整千整万的有志青年莫不叹无学的痛苦，而有力留学外国者则反自甘暴弃，不事学问，惟知游荡，这种不平的现象，看了谁不痛心！但金钱势力方在作祟的时候，又属无可奈何。国内著名某大学某君读了记者上次所发表的记事，大为振奋，特驰书询予留比种种情形，有家中赤贫如洗，但志愿勤工俭学，准备做工五年，读书五年之说。吾读了非常惊讶，立刻答书，晓以利害，期期以为不可。古哲有言：天将降大任于斯人也，必先劳其筋骨，苦其心志，增益其所不能。时贤吴稚晖先生亦欲青年成为手脑双全的人才，但到西方来做工，是欲和物质文明社会下的平民阶级抢面包，简直是不可能的事。勤工俭学之说，肇于大战中，时以缺乏壮丁，不得不偏劳大批华工，战后各国自身常有失业问题发生，自顾不暇，焉能容纳异国工人？手无缚鸡之力的中国书生更说不上了。而况以汗血换来的工钱，只足以换面包而无从积蓄，否则东方学生能来西方实行工读主义，则西方工人亦能日事积蓄，个个以汗血代价进而为资产阶级，劳资问题亦无从产生了！所以既能勤工，亦只得一饱，而况借勤工以俭学则更是梦想。勤工俭学主义在事实上早已失败，此间尚有当年实行勤工俭学主义的老将，大都留欧在十年以上，可以琐述苦况而不能高谈学问，能稍有成就者，好比沙里淘金，寥无几人。奉劝有志留学的青年，对于勤工俭学主张应坚决放弃，如果在经济上并不冒险，则在可能范围内，自当奉行俭学，以稍轻父兄的负担，则与勤工俭学一说又当别论了。友人某君为予国内同窗老友，家贫如洗，在国内求学，不但无资缴学费，且一日三餐亦时虞不继，有时竟以大饼和开水度饥，其苦况有如此者。去岁曾服务国民军中，职位已至少校以上，唯志在留学，故将一年积蓄所得，买舟放洋，居然负笈来欧了。讵料初抵马赛埠，未抵巴黎时，囊中已空无一物，幸同舟有慷慨为解囊济若干，始抵巴黎，即驰书向予呼吁。予与彼为患难之交，且事前曾劝其切勿操切，故来书中颇有悔意。但此时欲予在生活费中移出一部分以助彼，实属不可能的事。出门读书人，大都困难，不得已而移借少数款项，偶一为之尚可，若担任长期之救济，是强人所不能为而为之，未免难堪。现在某君流落巴黎，日向各方呼吁求助，苦况不堪形容，以其意志能力和知识而论，确为可以深造之材，而今为孔方所制，留学未成，而流落已久了。奉劝有志留学的青年，当以某君为殷鉴，切勿蹈此覆辙。为父兄者须再三考量，须子弟确有志气能力，而经济上确有充分准备以培植子弟者，然后可以允许子弟出国，箪食瓢饮本非常人所能，营养不足而欲望充分之学养亦一难事，而况游于天涯，潦倒不堪时更向谁诉苦？肚子荒和知识荒相斗，应付亦当有缓急之分。读者若有以"资本家"或汉出息骂予者，予亦唯有承听无怒，盖此皆出自肺腑之言，骨梗在喉，非吐不快者也。还有一事须望有志留学的青年和其父兄们加以注意的，就是此间的生活程度，继长增高，是流动的而非固定的。譬如归国的老同学所述的生活程度和现时就大不相同。记者上次在本刊上所述留比的生活程度与现时也已发现很大的差别，半年前和半年后生活程度已有百分二十之差，譬如去夏包饭每月比币300法郎，今夏即涨至360法郎，年前以150法郎左右可租得书室、卧室各一，今则以此数只能租得卧室一间，生活飞涨，其可惊类此。以上数端，皆为吾人老生常谈，拉杂写来，以告国内之为父兄及为青年者。

4月12日，草于比国鲁城

一片赤诚

（1929年8月4日）

韬奋先生：屡蒙勖勉，愧感益深，弟学术荒芜，毫无建树，吸收既浅，创作甚艰，偶因兴感而书，亦多由吾亲爱之父兄与夫一二敬爱之朋辈处感化得来。来欧两年，平时所识寥寥，而多数冥顽不灵，任此辈归国，唯有促民族之速亡！除学养谨严之家兄梦痕外，（现在巴黎专攻哲学，以逻辑为专门，已得高等研究文凭，将进而预备法国国家文学博士考试。）而萍水相逢中，堪为弟拜服至于五体投地者厥唯无锡章渊若先生。章君情感丰富，心地敦厚，为学甚博，而约己甚严，其读书之途径，阔大而深奥，可譬诸大海汪洋。前年同居鲁城，辄与学问，上下议论，而章君尤健于笔，（《中央半月刊》常有其作品）每有所作，辄示予，或讨论得失。弟在此感化陶冶之环境中，所获良多。今者章君已转往巴黎，阔别竟年，书札往还，多关于学养之互励与夫学问之探讨，将来有暇，当择其可以公开者寄示吾兄也。近章君因观国事之大混乱，（编者按，此似指桂事及西北事，现在局势当然已有变迁。）于"6月11日夜独坐僻处，万籁俱寂，夜寒凄凉，不禁痛感国事，大为痛哭"，乃握管疾书，一口气成此长文，钞印数十份分寄国内，特以一份邮予，弟捧读再三，亦不禁涕泪纵横。近适之先生有"人权与约法"一文，或可与之并斐，（弟恨未得机会一读。）内容（一）以民意为政治的基础；（二）以和平为民泊的前提；（三）要求执政者力顾人民之疾苦；（四）希望青年界摒弃一切怠惰嚣张之恶习，根本觉悟；（五）责舆论界须在萎靡奄奄之中力疾从公，执民意之权威，造成"笔杆子的世界打倒枪杆子的世界"；（六）集全民族之精英，在亲爱精诚团结之下从事轰轰烈烈的"科学的全民的建设的积极文化运动"。其实就是中华民族的复兴大运动，而章君自身在文末告读者"誓以此身精力，为我悲苦之民众，危殆之祖国，担起艰辛之工作，个人之权利及个人之安乐悉已拼诸度外。归国以后，决愿一本斯旨为国苦工，不求闻达。"云云，其一片赤诚如碧水清澈之可鉴，其文一字一句，皆为精诚之结晶。近来国乱如麻，千端万绪，本无从说起，其最浅显者厥唯人民无生命财产安全之保障，苛税杂捐犹在其次，至掘食草根树皮，宰割人肉以度饥，饥荒遍地，日死万人，其生命之价值，虽蝇蚁之不若，是实为二十世纪物质文明下人类之大耻辱！立法院编纂各法典，加倍工作，成绩可惊，但如人民基本的权利，生命与财产没有安全的保障，要此长篇累牍的法典何用？弟为国民党党员，当然敬重爱护吾党治下的政府。唯在此大混乱的局面下，窃认为执政者最重要最急切的工作，只是"安定人心"四字。充实和平的基础，然后才谈得到一切深远伟大之建设。章君斯文，裨益世道人心不浅，爱敢郑重介绍，寄示吾兄，深望借本刊一席地将全文首尾一次登出，广为宣传，则功德无量矣。这一个要求，在本刊实在是例外，但此为海外有心人对于祖国危亡的哀呼，想吾兄必慨然允诺也。再章君将略游英、德诸国，在8月中兼程遄归，预备开始他"为国苦工"的工作。特此附告。考前多忙，不尽一一，即颂撰祺。

弟寄寒敬上

捷　径（巴黎之游）

（1930年3月30日）

我和同学企韩君于下午1时半由比京乘火车动身，抵巴黎时已下午5点半钟。我们乘Taxi到巴黎第五区即拉丁区，在天津饭店吃了夜饭，恰巧碰到老同学求吾君，寄了行李，同出在沙蓬路即巴大文理学院旁边找到了一家旅馆。房金每日28法郎，小账加一，两人合住，每人付16法郎。就旅行言，租金较诸上海租界的旅馆，便宜多了，但在巴黎长住的学生，每月至少付租金400法郎以上，仅占一斗室，床几都非常简陋，与鲁城相较，就觉得非常昂贵了。拉丁区到处可以看见黄面孔的学生，中国饭店有Pascal，北京、上海、天津、东方、萌自七八家。每日在午时或晚上就食者统计至少达四五百人，加以不吃中国饭的，和住在近郊的学生，大约在巴黎的中国学生已满千数。此千数学生已进学校者若干，未进学校者若干，正在补习法文者若干，挂留学生招牌，专事游荡者若干，束书不读，专门闹党闹团体，认作中国政治活动中心者若干，真能潜心研究，孜孜不倦者又有若干？中国政治的转机，其重心完全在青年身上，而留学生又是青年中的重要分子。新中国领袖的准备队伍里，内容如此复杂，难道这是乐观的现象么？梦痕对吾说："在国内看了一团糟现象，只有丧气，出国看了留学界情形唯有绝望，一样是悲观，而绝望实较丧气沉痛万倍！"近来风气似乎视留学是一种投机事业，在外国混了几年，归国就可升官发财。在国内青年界常听得"留学可以提高地位"的话头，于是乎留学生就自成一阶级，而国事也就糟不可言了。

在巴黎听到的故事很多，都足以令人丧气！兹述一件如左：

有一位学生，听说他的父亲是军界中人，临阵而亡的。他自己中学还未毕业，即赴日本，经当局保荐入士官学校。时士官有罢读风潮，学生多被遣送回国，所以他在日本月余，未得正式入校，即遄归祖国，对人家即自称是士官生。后来不知怎样，与在野某要人交往，某要人适长某大学，于是乎在几个月之中就得到某大学的毕业文凭，后来不知怎样又得到当局的保举，放洋赴法，拟进凡尔赛的圣西尔军官学校。出国时即在报上大吹法螺，说是赴欧考察军事学校。他在船上结交了一位某大学学生，充他的临时秘书，抵巴黎后即致长书与当局某要人，缕述抵欧感想。上海的报纸也居然替他揭载。这位宝贝在巴黎结交了许多酒肉朋友，终日寻花问柳，好在腰包里有的是钱，真有此间乐不思蜀之慨，有时只身带了两三个野鸡式的妇人在中国饭店大嚼。他始终没有进圣西尔校，他自称是中校，忽又升级为上校，后来对人家说圣西尔校只是养成下级军官，不屑进校。不知怎样他竟得到国内大路道，居然一跳而保进陆军大学Ecole de Guerte，居然军服楚楚，军帽上簇起的那堆毛，赫然神气十足，在拉丁区出了一个多月的风头，忽然说要归国了。行前大请其客，公使且为之钱行。其时在船中相识，充他秘书的也得到了博士学位，当然很忠实地追随他归国。还有一位真在圣西尔校毕业的某君因为在国内没有路道，故就被他罗致，充为临时武官，他一个人居然带了博士做秘书，武官做随员，左拥右护，洋洋得意而归国了。他归国后当然是经过"与报馆记者谈话"和"遍访各要人"等种种玩意，他不久果然被命为某某委员会的委员，俨然新中国的要人！咳！出洋留学难道真是升官发财的捷径么？

这次在巴黎忘不了罗佛宫美术馆的伟大，终于再去拜访一次。罗佛宫内容充实富有，美不胜数，记者终算去过一次，皆是走马看花。这次算是第三次，依旧是走马看花，内容分法兰西、意大利、日耳曼、法兰梦等各派油画，文艺复兴时代文西等作品也很多，吾最爱Ingres的泉源La source，Henner的裸读La Liseuse，Vigee Lebrun夫人自写的母女之爱，皆是法兰西近代的作品。吾想任何人见了这三张画都能生美感的。

1月12日，记于比国鲁城寓次

中国参加比国博览会实况

（1931年1月24日）

　　韬奋兄：（中略）前函述及中国参加比国博览会实况，万忙中略示一二，语焉不详，至以为憾。吾人于负责当局，绝无私人怨仇可言，唯对同人张大其词处实不敢缄默也。近来祖国对于国际礼庆，往往敷衍应酬，唯恐不恭，博览会事，若无充分准备，尽可不必参加，美俄诸国，均未参与，此其明证。此次吾国代表团临时罗掘经费，仓卒出发，筹备布置之草率不周，亦意中事，不足深责也。唯有两事无可原谅者：

　　（一）吾国陈列所在电气馆中占三百方密达，其面积仅抵一中国式住宅中之客堂，陈列品重床叠架，无法安排，而游客入内，亦如身处鸟笼，几无立锥之地，其狭小可知，乃在出入口处竟容一英籍首饰贩，设摊售货，游客多往争购，门庭若市，皆疑为中国货也！中国代表团不远万里而来，仓卒间成此简陋之陈列所，结果竟为一区区英国小贩利用为营业广告，岂不大可怪哉？闻当局得到英贩租金，留比同学对此均表不满，唯当局以订有租契，木已成舟，无法补救为词。窃思中国虽穷，此次参加比国赛会，亦有数万元经费，穷场面至少已无问题，何竟效上海租界上"二房东"之故伎？

　　（二）比国此次赛会分恩埠与里城两地同时举行，恩埠为航海与殖民博览会，里城为工业及交通博览会。中国所参加者为里城之工业博览会，中国所陈列者，大宗土产如丝、茶等，仅绸一二匹，茶叶数瓶而已，多数系赝制之古董及江西磁器等物。此外尚另开一美术展览会，其陈列品之性质与博览会之性质根本不同，结果成绩竟列第三，不亦奇哉？其实此事极易解释，各国所陈列者均系大宗工业物品，故给奖因分类关系，反无多望。吾国所陈列者为美术品，分类重质不重量，评判件件须参个别方法。在评议时，只须件件力争，此画何等名贵，必须给以大奖，彼器何等精巧，又须给以特奖，于是每类陈列之量虽少，奖品之数反多。苟博览会严格评议。开宗明义先认中国陈列品性质与赛会格格不相入，以不合格论，则结果又将如何？吾国总成绩第三确为事实，但若细究此事实之真相，有如上述者，能不喷饭！以情理论，工业博览会，就各国陈列品成绩之优劣高下，即可测断其国工业发达之程度。吾国工业幼稚，尽人皆知，竟能在比国工业博览会中得第三奖，岂不叫奇，但若明了上述真相，亦可恍然矣。（中略）吾人对人家摆空架子犹可，似不应再对自己摆空架子而种下故步自封之毒，弟之不禁喋喋，盖亦为此而已。

寄寰：12月22日于比京寓次

东归追记

（1932年1月16日）

四载远游，恍然若梦，知欲未填，征书纷飞，国难起，内乱亟，国势危殆，祸在目前，时间紧急，已不再容吾逍遥海外，从容读书，于是赶作结束，仓卒归来。10月下旬买棹起程，11月下旬安然抵沪，途中见闻，不足录，而略有记出之价值者，皆片片伤心史也。

何香凝女士漫游西欧，借卖画为生，艰苦备尝，国内某要人虽展示意欲济以巨金，皆宁苦不受。闻"九一八"之变，痛恸数日夜，胃病猛发，医嘱静养，亦不之顾，毅然束装，适与记者同舟归，超程后耶呻吟床侧。状殊凄侧，舟中有医而言语不通，乃邀记者为舌人，记者亦以此而识何女士。途中晤谈机会甚多，惜皆未一一记录，兹所述者仅追忆所得之雪泥鸿爪耳。

何女士对国难感慨，极同情于民众及青年之悲壮激昂，而痛责当局之束手无策，于负责守土之东北边防长官，假不抵抗主义之名行断送国土之实，则尤切齿痛恨，每言及此，辄老泪纵横，闻者心酸。舟行5日，抵苏彝士运河口之赛埠，曾邀记者与奥籍学生二结伴登陆游街市，雇一马车，马蹄得得，徐行道上，有一小贩来，兜卖零物，警察见之，以长鞭击小贩，大声驱斥。何女士见而大愤，特下车，立给小贩50方（约合华币10元）购一价值小洋两角之香烟曲。小贩鸣谢再三，车夫及向导均连呼太太好心肠。何女士犹大骂警察混账不止，车且行且骂，行人都驻足而听，颇为动容。警察面红耳赤，无可奈何。于是何女士痛言帝国主义压迫弱小民族之残酷，嘱记者译意，车夫与向导闻之均甚感动，并谓吾辈埃及古族后裔，独立运动，方兴未艾，究竟有色种人能挥同情之泪，不若白人之冷酷也。

舟近锡兰岛之哥仑坡，舟中照例举游艺会，夜有舞会，记者适在甲板休息，遇何女士，共坐谈天。有一英籍旅客，状似上海之"康白度"，对何女士备及谦恭，欲邀其对舞。何女士答谓"吾不知舞且亦不欲舞"。英人叫其故，则曰："吾人在此作乐，不知世界上有许多人在那里痛苦！"英人笑谓"现在新中国流行跳舞，何太太不跳舞，似乎不能代表新中国"，何女士答谓"吾不特欲为新中国人，且欲为新世界人，跳舞既不能代表新中国，更不能代表新世界"！语语警惕，英人闻之赧然。

一日何女士为记者及同舟诸人述孙先生临终伤心史。逝世前，遗嘱有三（一对国民党一对苏联一对家庭），早草就，不敢求签字，恐伤先生心也。孙夫人辄在床次痛哭，先生亦呜咽，后何女士见先生瞳仁脱光，知有不测，乃与孙夫人商，孙夫人允不再哭，卒得先生亲笔签字。今者读遗嘱近乎唱道情，竟成为军阀、政客、贪官污吏哄骗民众之工具，污辱总理，莫此为甚。何女士每述及党事国事，痛心疾首，不欲多言，对党人堕落，尤为痛哭，辄曰"党对不起民众"。抵沪前记者等叩问其对此国家、民族、危急存亡之秋，将说什么话，何女士呜咽而言曰："吾的言论不自由，夫复何言！"嗟乎！女士身为先烈廖仲恺之遗孀，亦为国民党之伤心人也。女士为丈夫哭，为总理哭，为国家民族哭。诚使吾人疑党已名存实亡，然而国既不国，党于何有！

　　马赛起程前，记者正在甲板踯躅，忽一旅客匆忙来，视之，越南同胞也。询记者是否留欧学生，记者颔之。彼乃述行李运费，超出囊中预算，而舟于一小时后即将启碇，一时无法筹付，颇焦急。记者问明其来历后，乃如数借助，彼殊感激，萍水相逢，由同舟而成莫逆，相与谈论天下事，时相策勉，述帝国主义压迫越南，备及凄惨。舟近西贡，正拟话别，彼谓"昨夜转侧未睡，终宵达旦"，记者叩其故。彼呜咽再三，始说出其爱弟因有为祖国谋自由之独立党嫌疑，事败被逮，以年幼未枪决，充于荒岛。昨晚舟过斯岛，想及弱弟痛苦，故终宵未睡，记者闻之心酸，自念祖国，其异于越南第二者几希，涕泪纵横，不禁痛哭！

图书在版编目（ＣＩＰ）数据

凌其翰回忆录／全国政协文化文史和学习委员会编. —北京：中国文史出版社，2018.4

（文史资料百部经典文库）

ISBN 978－7－5205－0231－3

Ⅰ.①凌…　Ⅱ.①全…　Ⅲ.①凌其翰—回忆录　Ⅳ.①K827＝7

中国版本图书馆 CIP 数据核字（2018）第 095859 号

责任编辑：徐玉霞

出版发行：**中国文史出版社**

社　　址：北京市西城区太平桥大街 23 号　　邮编：100811

电　　话：010－66173572　66168268　66192736（发行部）

传　　真：010－66192703

印　　装：北京新华印刷有限公司

经　　销：全国新华书店

开　　本：16 开　　　插页：4 页

印　　张：16.25　　　字数：300 千字

版　　次：2018 年 7 月北京第 1 版

印　　次：2018 年 7 月第 1 次印刷

定　　价：49.00 元